我国公共图书馆评估制度研究

李 丹◎著

国家图书馆出版社

图书在版编目（CIP）数据

我国公共图书馆评估制度研究／李丹著．—北京：国家图书馆出版社，2022.9

ISBN 978－7－5013－7233－1

Ⅰ.①我…　Ⅱ.①李…　Ⅲ.①公共图书馆—图书馆评估—制度—研究—中国　Ⅳ.①G259.252

中国版本图书馆 CIP 数据核字（2021）第001312号

书　　名　**我国公共图书馆评估制度研究**
著　　者　李　丹　著
责任编辑　邓咏秋
封面设计　耕者设计工作室

出版发行　国家图书馆出版社（北京市西城区文津街7号　100034）
　　　　　（原书目文献出版社　北京图书馆出版社）
　　　　　010－66114536　63802249　nlcpress@nlc.cn（邮购）
网　　址　http://www.nlcpress.com
排　　版　北京金书堂文化发展有限公司
印　　装　河北鲁汇荣彩印刷有限公司
版次印次　2022年9月第1版　2022年9月第1次印刷

开　　本　710mm×1000mm　1/16
印　　张　19
字　　数　300千字
书　　号　ISBN 978－7－5013－7233－1
定　　价　98.00元

目　　录

图目录

表目录

前　言

图书馆评估是国内外图书馆学研究的一个重要领域。目前了解到最早有关图书馆评估的实践活动至少可以追溯到 1915 年，卡内基基金会邀请康奈尔大学经济学教授约翰逊对其资助公共图书馆项目的全面评估①。美国联邦立法早在 1959 年《图书馆服务法》（*Library Services Act*，LSA）及此后于 1964年修订颁布的《图书馆服务与建设法》（*Library Services and Construction Act*，LSCA）中，即授权联邦健康、教育与福利部（United States Department of Health，Education and Welfare，HEW）对联邦拨款项目在促进乡村地区公共图书馆服务方面的价值和影响进行调查、研究和定期报告②。《图书馆服务法》同时也是美国联邦政府向各州"图书馆基础研究和应用研究"提供资助的开端，直接促成了自 20 世纪 60 年代开始一些州图书馆管理局（State Library Administrative Agency）联合专业研究机构开展的各种有针对性的图书馆调查与评估活动。例如，伊利诺伊州图书馆管理局与伊利诺伊大学合作建立图书馆研究中心，并于 1960 年发布了一份有关该州农民家庭对图书馆态度及看法的详细分析报告；1961 年，密苏里州资助了一项由州图书馆和密苏里大学合作开展的关于图书馆开放服务价值的研究。同一时期开展的类似研究活动还有威斯康星州关于乡村图书馆系统面向成人提供服务潜力的调查、威斯康星州免费图书馆委员会与威斯康星大学联合对该州图书馆服务规模及质

---

① 翟艳芳. 美国钢铁大王卡内基与图书馆 [J]. 图书与情报，2007（4）：131 - 134；陈剑光. 卡内基与美国图书馆事业 [J]. 图书与情报，1994（4）：41 - 42.

② Office of Education，US Department of Health，Education and Welfare. State plans under the Library Services Act：a summary of plans and programs for fiscal 1957 submitted under Public Law 597，84th Congress [EB/OL]. [2018 - 10 - 13]. http://files. eric. ed. gov/fulltext/ED543839. pdf.

量的调查分析等①。

可以说，自公共图书馆制度作为一项由公共财政支持和维护的社会制度在西方发达国家正式诞生开始，以广泛的调查和研究为支撑的公共图书馆考核与评价就日益成为监督和校正这一社会制度的重要管理和控制手段。一个半世纪以来，各国公共图书馆评估实践逐渐走向深入，在评估思想、评估内容、评估方法、评估技术、评估标准、评估工具等方面的研究也不断取得新的发展。

我国自新中国成立初期即开始有组织地开展公共图书馆评估活动，各地区适应不同时期国家和社会体制改革发展步伐，通过图书馆跃进评比、创"文明图书馆"竞赛、图书馆科学评估等方式，在评估指标、评估工作机制等方面进行了积极有益的探索。在此基础上，国务院文化主管部门于20世纪90年代初开始在全国范围内组织实施对县级以上公共图书馆进行评估定级②，至"十三五"末已连续组织六次，其工作方法和评估标准也在实践中不断调整和完善。全国县级以上公共图书馆评估定级工作通过统一标准、分级评估，深入贯彻了我国文化行政主管部门各个时期对公共图书馆事业的管理思想，推动我国各级公共图书馆在办馆条件、基础业务建设与管理、用户服务以及协作协调方面都取得了显著进步。而评估标准作为文化主管部门用于规范和监督各级公共图书馆建设、管理与服务的一项重要政策工具，一方面为各级公共图书馆的建设和发展提供了方向指引和操作指南，另一方面则根据国家宏观管理政策，对地方各级政府制定相应的政策制度、提供必要的支持和保障提出了明确要求，从而一定程度上改善了事业发展的政策环境，促进了各级公共图书馆的科学化、标准化、现代化发展。

但是与此同时，针对这一评估活动进行的研究和反思也不断深入。其中一方面反映了这项工作在发展过程中存在的一些问题，包括评估目标不够明确、评估方法不够成熟、评估标准不够科学、评估制度不够健全以及对评估

---

① Office of Education, US Department of Health, Education and Welfare. State plans under the Library Services Act：supplement 3：a progress report：the first five years, fiscal years 1957 – 61 [EB/OL]．[2018 – 10 – 13]. http://files. eric. ed. gov/fulltext/ED544050. pdf.

② 历次评估定级印发文件中，对评估范围的表述有"县以上公共图书馆""省、地、县级图书馆""县级以上公共图书馆"等不同提法。为方便行文，本书除直接引用文件及提及具体某次评估按当时提法外，其余各处统称"县级以上公共图书馆"。

结果的应用和推广重视不够等；另一方面，我国公共图书馆事业日益走向现代化、专业化与体系化发展的新形势，也是促使研究和实践领域重新审视公共图书馆评估工作相关问题的重要原因。特别是"十二五"以来，国家文化体制改革进一步走向深入，社会各界对加强公共文化服务机构绩效考核、提升公共文化服务效能的愿望和诉求不断增强。2012年11月，党的十八大明确要求"完善公共文化服务体系，提高服务效能"；2013年11月，十八届三中全会进一步明确提出要完善文化事业单位的绩效考核机制的要求；2015年1月，中共中央办公厅、国务院办公厅联合发出《关于加快构建现代公共文化服务体系的意见》，更加突出地将完善公共文化服务评价工作机制作为创新公共文化管理体制和运行机制的重要内容。

　　2016年12月25日，《中华人民共和国公共文化服务保障法》（简称《公共文化服务保障法》）经第十二届全国人民代表大会常务委员会第二十五次会议批准通过，正式将适应现代公共文化服务体系的管理体制、运行机制、发展模式、建设重点和服务方式纳入国家法律，以国家强制力量保障其全面深入贯彻落实。该法第二十三条、第五十五条、第五十六条分别对包括公共图书馆在内的各级各类公共文化设施使用效能①、公共文化服务资金使用绩效②及公共文化服务工作③的考核评价制度作了明确规定。2017年11月4日通过的《中华人民共和国公共图书馆法》（简称《公共图书馆法》）也以专门条款规定了各级文化主管部门对公共图书馆服务质量和服务水平进行考核的法定义务④。近年来，根据"覆盖城乡、高效快捷、保基本、促公平"的基本原则和主要目标对公共图书馆进行评估考核，已经成为公共文化服务体系法治

---

① 《公共文化服务保障法》第二十三条："各级人民政府应当建立有公众参与的公共文化设施使用效能考核评价制度，公共文化设施管理单位应当根据评价结果改进工作，提高服务质量。"

② 《公共文化服务保障法》第五十五条："县级以上人民政府应当建立健全公共文化服务资金使用的监督和统计公告制度，加强绩效考评，确保资金用于公共文化服务。……"

③ 《公共文化服务保障法》第五十六条："各级人民政府应当加强对公共文化服务工作的监督检查，建立反映公众文化需求的征询反馈制度和有公众参与的公共文化服务考核评价制度，并将考核评价结果作为确定补贴或者奖励的依据。"

④ 《公共图书馆法》第四十七条："国务院文化主管部门和省、自治区、直辖市人民政府文化主管部门应当制定公共图书馆服务规范，对公共图书馆的服务质量和水平进行考核。考核应当吸收社会公众参与。考核结果应当向社会公布，并作为对公共图书馆给予补贴或者奖励等的依据。"

化建设的重要内容。如何在以往评估经验的基础上，根据国家法律要求，积极推进公共图书馆评估考核内容、形式、方法、工具及相关制度建设的改革创新，更好地发挥评估考核工作对事业发展的促进作用，是新时代公共图书馆事业发展当中必须要着力研究和思考的重要课题。本书重点关注以下三方面问题：

一是关于公共图书馆评估模型构建及其指标和方法选择研究。现行公共图书馆评估指标体系庞大、内容复杂、应用不便，常常受到业界批评，且日益凸显出与现代公共文化服务体系建设以效能为导向的改革发展要求不相适应之处。为此，有必要借鉴国际上较为成熟的图书馆评估概念模型和组织管理理念，从公共图书馆服务"效能"的内涵出发，对其中"绩效"与"能力"、"投入"与"产出"、"过程"与"结果"的逻辑关系进行系统分析与阐释，在此基础上探索建立以"效能"为导向的公共图书馆评估逻辑框架，并以此为基础，指导文化主管部门和各级公共图书馆，立足不同的评估目的和需求，结合所掌握的评估资源及其评估能力，合理规划评估内容及评估方法。本书力图突破以往评估指标体系主要依据公共图书馆已有工作流程和业务要素进行构建的局限，更加突出公共图书馆评估的目标和重点，进一步聚焦于公共图书馆服务的社会效益及影响，同时简化公共图书馆评估内容，以帮助推动公共图书馆评估工作效率提升。

二是关于公共图书馆评估的工作机制研究。现行公共图书馆评估定级工作主要由政府文化主管部门主导，是自上而下的工作督导式评估，一方面对政府保障责任缺乏有效问责，另一方面评估过程缺乏规范管理，评估结果在公共图书馆事业发展中的作用也未能得到充分发挥。为此，亟须立足于新时期公共图书馆管理体制和运行机制改革的趋势与要求，突破以往研究多聚焦于公共图书馆评估指标或评估主体等单一要素的局限，着眼于公共图书馆评估活动的完整过程，以提升其组织实施的质量与效率、充分发挥评估工具对公共图书馆事业发展的指导和推动作用为目的，从推动把公共图书馆评估纳入政府绩效考核、建立健全公共图书馆日常动态评估机制、完善公众/用户和第三方参与机制、加强评估组织实施过程的规范管理，以及促进评估结果的分析利用等方面，探讨完善我国公共图书馆评估组织实施过程的方法及原则，进一步健全我国公共图书馆评估工作机制。

三是关于公共图书馆评估的支持和保障策略研究。评估作为公共图书馆事业发展中一项重要的管理和控制手段，并不能孤立地发挥作用。成功的评估活动还需要与完善的规划管理过程、健全的调查统计制度、专业的评估人员、丰富的评估资源、成熟的行业合作等条件密切配合。为此，应当突破以往大多数研究"就评估而论评估"的局限，从公共图书馆及图书馆行业管理的视角，将评估与公共图书馆的规划管理和科学决策紧密结合起来，从优化公共图书馆规划管理过程、完善公共图书馆统计制度、促进公共图书馆评估资源的开放共享、健全公共图书馆事业的政策保障及标准规范体系、建立公共图书馆评估研究与实践的共同体等方面，探讨完善公共图书馆评估支持和保障机制的方法路径，为公共图书馆评估研究"从纯方法和纯技术的领域伸展到组织文化的领域"① 奠定理论基础。

围绕上述研究内容，本书以全国县级以上公共图书馆评估定级工作为研究对象，主要包括以下几个部分，一是对我国公共图书馆评估制度的形成和发展历史进行比较系统的研究和梳理，全面总结以往业已取得的成绩与经验；二是尝试应用国际上比较成熟的图书馆评估理论方法，结合当前公共图书馆事业发展的环境与要求，对现行公共图书馆评估定级工作在评估内容、评估方法以及评估组织实施、评估结果应用等方面存在的问题进行深入剖析；三是借鉴其他国家成功经验，分别从评估的内容和标准、评估工作机制、评估的支持和保障策略等方面，对我国公共图书馆评估定级工作的创新发展路径进行研究和分析，提出有针对性的意见与建议。笔者期待本书的研究，能够为拓宽公共图书馆评估研究的理论视野、丰富公共图书馆评估研究的历史资料、完善现行公共图书馆评估定级工作的顶层制度设计提供参考借鉴。

---

① 董建华. 图书馆评价的文化特性及其认识意义 [J]. 图书情报知识，1988 (1)：8 - 11.

1 研究综述

在《如果你想评估你的图书馆……》一书中，Lancaster 指出，关于"评估"，通常字典的释义可能是对某一活动或事物的"价值判断"，但研究者们对这一主题的考虑更加精细：一些人认为评估是一种应用科学方法判断优劣程度的"研究"；另一些人则强调评估在决策过程中的作用；还有一些人将评估视作管理活动中必不可少的组成部分[①]。这从一个侧面反映了"评估"的复杂特性：它首先是与组织管理和决策密切相关的实践活动，同时又需要建立在科学研究的基础之上，因而既是研究性很强的实践活动，也是实践性很强的研究行为。

目前，国内图书馆界经常将"评估"和"评价"混用，但在严格意义上，这是两个不同的概念。根据《当代汉语词典》的释义[②]，"评价"是指"评定人或事物的价值"；而"评估"的词义中，除内含了"评价"之意以外，还包括"估计"，即根据评价结果进行分析预测之意。从这个意义上说，"评估"的内涵也比"评价"更为宽广。而且，"估计"一词，还代表了一种不完全确定性评价，是比"评定"更为灵活的评价方式。现实生活中的或事物复杂多样，其价值受到多方面因素的综合影响，往往无法简单以定量方法计算得出，而是需要使用更加复杂的定性方法进行分析、估计和推算。因此，本书更倾向于使用"评估"一词。但是由于现实中"评价"和"评估"概念混用的现象客观存在，本书在对已有研究成果中的图书馆评估思想和实践进

---

① LANCATER F W. If you want to evaluate your library… ［M］. 2nd ed. London：Library Association Publishing Ltd. ，1993：1.

② 《当代汉语词典》编委会. 当代汉语词典 ［M］. 北京：中华书局，2009：1127.

行必要分析、研究及应用时，也将其中一些以"评价"命名的内容纳入研究范畴。

在已有的研究和实践活动中，经常与"评估"交替出现的概念还有很多，包括适用于不同"评估"应用场景的一些复合概念，如"测评""评议""估价""评鉴""评级"等；以及与"评估"过程和方法相关，但又不完全隶属于"评估"过程和方法的一些概念，如"监测""审计""预测"等。陕西学前师范学院图书文献与信息传播研究所的熊伟老师在其《图书馆社会价值评估研究》一书中，还从哲学认识论的角度对这些与"评估"相关的概念进行了分析和阐释①。在本书中，除非在介绍有关案例时有必要，一般不对这些概念进行严格辨析。

1.1　文献总体情况

1.1.1　国内研究概况

目前查询到国内最早谈论图书馆评估/评价的文章至少可以追溯至 20 世纪 50 年代中后期。早在 1957 年，就已经有文献就衡量图书馆工作及服务质量的若干指标及其统计和计算方法进行讨论②；1958 年，又有研究者向国内同行译介苏联学者伊·察列格拉德斯基的文章，对可用于"评价每一个个别图书馆工作质量"的若干数量指标进行了分析和阐释③。同年出版的《图书馆学词典》（卢震京，商务印书馆）中，已将"图书保障率"等图书馆统计/评价指标纳入词条④。同时期掀起的"大跃进"风潮，也推动各级图书馆提出了一系列评价公共图书馆是否"先进"的量化指标。改革开放以来，随

---

① 熊伟. 图书馆社会价值评估研究［M］. 北京：中国社会科学出版社，2012，262 – 265.

② 金竟铭. 统计工作在公共图书馆中的重要性［J］. 图书馆学通讯，1957（Z1）：51 – 54.

③ 察列格拉德斯基. 根据什么指标来判断图书馆工作［J］王名超. 译. 图书馆学通讯，1958（4）：16 – 20.

④ 转引自：邹泽钧. 怎样理解和计算藏书保障率［J］. 江苏图书馆学报，1984（1）：22 – 26.

着各地创建"文明图书馆"竞赛评比、图书馆"科学评估",特别是全国县以上公共图书馆评估定级工作的持续开展,关于公共图书馆工作的考核、评判和相应的反馈、激励等问题进一步得到图书馆研究者和管理者们的关心和重视。

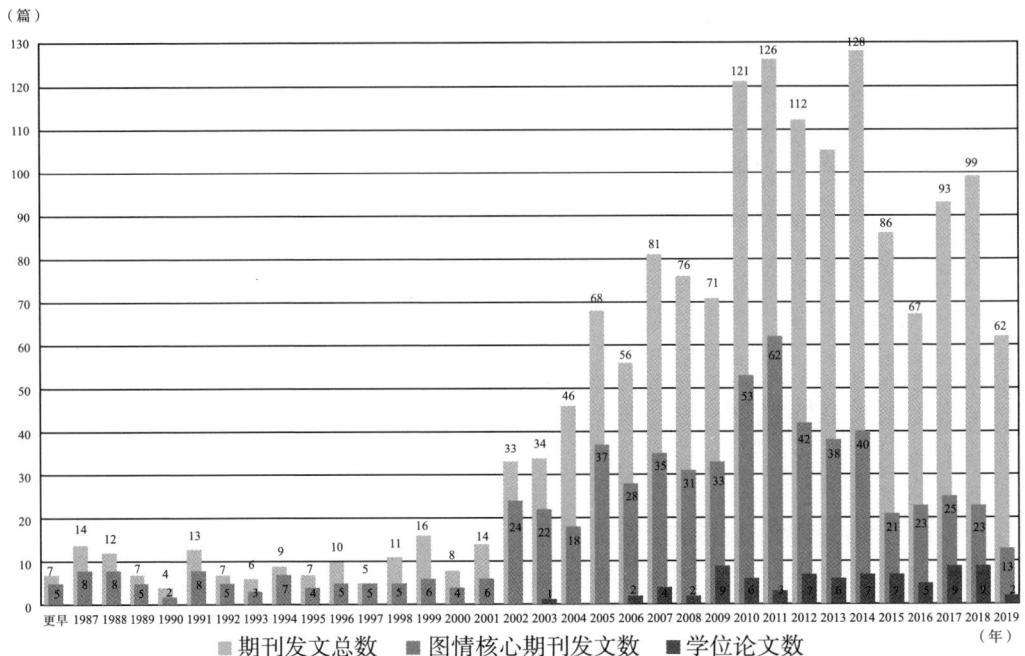

图 1 - 1　CNKI 收录公共图书馆评估研究文献年度分布图①

笔者以"图书馆*评估""图书馆*评价"为标题在中国知网全文数据库进行检索,手动排除主要与高校图书馆等其他类型图书馆评估相关的内容②,以及评估工作通知、通讯、总结等无关内容后,得到相关文献 1694 篇,其中期刊论文 1614 篇(核心期刊论文 654 篇),学位论文 80 篇,按年度分布情况如图 1 - 1 所示。由图可知,自 2002 年以来,我国公共图书馆评估领域研究进入一个比较稳定的持续发展阶段。特别是 2009 年以来,以公共图书馆评估为主题的学位论文数量年均达到 5 篇以上,说明这一领域研究正在逐渐

①　检索更新日期:2020 年 1 月 20 日。

②　由于公共图书馆的概念范围较为复杂,其名称未必冠以"公共"二字,而且大量文献的研究对象涉及多种类型图书馆,所以笔者未直接使用"公共图书馆"这一词组进行检索。

向纵深发展。

与此同时,一批由国家社会科学基金资助的图书馆评估研究课题先后立项(在该主题下立项的 56 个国家社科基金项目中,2009 年以来立项 40 个,占比超过 71%),研究主题涉及数字参考咨询、阅读推广、电子书、移动图书馆等图书馆建设、管理与服务的多个领域,以及图书馆的经济性、公平性、用户满意度、服务质量、价值、影响、成效等图书馆评估的多个维度。这些课题在推动有关研究成果产出的同时,也逐步在该领域培养形成了一批核心研究团队。但总体来说,这些课题的研究对象多集中于高校图书馆,直接指向公共图书馆评估相关问题的仅 4 项,分别是"世界级城市图书馆指标体系研究"(王世伟,2005)、"社会信息公平性评价与公共图书馆服务研究"(吴正荆,2012)、"公共图书馆影响力评价体系构建与实证研究"(2018,唐琼)、"基于绩效和成效集成的公共图书馆评估理论与评估标准创新研究"(2019,柯平)。此外,近年来有关公共文化服务绩效评估的研究开始升温,有关研究项目如"政府购买公共信息服务的绩效评估研究"(陈则谦,2015)、"公共文化服务绩效评估的理论构建与实证研究"(张广钦,2017)等。作为公共文化服务体系重要组成部分,公共图书馆的评估问题在这些研究中也被不同程度地涉及。

专著方面,近年来逐步积淀形成了一批较有影响力的系统性研究成果,如张健的《图书馆评价理论与方法》(西南交通大学出版社,2004)、索传军的《数字馆藏评价与绩效分析》(北京图书馆出版社,2007)、张红霞的《图书馆质量评估体系与国际标准》(国家图书馆出版社,2008)、方小苏的《图书馆绩效评估》(浙江大学出版社,2008)、肖希明的《信息资源共享系统绩效评估研究》(学习出版社,2013)、王世伟的《国际大都市图书馆指标体系研究》(上海科学技术文献出版社,2009)、熊伟的《图书馆社会价值评估研究》(中国社会科学出版社,2012)、褚树青的《公共图书馆绩效与价值评价研究》(国家图书馆出版社,2017)等。

1.1.2 国外研究概况

在国外,对公共图书馆保障水平和服务有效性的评估在 20 世纪初就引起研究者的关注和讨论。早在 1913 年，苏联最高领导人列宁就已经针对公共图书馆评判标准做出过重要论述，他在《为国民教育能做些什么》一文中强调，"公共图书馆的骄傲与光荣，不是看他藏有多少珍本，多少十六世纪的出版物或十世纪的手稿，而是看它在人民中间如何广泛地流通图书，吸引了多少新读者，如何迅速满足读者对图书的一切要求，借出了多少图书，吸引了多少儿童来阅读和使用图书馆"①。美国图书馆协会（American Library Association，ALA）早在 1924 年就为各类型图书馆提供了实用调查工具，以评估其建设、管理及服务状况②。最迟到 20 世纪 40 年代初期，该协会已经开始明确以评估为目的组织开展公共图书馆标准研制工作，代表性研究成果包括 1943 年发布的《战后公共图书馆标准》③（*Post-war Standards for Public Libraries*）和 1956 年发布的《公共图书馆服务：评估指南及最低标准》④（*Public Library Service：A Guide to Evaluation，with Minimum Standards*）等，就公共图书馆的经费、藏书、建筑、注册读者、流通数量等提出一系列量化标准。1961 年，英国教育部⑤组织专家团队，针对《罗伯茨报告》中关于公共图书馆有效性的基本要求进行研究，就英格兰和威尔士地区图书馆当局（特别是服务人口在 4 万人以下的乡村）服务效率的审查标准提出建议⑥。20世纪 70 年代以后，评估作为规划管理过程的组成部分进一步受到各方面的关注和重视。在政府主管部门、图书馆行业组织和各类专业研究机构的共同推动下，关于公共图书馆评估理论、方法与技术的研究不断深入，形成一大批具有重要影响的研究成果。

---

① 列宁对苏联图书馆工作的指示［J］. 文物参考资料，1953（2）：22 – 28.

② American Library Association. The library survey questionnaire［M］. Chicago：American Library Association，1924.

③ The Committee on Post-war Planning of the American Library Association. Post-war standards for public libraries［M］. Chicago：American Library Association，1943.

④ American Library Association. Public library service：a guide to evaluation，with minimum standards［M］. Chicago：American Library Association，1956.

⑤ 当时英国公共图书馆事业的管理部门为教育部。

⑥ Ministry of Education. Standards of public library service in England and Wales［M］. London：Her Majesty's Stationery Office，1962：1 – 5，44 – 53.

　　本文以 public librar * 分别与 assess * 、evaluat * 、measur * 组配进行主题检索，在 Web of Science 核心合集的"信息科学与图书馆学"（Information Science Library Science）类别下获得研究论文（article）622 篇；在 EBSCO 旗下 LISTA 数据库（Library，Information Science & Technology Abstracts with Full Text）获得同行评审论文 184 篇。合并重复项，筛除无关文献后，得到相关文献 657 篇。按年度分布情况如图 2 - 2 所示。

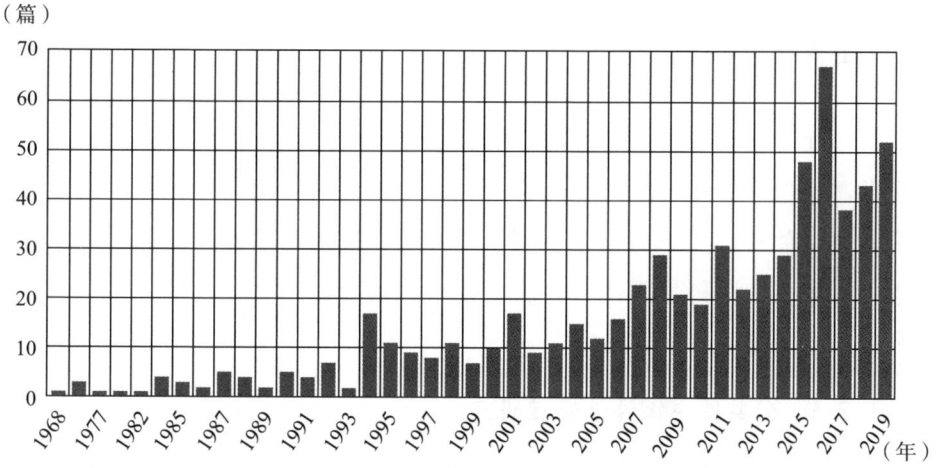

图 1 - 2　WOS 和 LISTA 收录公共图书馆评估研究文献年度分布图①

　　与此同时，笔者还从上述两个数据库中检索获得图书馆评估研究主题的书评文章 441 篇，涉及有关研究报告及专著 133 种，其中直接以公共图书馆评估相关问题为主题的专著 21 种，热门评议的著作主要有 De Prospo 和 Ernest R. 的《公共图书馆绩效计量》（*Performance Measures for Public Libraries*，1973）、Douglas L. Zweizig 和 Eleanor Jo Rodger 的《公共图书馆产出计量：标准化程序手册》（*Output Measures for Public Libraries*：*A Manual of Standardized Procedures*，1982）、John Carlo Bertot 的《公共图书馆网络服务的统计与绩效计量》（*Statistics and Performance Measures for Public Library Networked Services*，2000）、Joseph R. Matthews 的《结果计量：公共图书馆有效性的维度》（*Measuring for Results*：*The Dimensions of Public Library*

———————————

① 检索更新日期：2020 年 3 月 25 日。

Effectiveness, 2004）、Donald S. Elliott 的《测量图书馆的价值：如何对公共图书馆进行成本效益分析》（*Measuring Your Library's Value：How to Do A Cost-benefit Analysis for Your Public Library*, 2007）和 Melissa Gross 的《基于成效的公共图书馆计划与评估五步走》（*Five Steps of Outcome-Based Planning & Evaluation for Public Libraries*, 2016）等。

1.2 主要研究领域

总体而言，关于公共图书馆评估的研究大致可以分为两个方面：一是关于公共图书馆评估实践的研究，包括对公共图书馆评估标准、评估制度等的研究；二是关于公共图书馆评估理论、方法和技术的研究。两者之间不存在必然的界限。应用科学理论、方法和技术来指导评估实践，是公共图书馆评估研究应当坚持的基本立场。

1.2.1 公共图书馆评估标准研究

评估标准作为图书馆评估工作的核心要素，因其在评估实践中显见的必要性而在相关研究活动中得到了较为密切的关注。各主要发达国家和地区政府主管部门、图书馆行业组织和专业研究机构长期致力于公共图书馆标准及其在评估工作中的应用研究，其研究成果以多种形式呈现，主要包括：

（1）以行业组织报告形式发布的公共图书馆标准指南。如美国图书馆协会的《战后公共图书馆标准》[1]（1943）、《公共图书馆服务：评估指南及最低标准》[2]（1956）和《公共图书馆系统最低标准》[3]（1966），英国图书馆协会

---

[1] The Committee on Post-war Planning of the American Library Association. Post-war standards for public libraries ［M］. Chicago：American Library Association, 1943.

[2] American Library Association. Public library service：a guide to evaluation, with minimum standards ［M］. Chicago：American Library Association, 1956.

[3] 美国图书馆协会公共图书馆分会. 美国公共图书馆系统的最低标准 ［J］. 宋运郊, 译. 黑龙江图书馆, 1984（2）：63 – 67.

的《公共图书馆参考服务标准》①（1970），澳大利亚图书馆与信息协会的《迈向优质服务：澳大利亚公共图书馆服务的目标、宗旨和标准》②（1990）、《超越优质服务：巩固社会结构——澳大利亚公共图书馆标准与指南》③（2011）、《澳大利亚公共图书馆的指南、标准与成效计量》④（2016）等。

（2）以政府法令、文件等形式颁布的公共图书馆运营管理规范。如日本文部科学省依据1950年《图书馆法》要求制定颁行的公共图书馆设置与运营的"期望基准"（1972⑤，2001⑥，2012⑦）、加拿大联邦图书馆委员会出版的《联邦政府图书馆绩效评估手册》⑧（1979）、英国文化传媒与体育部颁布的《全面高效的现代化公共图书馆——标准与评估》（2001⑨）等。

（3）通过标准化组织颁布的专业标准。如 ISO 11620《信息与文献 图书

---

① 付立宏，李祁平．近年西方图书馆参考服务评价研究述评［J］．江西图书馆学报，1994（5）：19－21.

② QUINN S，MCCALLUM I. Continuous improvement：national standards and guidelines for Australia's public libraries［J/OL］．Australasian Public Libraries and Information Services，2011，24（3）：101－106［2019－07－28］．https：//search. proquest. com/docview/912678186?accountid＝13151.

③ Australian Library and Information Association，the ALIA Public Libraries Advisory Committee. Beyond a quality service：strengthening the social fabric standards and guidelines for Australian public libraries，1st ed.，2011［EB/OL］．［2019－07－22］．http：//www. rhcs. com. au/wp-content/uploads/2011/05/National-Public-Library-Standards. pdf.

④ Australian Library and Information Association. Guidelines，standards and outcome measures for Australian public libraries［EB/OL］．［2019－07－22］．https：//www. alia. org. au/sites/default/files/20160714%　20Guidelines%　20Standards%　20and%　20Outcome%　20Measures%　20for%　20Australian%20Public%20Libraries%20－%20MANUSCRIPT%20VERSION_0. pdf.

⑤ 孙克力．日本公立图书馆的标准（图书馆法第18条）［J］．图书馆学刊，1984（1）：68－71.

⑥ 公立図書館の設置及び運営上の望ましい基準［EB/OL］．（2001－07－18）．［2019－06－07］．http：//www. mext. go. jp/a_menu/sports/dokusyo/hourei/cont_001/009. htm.

⑦ 図書館の設置及び運営上の望ましい基準（平成24年12月19日文部科学省告示第172号）［EB/OL］．（2012－12－19）［2019－06－07］．https：//www. mext. go. jp/a_menu/01_1/08052911/1282451. htm.

⑧ Council of Federal Libraries（Canada）. Performance measurement in federal libraries：a handbook［M］．Ottawa：National Library of Canada，1979.

⑨ DCMS. Comprehensive，efficient and modern public libraries-standards and assessment［EB/OL］．［2018－01－18］．https：//www. plymouth. gov. uk/sites/default/files/NationalLibraryStandards. pdf.

馆绩效指标》（1998，2008，2014）、ISO/TR 20983《信息与文献 电子图书馆
服务绩效指标》（2003）、ISO 16439《信息与文献 图书馆影响力评估的方法
与流程》（2014）、ISO 21248《信息与文献 国家图书馆质量评估》（2019）
等，其中 ISO 11620 已被多个国家和地区对标采用。

在国内，与公共图书馆评估标准有关的研究主要包括以下几个方面：

（1）关于全国县级以上公共图书馆评估标准的分析与解读

对评估标准的分析和解读主要着眼于评估标准对公共图书馆建设、管理
与服务等方面工作提出的要求及其发展变化，旨在准确把握国家有关公共图
书馆事业发展的政策导向，以指导图书馆有关方面工作的改进与提高，体现
"以评促建"的目标宗旨。如胡桂荣对第一次公共图书馆评估定级试行标准的
分析①；吴林对部颁第二次省级公共图书馆评估标准的解读②；尚庄对一、
二、三次省级公共图书馆评估标准的比较③；等等。这类文献早期大多由基层
一线图书馆员结合所在地区或所在馆实际工作撰写，在全面性、系统性和权
威性方面都存在比较明显的缺陷。到第五次和第六次评估定级时，状况发生
很大转变，来自国家图书馆研究院④和南开大学商学院的标准研制团队⑤在评
估工作开始之前主动公开发表标准解读文章，从不同角度阐释标准研制思路、
指标体系框架变化，以及各重点领域指标内容及其修订调整，在帮助各级公

---

① 胡桂荣. 试析部颁省、市、县级公共图书馆评估定级试行标准［J］. 图书馆论坛，1994
（5）：11 – 14.

② 吴林. 读《省级图书馆评估标准》的启示［J］. 图书馆杂志，1998（2）：39 – 40.

③ 尚庄. 第一、二、三次省级公共图书馆评估标准比较［J］. 当代图书馆，2004（3）：
42 – 44.

④ 李丹，申晓娟，王秀香，等. 新起点 新视野 新任务——第五次全国公共图书馆（成
人馆部分）评估定级标准解读［J］. 中国图书馆学报，2013（2）：4 – 17；胡洁，汪东波，支娟，
等. 公共图书馆第五次评估定级标准（少儿馆部分）释读［J］. 中国图书馆学报，2013（2）：
18 – 26.

⑤ 柯平，苏福. 基于功能定位的公共图书馆评估［J］. 图书馆，2016（8）：1 – 4；苏福，柯
平. 公共图书馆评估的关键指标探讨——以省级公共图书馆为例［J］. 图书馆建设，2016（12）：
15 – 20；邹金汇，柯平. 公共图书馆评估指标体系创新探讨［J］. 图书馆建设，2016（12）：8 –
14；柯平，胡银霞. 创新与导向：第六次全国公共图书馆评估新指标［J］. 图书馆杂志，2017
（2）：4 – 10.

共图书馆和评估人员准确把握和理解评估要求，切实对照标准检查和改进工作方面发挥了更加积极的作用。

（2）关于全国县级以上公共图书馆评估标准的批评与建议

早期这类研究主要立足于公共图书馆业务实践的经验式思考，围绕个别指标内容、定义、数量要求、评分方法等具体而微的问题提出修改及调整建议。如胡桂荣①针对第一次评估标准，指出其中存在体例不一、分值不妥、评分依据单一等问题，并提出改进建议；石德万、韦江②针对第三次评估标准，指出其中存在的部分指标的指标内容和备注说明不符合实际、操作性不强等问题；黄俊贵③指出前三次评估标准对反映图书馆开放程度、服务水平和服务效益的"五率"（即图书馆普及率、图书馆利用率、发证率、外借图书率、开架率）考虑不够；蓝海波④建议在评估标准中突出设施覆盖率和人均指标，并增加读者评价的内容和分值；等等。

随着公共图书馆评估实践的不断深入，这些批评建议逐渐转变为对指标体系整体框架及其逻辑结构的顶层设计和前瞻思考，开始追求更加专业化的理论指导。例如，贾冬琴⑤引入科学发展观的思想，指出第四次评估标准"没有充分体现科学性、公平性"，"忽视对'人'的评估"，"不能反映图书馆工作的发展过程"，"忽视了图书馆服务网络的整体分布状况和规划建设"，"缺少可持续发展方面的指标"等问题；柯平教授团队⑥结合现代管理理论中的"4E"模型，对第五次评估标准进行研究和反思，指出其"经济指标比重较

① 胡桂荣．试析部颁省、市、县级公共图书馆评估定级试行标准 ［J］．图书馆论坛，1994（5）：11－14．

② 石德万，韦江．试论地县级图书馆《评估标准》、《评估细则》指标内容之不足 ［J］．图书馆杂志，2005（12）：41－42，47．

③ 黄俊贵．有亮点　有瑕疵　有企盼——图书馆评估定级工作管见 ［J］．图书馆论坛，2004（6）：40－43．

④ 蓝海波．关于完善公共图书馆评估标准的建议案 ［J］．图书与情报，2008（5）：38－40．

⑤ 贾东琴．面向科学发展观的公共图书馆评估内容体系研究 ［J］．图书馆工作与研究，2011（1）：15－21．

⑥ 宫平，柯平，段珊珊．我国公共图书馆服务绩效评估研究——基于五次省级公共图书馆评估标准的分析 ［J］．山东图书馆学刊，2015（6）：28－32；柯平，宫平．公共图书馆服务绩效评估模型探索 ［J］．国家图书馆学刊，2016（6）：3－8．

大""效率指标有待完善""效果指标考察不足""公平指标尚未量化"等问题，并在此基础上构建包含"政府投入""内部效率"和"外部满意"三个层次的公共图书馆绩效评估理论模型；金武刚[①]指出当前公共图书馆评估定级指标设置方面存在"国际经验不适用、政府与图书馆权责不清晰、公众与读者对象不区分、图书馆法定任务涵盖不周全"等"错位"问题，建议公共图书馆评估主动适应公共文化服务体系建设大局，适应体制机制改革发展，进行制度创新。

此外，也有一些研究者借鉴国际图书馆绩效评估标准，对我国公共图书馆评估标准提出修改建议。例如，余胜[②]在对 ISO 11620:2008 的内容结构和体系特点进行分析和介绍的基础上，提出我国公共图书馆绩效评估指标体系应根据质量效益原则、读者为本原则、成本效率原则、实用性与可操作性原则和发展性原则进行改进；徐珊[③]从馆舍建筑、服务时间、流通人次、馆藏建设等维度，将我国省级公共图书馆评估标准与英国《公共图书馆服务标准》进行比较，建议我国公共图书馆评估标准的制定要借鉴其特点与经验，"全面体现资源效益观念"，"突出读者服务"，"适当增加比例性质指标"。

（3）科学方法模型在公共图书馆评估指标体系构建中的应用研究

在积极为全国县级以上公共图书馆评估标准的更新与完善建言献策的同时，一些研究者也开始尝试借鉴国际图书馆绩效评估的方法模型，构建新的公共图书馆评估指标体系。例如，徐芳、柴雅凌、金小璞[④]借鉴新加坡国家图书馆管理局绩效管理"七范式"和 LibQUAL +™的服务质量评价模型，从服务装备、服务方式、服务范围、服务态度等维度构建公共图书馆绩效评估指

---

① 金武刚. 应然 VS 实然：论公共图书馆评估的定位、错位与占位 [J]. 图书馆论坛，2019（7）：13 - 22.

② 余胜. ISO 11620:2008 绩效指标体系与公共图书馆评估 [J]. 公共图书馆，2013（1）：57 - 62.

③ 徐珊. 公共图书馆服务标准中的资源效益观——中英两国公共图书馆评估标准比较 [J]. 图书情报工作，2008，52（10）：109 - 112.

④ 徐芳，柴雅凌，金小璞. 公共图书馆服务绩效评估指标体系构建研究 [J]. 图书与情报，2007（6）：37 - 40.

标体系；龚娅君、叶伟巍①以杭州图书馆为例，基于平衡计分卡的财务、顾客、内部流程、学习发展等四个维度建立公共图书馆绩效评估指标体系；张玉亮②基于 UML 建模语言构建包含基本资源、服务内容、业务研究和用户满意在内的公共图书馆绩效评价指标体系；陆红如、陈雅③借鉴第六次全国县级以上公共图书馆评估标准的逻辑框架，应用"3E"理论构建公共图书馆信息无障碍服务评价指标体系；等等。

（4）公共图书馆评估相关国家标准及行业标准的研制

2012 年，由中科院文献情报中心领衔的标准研制团队发起，对标采用 ISO 11620:2008 研制的国家标准《信息与文献 图书馆绩效指标》（GB/T 29182）发布实施；2015 年，国家图书馆研究院在第五次全国县以上公共图书馆评估定级工作基础上组织研制的《公共图书馆评估指标》系列文化行业标准（WH/T 70）正式发布（国家图书馆研究院于 2017 年启动对该系列标准的修订工作，修订版已于 2020 年 9 月正式发布）；2016 年，由东莞图书馆李东来馆长率领的研究团队承担的文化部文化行业标准化研究项目"公共图书馆卓越绩效管理标准化研究"通过专家鉴定④；在此基础上，由该馆根据国际标准 ISO 16439:2014 研制的文化行业标准《信息与文献 公共图书馆影响力评估的方法和流程》（WH/T 84—2019）于 2019 年 3 月正式发布实施⑤。这些标准研制成果的取得，一定程度上显示出我国公共图书馆评估研究不断向实用迈进的努力。

---

① 龚娅君，叶伟巍. 基于平衡计分卡的公共图书馆服务绩效评估指标体系构建与实际测度 [J]. 图书馆研究，2014（6）：32 – 35.

② 张玉亮. 基于 UML 建模语言的公共图书馆绩效评价指标体系研究 [J]. 图书情报知识，2009（4）：95 – 98.

③ 陆红如，陈雅. 公共图书馆信息无障碍服务标准评价指标体系的构建研究——面向生理性信息弱势群体 [J]. 图书情报研究，2018（3）：8 – 14.

④ 全国图书馆标准化技术委员会. 标准化科研 [EB/OL]. [2020 – 02 – 26]. http://www. nlc. cn/tbw/bzwyh_bzhky. htm.

⑤ 文化和旅游部关于发布《信息与文献 公共图书馆影响力评估的方法和流程》等 7 项行业标准的公告 [EB/OL]. （2019 – 03 – 27）[2020 – 02 – 26]. https://www. mct. gov. cn/whzx/zxgz/wlbzhgz/201903/t20190327_837976. htm.

1.2.2　公共图书馆评估工作的组织实施过程研究

随着评估研究和实践的不断深入，人们日益关心评估活动本身的有效性问题，并由此带来了对公共图书馆评估工作的组织实施过程及其质量控制的研究和思考。其中，国外研究者主要强调评估工作与图书馆组织管理过程的紧密结合，研究成果主要包括以下方面：

一是关于评估与图书馆规划管理及科学决策的关系研究。20 世纪 70 年代以后，国际图书馆界对评估工作在图书馆科学决策和规划管理过程中重要性的认识不断提升。1972 年，Morris Hamburg[①] 撰文就绩效指标在图书馆管理决策中的应用进行探讨，提出要在改进现有统计数据系统的基础上，建立合理的图书馆业务和资源决策框架；1974 年，Hamburg[②] 等人进一步出版专著，应用运筹学方法，基于图书馆的 17 项基本功能，建立面向大学图书馆和大型公共图书馆管理决策的管理信息系统模型，并就该系统对图书馆绩效指标的数据要求进行了分析。1988 年，Robbins 和 Zweizig[③] 在其专著序言中强调，评估的目的"是为了使我们能够针对图书馆做出更好的决策——决定哪些方面需要改进，哪些功能需要提升，哪些费用需要降低"。1990 年，Peter Hernon 和 Charles R. McClure[④] 在其编著《评估与图书馆决策》一书中强调，"评估者必须重视政治的因素和图书馆内部动态，以确保评估活动能够成功地为图书馆规划过程提供有用的信息"。而在这方面最具代表性的研究成果当属美国图书馆协会和美国公共图书馆协会（Public Library Association，PLA）针对公共图书馆规划过程研究编制的系列指导手册，包括 1980 年出版的《公共

---

① HAMBURG M. Library objectives and performance measures and their use in decision making [J]. The Library Quarterly, 1972, 42 (1)：107 – 128.

② HAMBURG M, CLELLAND R C, BOMMER M R W. et al. Library planning and decision-making systems [M]. Cambrige, Mass：MIT Press, 1974.

③ ROBBINS J, ZWEIZIG D. Are we there yet? evaluating library collections, reference services, programs, and personnel [M]. Madison, WI：University of Wisconsin, School of Library and Information Studies, 1988：1.

④ HERNON P, MCCLURE CR. Evaluation and library decision making [M]. Norwood, New Jersey：Ablex Publishing Corporation, 1990：xvi.

图书馆规划程序》（*A Planning Process for Public Libraries*）、1987年出版的《公共图书馆规划与功能设定》（*Planning and Role Setting for Public Libraries：A Manual of Options and Procedures*）、1998年出版的《面向结果的规划：公共图书馆的转型之路》（*Planning for Results：A Public Library Transformation Process*）、2001年出版的《新版面向结果的规划：简化方法》（*The New Planning for Results：A Streamlined Approach*）和2008年出版的《面向结果的战略规划》（*Strategic Planning for Results*）等，均将评估作为公共图书馆规划管理的重要内容贯穿其中，并对相应的评估指标选择、评估方法应用以及评估结果对图书馆规划目标、任务的支持和指导等提出系统化建议。

与之相关联，平衡计分卡（Balanced Scorecard，BSC）等先进的战略管理工具被逐步引入图书馆评估研究和实践。例如，德国明斯特大学与区域图书馆的 Roswitha Poll 在2001年的国际图联（International Federation of Library Associations and Institutions，IFLA）世界图书馆和信息大会上介绍了德国研究委员会（the German Research Council）在图书馆应用 BSC 工具进行绩效评估的试验项目[①]；Joseph R. Matthews 在2006年图书馆评估会议上，基于美国博物馆与图书馆服务署（Institute of Museum and Library Services，IMLS）开展的图书馆计分卡项目（Library Scorecard Project），介绍了平衡计分卡方法在公共图书馆评估活动中的应用[②]，并在2010年图书馆评估会议上进一步就图书馆应用平衡计分卡工具进行评估的意义、方法及注意事项等进行讨论[③]；2016年，英国拉夫堡大学的 De La Mano M 和 Creaser C 对世界各国图书馆领域应用平衡计分卡工具的评估研究与实践进行了系统

① POLL R. Managing service quality with the Balanced Scorecard［C/OL］. 67th IFLA Council and General Conference，August 16 – 25，2001，Boston，USA［2020 – 01 – 24］. http：//citeseerx. ist. psu. edu/viewdoc/download?doi = 10. 1. 1. 21. 2263 &rep = rep1 &type = pdf.

② MATTHEWS J R. Balanced Scorecard in public libraries：a project summary［C］// Proceedings of the 2006 Library Assessment Conference：building Effective，Sustainable Practical Assessment. Washington，D. C. ：Association of Research Libraries，2007：293 – 302.

③ MATTHEWS J R. Assessing organizational effectiveness：the role of frameworks［C］// Proceedings of the 2006 Library Assessment Conference：building Effective，Sustainable Practical Assessment . Washington，D. C. ：Association of Research Libraries，2011：277 – 295.

梳理①。与此同时，在德国图书馆协会与贝塔斯曼基金会联合推出的图书馆绩效评估指数 BIX，以及国际标准化组织 2008 年修订发布的国际标准《图书馆绩效指标》（ISO11620）中，也都应用了平衡计分卡的思想。

二是关于图书馆组织文化对评估工作的影响研究。20 世纪 90 年代初，华盛顿大学图书馆的 Steve Hiller 较早将"评估文化"一词引入图书馆领域，强调图书馆的发展应当建立在评估而不是抱怨的基础之上②。2004 年，Lakos 和 Phipps 对这一概念作出定义，将其描述为"一种组织环境，在这种环境中，决策是基于事实、研究和分析的，服务是按照对用户和利益相关者产生最大积极结果和影响的方式进行规划和交付的，员工关心他们产生的结果以及这些结果如何与客户的期望关联，组织的使命、价值观、结构和系统支持以绩效和学习为重点的行为"③。此后，研究者们进一步对促进或阻碍图书馆评估的因素进行了调查研究。例如，Steve Hiller 与其搭档 Jim Self 和 Martha Kyrillidou 等人通过对美国研究型图书馆协会（American Research Libraries，ARL）成员馆的调查指出，确保评估活动成功开展的两个最关键因素包括：①促进、支持和利用评估的图书馆领导能力；②以用户为中心的组织文化和改善图书馆服务的积极性。如果这两者都缺乏，图书馆就不太可能进行有效和持续的评估④。Meredith Gorran Farkas 等人在更广泛的问卷调查基础上指出，促进评估活动的最重要因素包括：图书馆有明确的评估预期；管理层在决策过程中系统地使用评估数据；图书馆制订了正式的评估计划；图书馆员

① DE LA MANO M，CREASER C. The impact of the balanced scorecard in libraries：from performance measurement to strategic management ［J］. Journal of Librarianship and Information Science，2016，48（2）：191 – 208.

② WILSON B. Keynote panel：the most important challenge for library assessment ［C］// Proceedings of the 2008 Library Assessment Conference：building effective，sustainable practical assessment. Washington，D. C.：Association of Research Libraries，2009：13 – 15.

③ LAKOS A，PHIPPS S. Creating a culture of assessment：a catalyst for organizational change ［J/OL］. Libraries and the Academy，2004，4（3）：345 – 361 ［2019 – 10 – 21］. https://doi. org/ 10. 1353/pla. 2004. 0052.

④ HILLER S，KYRILLIDOU M，SELF J. When the evidence is not enough：organizational factors that influence effective and successful library assessment ［J］. Performance Measurement and Metrics，2008，9（3）：223 – 230.

使用评估数据改进工作；评估在图书馆管理中处于优先位置。而阻碍评估工作开展的主要因素包括：图书馆内部不具备必要的评估分析技能；图书馆员工没有在评估工作中得到充分支持；图书馆内没有形成关于评估目的的共识；图书馆没有支持评估工作的应用系统或技术工具；图书馆文化不是以用户为中心[①]。

为帮助各类型图书馆尽快建立支持和驱动评估实践的组织文化，2004 年，Hiller、Self、Kyrillidou 联合发起一项名为"使图书馆评估发挥作用：持续有效开展评估活动的实践方法"（Making Library Assessment Work：Practical Approaches for Developing and Sustaining Effective Assessment）的调查研究项目，对美国和加拿大 38 家图书馆进行调查走访，了解其开展评估活动的需求、目的、推动力量及存在障碍，并为这些图书馆改进评估工作提供咨询指导。该项目于 2007 年被美国研究型图书馆协会发展为一项长期面向各类型图书馆提供的评估咨询服务项目[②]。2007 年，Wright Stephanie、White Lynda S. 在对美国研究型图书馆协会成员馆评估活动开展情况进行问卷调查的基础上，发布了关于图书馆评估的工具包（SPEC Kit 303），从评估机构设置、评估岗位职责描述、评估网站建设、评估报告撰写、评估计划制订等多个方面，为有需要的图书馆提供可以参考的实例[③]。

在国内，研究者们对公共图书馆评估组织实施过程的研究和思考大多集中在对现行公共图书馆评估制度中评估主体的单一化、行政化问题的批评和建议方面。例如，姜晓[④]、潘寅生[⑤]认为，应从由行政主管部门等外在团体评

① FARKAS M G，HINCHLIFFE L J，HOUK A H. Bridges and barriers：factors influencing a culture of assessment in academic libraries［J］. College& Research Libraries，2015，76（2）：150 – 169.

② HILLER S，WRIGHT S. Turning results into action：using assessment information to improve library performance［C］//Proceedings of the 2008 Library Assessment Conference：building effective. Washington，D. C. ：Association of Research Libraries，2009：245 – 252.

③ WRIGHT S，WHITE L S. SPEC Kit 303：library assessment［EB/OL］.（2017 – 12）［2020 – 02 – 28］. https：//publications. arl. org/Library-Assessment-SPEC-Kit-303/.

④ 姜晓. 绩效评估——图书馆科学管理的探索［J］. 图书馆杂志，2003（10）：11 – 13.

⑤ 潘寅生. 图书馆绩效评估简论［J］. 图书馆论坛，2006（6）：31 – 36.

估转到由专业学术团体评估或图书馆自我评估，从"外部评估"转向"内部评估"，以增强评估的专业性和针对性；梁澄清[①]认为应该调动上下两级以及社会多种力量参与评估的权利和积极性，对地方图书馆的评估，除上级派人外，还必须邀请一定数量的地方人大代表和政协委员一同参与评估工作；张红霞[②]指出，"国际图书馆服务评估的主体形成了自评、外审和第三方独立评审的多元化格局，而我国的图书馆评估主体基本还是行政主管部门，自我评估只在少数图书馆实践，尤其缺乏第三方独立审计评估"；徐小丽[③]批评"我国政府对公共图书馆的评估工作整体上仍局限于'轻读者'的硬性政绩指标"；金胜勇[④]呼吁公共图书馆评估应当"准确把握用户在公共图书馆评估中的主体地位和价值……强调用户对公共图书馆评估过程的参与权及评估结果的决定权"；白清礼[⑤]强调"用户是评估全过程的参与者、监督者、实施者"；周文超[⑥]提出要通过"主体结构的动态变化、角色互换"，保障读者在图书馆评估工作中的话语权；包平[⑦]等人认为，"馆员对图书馆服务质量的主导作用不可忽视"；郭云鹏[⑧]借鉴服务营销领域的"满意镜像"理论，构建了图书馆内外部用户的"满意镜像"模型，强调对员工满意度的评价；王学贤、杨曰建总结了公共图书馆第三方评估机制顺利实施的 8 个关键因素[⑨]；蔡豪源[⑩]、

---

① 梁澄清. 对公共图书馆评估的反思 [J]. 当代图书馆，2004（4）：5-7.

② 张红霞. 国际图书馆服务质量评价：绩效评估与成效评估两大体系的形成与发展 [J]. 中国图书馆学报，2009（1）：78-85.

③ 徐小丽. 上海市公共图书馆服务评价的应用研究 [D]. 上海：华东师范大学，2009：30.

④ 金胜勇，周文超. 面向用户评估的公共图书馆评估指标体系构建 [J]. 图书馆工作与研究，2010（2）：11-16.

⑤ 白清礼. 以用户需求为导向的图书馆绩效评估指标体系构建 [J]. 图书馆理论与实践，2011（4）：19-22.

⑥ 周文超，王龙. 公共图书馆评估指标构建主体的动态性研究 [J]. 科技情报开发与经济，2014（17）：53-55.

⑦ 包平，周丽. ClimateQUAL™图书馆服务质量评价新体系 [J]. 大学图书馆学报，2010（5）：96-100.

⑧ 郭云鹏. 我国图书馆内外部用户的"满意镜像"研究 [D]. 长春：吉林大学，2015.

⑨ 王学贤，杨曰建. 公共图书馆第三方评估机制研究 [J]. 图书馆，2014（4）：45-47.

⑩ 蔡豪源. 公共图书馆开展第三方评估的必要性及其意义——以广州市公共图书馆为例 [J]. 图书馆研究与工作，2018（6）：9-12.

谢燕洁①分别以广州市公共图书馆为例，对公共图书馆开展第三方评估的必要性和可行性进行分析；等等。上述观点分别从读者/用户、馆员和第三方的视角对我国图书馆评估参与制度进行审视，具有比较广泛的代表性。

除此之外，为提高公共图书馆评估定级工作的组织实施效率，研究者们还分别就公共图书馆评估的范围、周期、形式，以及评估结果的分析利用等方面存在的问题提出意见、建议。例如：郑一仙②就前两次公共图书馆评估定级工作的组织实施方案质量进行评议，建议提前颁布评估标准、评估周期与每届政府任期一致，以及针对各地区经济社会发展条件不同分区域进行评比表彰等；黄俊贵③建议"将经常性督促检查与定期评估相结合"，"将评估与整改相结合"，加强对先进经验的推广学习；王超湘④对现行公共图书馆评估制度与宏观管理体制改革之间的悖论及其成因进行剖析，建议取消按行政层级进行评估的方式，改为按服务半径或读者需求进行评估等；李东来⑤建议完善公共图书馆评估工作的组织机制，按照 4 个结合搭建新的评估体系架构，即：符合式评价与成熟度评价相结合，长周期一次性评估与日常动态评估相结合，综合评估与专项评估相结合，社会化评估组织独立运行与行业和政府指导相结合；于良芝⑥对各地、各馆公开发表的评估定级总结材料进行话语分析，指出评估总结中对"公共图书馆服务"和"图书馆服务效益"的阐述存在职业话语缺失；胡雪环、曾建勋⑦在对中美公共图书馆评估定级实践进行对比分析的基础上，指出我国现行公共图书馆评估定级工作"对大量基层公共

① 谢燕洁. 我国开展公共图书馆第三方评估的必要性和可行性研究 [J]. 图书馆研究，2018 (4)：21 - 24.

② 郑一仙. 我国公共图书馆评估刍议 [J]. 中国图书馆学报，1999 (4)：49 - 53.

③ 黄俊贵. 有亮点　有瑕疵　有企盼——图书馆评估定级工作管见 [J]. 图书馆论坛，2004 (6)：40 - 43.

④ 王超湘. 公共图书馆评估与宏观管理体制改革悖论刍议 [J]. 图书馆建设，2011 (7)：57 - 59.

⑤ 李东来. 30 年前图书馆评估忆旧 [J]. 图书馆建设，2018 (4)：104 - 105，111.

⑥ 于良芝. 公共图书馆服务的意义建构与认识盲点——对公共图书馆评估总结材料的话语分析 [J]. 中国图书馆学报，2009 (4)：4 - 13.

⑦ 胡雪环，曾建勋. 中美公共图书馆评估定级实践对比分析 [J]. 图书馆杂志，2016 (7)：26 - 32，39.

馆完善自我建设激励作用不大","对改进基层图书馆的服务质量和基层馆员
的工作态度效果并不理想";等等。

1.2.3 图书馆评估理论、方法及工具研究

20 世纪 70 年代以后,西方图书馆评估理论研究不断演进,围绕评估的主
体、对象、内容等要素之间的关系建立起多元复杂的理论模型及方法体系,
主要包括:

(1) 图书馆评估概念模型研究。研究者们通过对评估及其相关概念之间逻
辑关系的辩证分析,形成各种类型的概念模型,引导图书馆评估理论逐渐实现
体系化建构,其中比较核心的主要是关于图书馆投入、过程、产出、结果关系
模型的发展演进。1973 年,Rechard H. Orr 就图书馆质量与价值的直接测度与间
接测度发表了一篇具有里程碑意义的论文:《衡量图书馆的好坏:关于量化测度
的一般框架》[①],对影响图书馆评价的四个变量——资源(resources)、能力
(capabilities)、利用(utilization)和用户收益(beneficial effects)之间的因果
关系进行了阐释,指出在能力和效益不易测度的情况下,对投入和利用进行测
度仍然有其价值和意义,这就是著名的 Orr 图书馆评估变量模型(见图 1 - 3)。

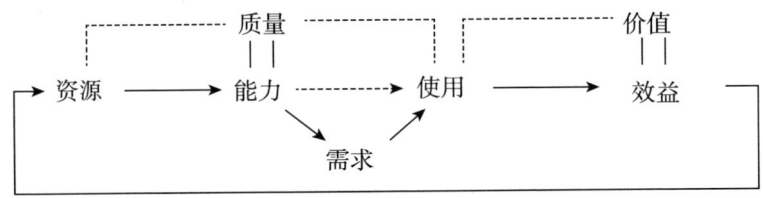

图 1 - 3 Orr 的图书馆评估变量模型[②]

这一模型在后续的研究和实践中得到了继承和发展。例如,英国图书馆
学家 Joseph Matthews 将"效益"区分为"成果"(outcomes)和"影响"
(impact)两个部分,提出包含资源、能力、产出、成果和影响等五个组件的
图书馆评估模型(见图 1 - 4)。其中,"成果"主要关注图书馆活动直接作用
于个人的变化,包括短期、中期和长期三个层次。短期成果包括知识、技能、

---

①② ORR R H. Measuring the goodness of library services: a general framework for considering quantitative measures [J]. Journal of Documentation, 1973, 29 (3): 315 - 332.

态度、愿望、信心等方面的变化；中期成果反映在行为、决策和行动方面；长期成果则最终促成个人所处环境、地位的改变。从短期成果到长期成果的形成，是一个渐次累积的过程。而"影响"是指与社区相关的更广泛、更长期的变化，是图书馆服务的最终结果。

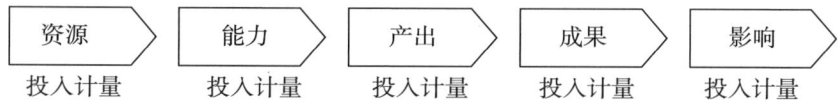

图 1 - 4　Joseph Matthews 对 Orr 图书馆评估变量模型的调整①

Ian Reid 等人则在上述五个组件的基础上，进一步加入了"用户反馈"（users' feedback）的内容，形成图书馆评估的拓展逻辑模型。该模型将图书馆评估分为两大部分，其一是与利益相关者（stakeholders）相关的投入、过程和产出评估，其二是与用户（users/participants）相关的成果和影响评估，两部分之间以用户反馈相连接，如图 1 - 5 所示。该模型突出强调了用户调查方法在图书馆成果和影响评估中的重要意义，这也是目前国外图书馆评估实践中普遍应用的有效方法。

利益相关者				用户	
投入	过程	产出	反馈	成果	影响
资源获取	转化设计创造	促进传递支持		当前的↓中间的↓长期的	个人的↓群体的↓社会的
支持/基础设施				社区	

图 1 - 5　Ian 等人的图书馆评估拓展逻辑模型②

类似的概念模型还有很多，包括 John Carlo Bertot 和 Charles R. McClure 提出的投入（inputs）—产出（outputs）—服务质量（service quality）—成果

①　MATTHEWS J. Assessing outcomes and value：it's all a matter of perspective ［J］. Performance Measurement and Metrics，2015，16（3）：211 - 233.

②　REID I，THOMPSON C. 20/20 Vision for academic and public library data ［C/OL］ Proceedings of 12th International Conference on Performance Measurement in Libraries，July 31st-August 2nd，2017，Oxford，UK ［2022 - 03 - 17］. https://libraryperformance. files. wordpress. com/2019/02/12th-libpmc-conference-proceedings. pdf.

（outcomes）评估模型①、金氏研究公司（King Research Ltd.）为英国科学教育部艺术与图书馆办公室研制的运行效率（operational performance）—有效性（effectiveness）—成本有效性（cost-effectiveness）—影响（impact）关系模型②等。此外，Blaise Cronin③、Scott Nicholson④等人还将用户、管理者和投资者等不同参与主体引入图书馆评估概念模型，建立并发展了图书馆的评估矩阵（the evaluation matrix），强调应从不同主体对图书馆成本、有效性、效益、影响等的不同认识出发，选择不同的评估模式。

（2）图书馆评估过程模型研究。一些研究者将评估与图书馆管理过程结合起来，构建了基于目标管理、规划管理的图书馆评估过程模型。比较典型的如 Vernon E. Palmour 等人提出的公共图书馆规划周期循环（如图1-6所示）、Blaise Cronin 提出的图书馆目标管理循环（如图1-7所示）等。

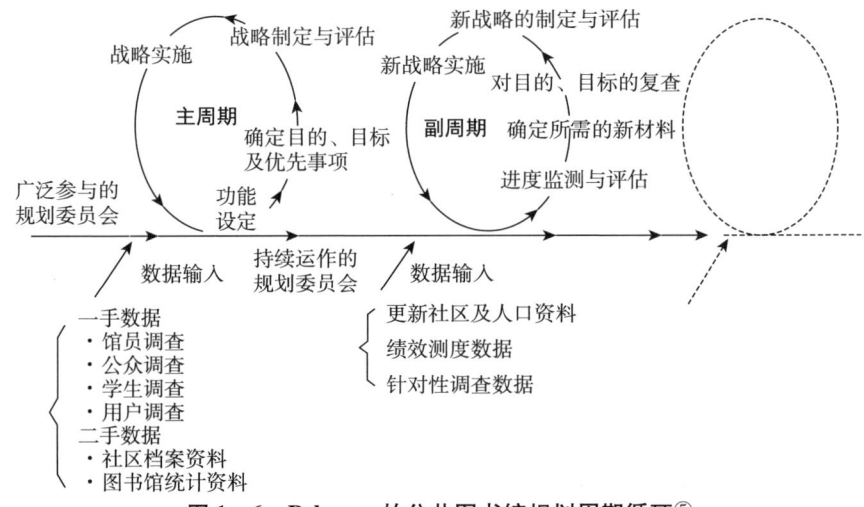

图1-6　Palmour 的公共图书馆规划周期循环⑤

① BERTOT J C, MCCLURE C R. Outcomes assessment in the networked environment: research questions, issues, considerations, and moving forward [J]. Library Trends, 2003, 51 (4): 590-613.

② King Research Limited, Office of Arts and Libraries. Keys to success: performance indicators for public libraries. a manual of performance measures and indicator [M]. London: HMSO, 1990: 5.

③ CRONIN B. Taking the measure of service [J]. Aslib Proceedings, 1982, 34 (6): 273-294.

④ NICHOLSON S. A conceptual framework for the holistic measurement and cumulative evaluation of library services [J]. Journal of Documentation, 2004, 60 (2): 164-182.

⑤ PALMOUR V E, BELLASSAI M C, DEWATH N V. A planning process for public libraries [M]. Chicago: American Library Association, 1980: 3.

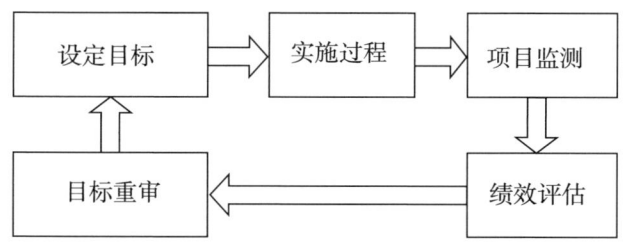

图 1-7 Cronin 的图书馆目标管理循环①

Vernon E. Palmour 强调，公共图书馆规划的制定和实施必须将服务评估与绩效测度活动贯穿始终，包括规划制定前对图书馆的资源、服务及其在社区中的定位、需求的评估，规划实施过程中对图书馆目标实现进度的监测，规划周期结束后对规划目标的重新审视等②。

（3）图书馆评估方法及工具研究。针对图书馆评估的不同内容和维度，研究者们进一步深入探讨了有关的评估方法，并在此基础上不断研究开发各种评估实用工具。例如，在服务质量评估方面，1995 年，Danuta Nitecki 首次将质量差距理论及相应的 ServQUAL 服务质量评价工具引入图书馆，引起了北美图书馆界的广泛关注。在此基础上，得克萨斯州农工大学研究小组发起了对 ServQUAL 工具的适用性改造项目，并得到美国教育部基金资助。截至2001 年春，该项目已得到 40 家高等教育机构及其图书馆的响应③，这也是后来 LibQUAL 项目的雏形。该研究一直延续到今天，在此基础上还衍生出了DigiQUAL、ClimateQUAL 等应用于不同情境的图书馆服务质量评估工具。在成效评估方面，美国博物馆与图书馆服务署于 1998 年发起一项试验性项目，对成效测评方法在联邦《图书馆服务技术法》（Library Services and Technology Act，LSTA）资助项目评估中应用的可行性进行研究④；2009 年 12 月，IMLS 进一步资助了一项名为 Lib-Value 的图书馆价值与投资回报率研究项目，旨在就图

---

①　CRONIN B. Taking the measure of service［J］. Aslib Proceedings, 1982, 34（6）: 273 - 294.

②　PALMOUR V E, BELLASSAI M C, DEWATH N V. A planning process for public libraries［M］. Chicago: USA, Public Library Association, 1980: 8.

③　KYRILLIDOU M, HEATH F M. Measuringlibrary service Quality［J］. Library Trends. 2001, 49（4）: 541 - 799.

④　SADLON & ASSOCIATES, INC. Library Services and Technology Act outcome evaluation plan［EB/OL］. ［2016 - 10 - 13］. http://dlis. dos. state. fl. us/bld/Research_Office/pdfs/Outcome_ EvalPlan_final. pdf.

书馆投资回报率研究的局限性及其拓展进行研究，并开发适用的价值评估工具①；2013 年，美国公共图书馆协会（Public Library Association，PLA）成立绩效测度工作组（Performance Measurement Task Force，PMTF），组织开展公共图书馆绩效指标的国家模型研究②；在此基础上，PMTF 于 2015 年 5 月启动 Project Outcome 项目，致力于研发适用于不同规模公共图书馆的成效测度工具③；等等。除此之外，研究者们还积极应用成本效益分析、投资回报率分析、条件价值评估、消费者剩余、价值链分析等方法对图书馆在经济社会发展中的价值进行评估。

与国外图书馆评估理论研究的广泛和深入发展不同，国内有关公共图书馆评估的研究更多着眼于具体的评估工作，对相关理论模型和方法技术的研究还比较薄弱。现有图书馆评估理论研究主要是对欧美及日韩等发达国家和地区相关研究及其成果的介绍与评述，其中比较有代表性的包括初景利④对西方图书馆评估理论发展脉络的梳理、罗曼⑤对 20 世纪图书馆效用评估方法的总结，张广钦⑥对国外图书馆评估领域主要概念模型和主流评估方法的介绍，孙冰⑦对国外公共图书馆经济价值评估方法的调查，以及以高波为核心的研究团队对美国⑧、英国⑨、日本⑩等国家公共图书馆绩效评估理论的评述等。除

---

① 项目网址：http://www.libvalue.org.

② DAVIS D M，HIRSH M，MATTHEWS J. Performance indicators for public libraries—developing a national model［EB/OL］.（2014 – 07 – 22）［2017 – 05 – 22］. http://libraryassessment. org/bm ~ doc/23davispanel.pdf.

③ PLA. About Project Outcome［EB/OL］.［2017 – 05 – 23］. https://www.projectoutcome. org/about.

④ 初景利. 西方图书馆评价理论评介［J］. 中国图书馆学报，1999（3）：53 – 60.

⑤ 罗曼. 20 世纪图书馆效用评估方法回顾［J］. 大学图书馆学报，2000（2）：39 – 41，55.

⑥ 张广钦. 图书馆评估概念与模型、发展史及方法研究述评［J］. 大学图书馆学报，2011（3）：5 – 10.

⑦ 孙冰. 国外公共图书馆经济价值评估方法探析［J］. 国家图书馆学刊，2010（1）：69 – 72.

⑧ 冯琳，高波. 美国公共图书馆绩效评估理论研究［J］. 图书馆建设，2012（3）：22 – 26.

⑨ 彭宁波，高波. 英国公共图书馆绩效评估研究评述［J］. 图书情报工作，2012（23）：129 – 134.

⑩ 高波，孔兰兰. 日本公共图书馆绩效评估理论与实践［J］. 图书馆论坛，2010（6）：143 – 146.

此之外，也有个别研究者在借鉴国外研究成果的基础上，尝试构建新的图书馆评估概念模型，如熊伟等人提出的图书馆的全面社会价值运动过程逻辑模型①、柯平等人提出的图书馆服务绩效评估理论模型②等。

在此过程中，国内研究者也尝试应用国外一些影响比较广泛的图书馆评估方法和工具，进行小范围的公共图书馆评估实证研究，如周吉③应用英国博物馆、档案馆、图书馆等机构的社会成效框架④（Generic Social Outcomes，GSO）对上海浦东图书馆服务视障人群的社会价值进行的评估；王静一⑤、马鹏⑥、施国洪⑦等人应用 LibQUAL 工具对公共图书馆服务质量进行的调查研究；石玥⑧应用 ClimateQUAL 工具对公共图书馆馆员满意度进行的评估；韦景竹、曹树金、陈忆金⑨综合应用 ServQUAL、LibQUAL 和 Kano 工具构建城市公共图书馆服务质量评价模型；等等。这些研究对国外图书馆评估的先进理论、模型进行了适应中国语境的本土化改造，具有较强的实用性。但这些研究目前整体上仍然是由个别研究者独立开展，研究成果缺乏在充分交流、合作与共享基础上的累积发展，还未能在公共图书馆评估实践中得到很好的推广应用。

近年来，东部发达地区一些图书馆组织科研团队，开展了一些基于理论

① 熊伟. 图书馆社会价值评估研究 [M]. 北京：中国社会科学出版社，2012：208.

② 柯平，宫平. 公共图书馆服务绩效评估模型探索 [J]. 国家图书馆学刊，2016（6）：3-8.

③ 周吉. 公共图书馆社会影响评价研究——理论、方法与设计 [D]. 上海：华东师范大学，2010：59-68.

④ 原作者文中翻译为"社会产出原型框架"。

⑤ 王静一，毕强. 基于 LibQUAL+ 的公共图书馆服务质量评价——东北三省省地级公共图书馆服务质量调查与思考 [J]. 国家图书馆学刊，2010（2）：55-59，77.

⑥ 马鹏，张伟华，张晓梅. LibQUAL+™ 与差距模型在公共图书馆服务质量评估中的应用扩展 [J]. 图书馆建设，2012（10）：65-69.

⑦ 施国洪，刘凯. 基于 LibQUAL+ 的公共图书馆服务质量评价研究——以江苏部分公共图书馆调查数据为实证分析 [J]. 图书馆，2014（1）：81-84.

⑧ 石玥. 基于 ClimateQUAL™ 的公共图书馆服务质量评价研究 [D]. 哈尔滨：黑龙江大学，2018.

⑨ 韦景竹，曹树金，陈忆金. 基于读者需求的城市公共图书馆服务质量评价模型研究——以广州图书馆为例 [J]. 图书情报知识，2015（6）：36-47，88.

创新的图书馆评估实践探索，比较典型的如东莞图书馆研究团队应用卓越绩效管理模式和平衡计分卡原理开展的绩效评价与过程管理①，杭州图书馆研究团队依托中国图书馆学会图书馆统计与评价专业委员会开展的公共图书馆绩效与价值评价的实证研究②等，在推动评估理论的实践应用方面迈出了新的步伐。而第六次全国县级以上公共图书馆评估定级工作由中国图书馆学会牵头组织，委托南开大学柯平教授领衔的专业研究团队深入开展评估指标体系及评估工作方案的研究，也是在全行业交流合作的基础上，推动评估理论、方法和技术走向实践应用的重要突破。

与此同时，国内研究者较欧美同行更多地在图书馆评估研究中应用模糊数学、粗糙集理论、数据包络分析、神经网络、经济影响模型等跨学科技术方法，发表了大量研究文章。但这类研究目前大多仍止步于对跨学科技术方法的简单套用，较少结合公共图书馆评估的特点和需求进行必要的适用性改造，对其应用于图书馆评估工作的必要性、合理性、适用性、可操作性，以及可能存在的问题与不足等缺乏理论思考和实践验证。而且这些跨学科技术方法的应用大多依赖于复杂的数理计算，需要有相应的软件系统支持，否则很难被各级公共图书馆，特别是基层中小型图书馆有效使用，而目前国内关于这类技术方法应用的研究中还鲜少涉及此类软件系统研发。另外，与国外图书馆评估研究重视问卷调查、焦点小组、现场观察等方法的应用相比，我国图书馆评估研究领域关于各类调查方法和工具的应用研究还存在明显不足。

1.3 研究述评

调研发现，国内外公共图书馆评估研究存在比较明显的差异。一方面，欧美图书馆界普遍比较重视图书馆评估理论的研究和应用，以 Orr 的图书馆

---

① 李东来，奚惠娟. 卓越绩效管理模式——公共图书馆发展的现实选择 [J]. 图书馆论坛，2015 (8)：37 – 43；杨累，赵爱杰. 基于事实的管理——东莞图书馆绩效评价与过程管理的实践思考 [J]. 图书馆建设，2013 (7)：15 – 19.

② 褚树青. 公共图书馆绩效与价值评估研究 [M]. 北京：国家图书馆出版社，2016.

评估变量模型（见本书图 1-3）为基础，围绕图书馆投入、过程、产出、结果及影响等概念及其逻辑关联，逐步形成较为完善的理论模型；与之相比较，我国公共图书馆评估研究的经验主义色彩还比较浓厚，缺乏成熟的理论模型指导。另一方面，欧美图书馆界积极应用组织管理理论，立足于评估工具在图书馆管理决策过程中的科学应用，大力提倡在各类型图书馆中建立支持和驱动评估活动的组织文化，形成了比较丰富的研究成果；而我国公共图书馆评估研究大多就评估而论评估，对影响评估活动成功实施的组织管理因素，以及评估工具在公共图书馆组织管理过程中的有效应用缺乏关注。

针对上述问题，笔者尝试应用国外成熟的图书馆评估概念模型对我国现行公共图书馆评估标准进行比较系统的理论分析，在此基础上构建以效能为导向的公共图书馆评估模型，并以其指导评估指标的取舍和评估方法的选择；同时探索将评估工作融入公共图书馆事业管理体系，与其他管理工具的研究和应用建立有机联系，为完善评估工作机制，提高其组织实施效率，促进评估结果的分析应用提出对策建议。

除此之外，笔者在调研中也发现，欧美图书馆界在公共图书馆评估研究领域高度重视集团合作，由政府部门、图书馆行业组织支持的大规模实证研究项目不断深入，如美国博物馆与图书馆服务署支持的 Lib-Value 项目、Project Outcome 项目，美国研究型图书馆协会支持的 New Measures 项目和 E-Metrics 项目，欧盟委员会支持的 EQUINOX 项目和 COUNTER 项目等，都在各类型图书馆及图书馆教学科研机构的密切合作下取得了引人瞩目的积极进展，有效推动了图书馆评估研究成果的实践应用。而我国图书馆界目前关于公共图书馆评估的研究仍然以个人或小团队的独立研究为主，虽然对图书馆评估甚至企业评估领域各类先进方法、技术、理念多有涉猎，但研究成果的交流共享和转化利用机制还不够健全，缺乏必要的累积性，面向实践应用的成熟度不够。国内同行应当加强对这一问题的关注，积极借鉴国际图书馆界推进评估研究的成功经验，推动建立我国公共图书馆评估研究与实践的共同体组织，围绕公共图书馆评估方法、技术和工具的创新研究与实践，开展更加广泛深入的交流与合作。

2　我国公共图书馆评估制度的形成与发展

新中国成立后，公共图书馆事业迅速得到人民政府的高度重视。早在 1955年 7 月，文化部即发出《关于加强与改进公共图书馆工作的指示》（文社图字第 52 号），要求各级地方政府文化行政机关"经常了解和掌握本地区图书馆事业的情况……加强对其计划执行情况的检查，并给以具体的指导和帮助……"，同时"在当地人民委员会、自治机关的指导下，在适当时间对公共图书馆工作进行一次认真的检查和研究；然后根据当地实际情况，定出具体的计划与实施方案……"。自此以后，对公共图书馆工作进行计划、指导、监督、检查、评比和表彰，成为各个时期党和政府推动公共图书馆事业发展的重要手段。

2.1　我国公共图书馆评估简史

经过 20 世纪 50 年代末的公共图书馆跃进评比、20 世纪 80 年代初期的创建"文明图书馆"竞赛活动，以及 20 世纪 80 年代末 90 年代初的图书馆"科学评估"等早期实践探索，全国县级以上公共图书馆评估定级的工作制度及评估标准逐步确立，并在近三十年的继承和发展中不断优化调整，日益走向规范化、制度化，在调查了解我国公共图书馆事业发展的经验与问题，推动政府有关部门加大公共图书馆投入，指导各级图书馆提高科学管理水平和创新服务能力等方面发挥了不可替代的积极作用。

2.1.1　公共图书馆跃进评比

1958 年 1 月 11 日，《人民日报》以"以促进派的革命气概实现全面大跃进"为题发表社论文章，号召经济、政治、文化等各领域都要"大跃进"。这在一定程度上反映了当时社会各界迫切要求尽快改变我国经济文化落后状况的普遍愿望，同时也引领了一个时期忽视事物客观规律、片面追求经济社会高速发展的"大跃进"风潮。同年 3 月，文化部在京召开全国省、市、自治区公共图书馆工作跃进大会。在这次大会上，许多图书馆以决心书、竞赛书、规划书、挑战书、应战书等形式，分别提出了各自反对浪费、反对保守、增产节约的工作指标。

这些指标在细节上各有差异，但普遍都体现了节约经费、精简人员、提高效率、扩大服务等方面目的，其中又尤以扩大服务为核心。多数图书馆都就发展读者人数、图书外借册数等核心指标提出了量化目标。天津市人民图书馆①在其《竞赛书》及向首都图书馆和山东省图书馆发出的《挑战书》中，还提出了读者到馆率、图书流通率，以及推荐图书流通量占全年外借册次比例等更能体现服务效益的指标。为了确保这些指标任务的实现，这些图书馆分别在延长开放时间、增设阅览座位、改善服务态度、提高编目效率、编制书目索引、举办图书宣传、加强读者辅导等方面订出了细化及量化目标。上海市 6 家图书馆在其联合公布的《我们的工作规划》② 中，还围绕"建立全市图书流通网，做到区区有馆，大厂、大店有馆，中小型厂、店有联合馆，校校有馆（室），条条里弄有站；在郊区做到一乡一馆，社社有室"的要求，提出与科学研究单位和工业生产部门建立外借关系、发展馆际互借、送书上门、训练图书馆积极分子（类似于今天的图书馆志愿者）、与书摊建立合作小组、设立小阅览室和流动站等创新举措，并分别拟定了明确目标。从这些指标所涉猎的范围来看，当时业界对于如何评价一个图书馆工作是否"先进"的问题，已经形成了比较普遍的共识，那就是时任文化部副部长钱俊瑞在大会开幕式上的讲话③中所指出的，"一个图书馆工作的好坏，主要是看它的图书，借的人多不多，借的方不方便"，"要千方百计吸引读者，为读者服务。做到：服务大众、便利专家、辅导基层"。

在会上，各图书馆代表纷纷表达了"学先进、比先进、赶先进"的决心，

---

① 黄钰生. 竞赛书 [J]. 图书馆学通讯，1958（2）：14 - 17.

② 上海图书馆，上海报刊图书馆，上海人民图书馆，等. 我们的工作规划 [J]. 图书馆学通讯，1958（2）：13 - 14.

③ 钱俊瑞. 打破常规、鼓足干劲、实现图书馆事业大跃进！——中央文化部钱俊瑞副部长在全国省、市、自治区公共图书馆工作跃进大会开幕时的报告 [J]. 图书馆学通讯，1958（3）：1 - 4.

馆与馆之间互相挑起竞赛的同时，一些图书馆也提出建立检查、评比制度，在部门之间、个人之间定期开展比先进、比多快好省的计划。北京图书馆、上海图书馆等33家图书馆还在会上联合提出了一个"十比"的倡议①，即比图书流通，比服务态度，比图书宣传，比采购编目，比清理积存，比业务辅导，比馆际协作，比业务创新，比勤俭办馆，比又红又专。这"十比"，有的涉及业务工作，有的面向服务创新，为各馆树立起创先争优的标杆。时任文化部副部长夏衍在会议总结发言中对各馆提出的工作指标和"十比"倡议给予了高度肯定，并强调要建立检查和评比制度，要求"文化部、社文局、各省市文化局都要进行检查和组织评比"②。这可以看作是新中国成立以后公共图书馆有意识地对业务和服务工作进行检查和评比的开端。

这种全国性的大规模评比竞赛活动，极大地激发了广大图书馆工作者的革命热情。在短时间内，通过各种技术和制度革新，通过定标比超，各地图书馆数量激增，读者人数和图书流通数量爆发式增长，一些地区甚至初步形成了深入基层的图书馆协作网、图书馆辅导网。但是各馆提出来的工作指标，不可避免地带有"大跃进"时期不顾事物发展客观规律、主观冒进、盲目追求高速度高效率的弊病。一些馆左比右看，在未经调查研究，未经群众讨论的情况下，一再修改、提高指标，不断脱离实际。以上正反两方面的影响，在徐洪升③、许静波④、吴稌年⑤、韩淑举⑥等人的文章中分别进行过比较深入

---

① 北京图书馆，等. 倡议书［J］. 图书馆学通讯，1958（2）：5-6.

② 文化部夏衍副部长总结报告［J］. 图书馆学通讯，1958（2）：1-4.

③ 徐洪升. 简评"大跃进"时期的中国图书馆事业［J］. 图书馆理论与实践，2009（10）：70-73.

④ 许静波. 跃进与折返：大跃进时期我国图书馆事业回望与省思［J］. 图书馆工作与研究，2017（1）：111-116.

⑤ 吴稌年，顾烨青. 1950年代的中国图书馆事业：跃进再跃进，服务广开展，研究难深入（1957—1959）（一）［J］. 高校图书馆工作，2015（4）：74-83，93；吴稌年，顾烨青. 1950年代的中国图书馆事业：跃进再跃进，服务广开展，研究难深入（1957—1959）（二）［J］. 高校图书馆工作，2015（5）：62-70；吴稌年，顾烨青. 1950年代的中国图书馆事业：跃进再跃进，服务广开展，研究难深入（1957—1959）（三）［J］. 高校图书馆工作，2015（6）：81-86.

⑥ 韩淑举. 图书馆大跃进：历史述评（1958—1960）（下）——省思与批判：图书馆大跃进的负面影响［J］. 图书馆理论与实践，2017（8）：104-112.

的辩证分析。

对于今天关注公共图书馆评估活动的研究者来说，这一时期公共图书馆之间开展的以提高效率、扩大服务为目的的跃进评比，至少在评价目的、评价内容等方面仍然值得我们学习。其失败所带来的教训，则应使我们警醒：即使是在正确的事业发展方向上，订立工作目标和检查评比指标仍应坚持实事求是的原则，尊重客观规律，在满足社会需求的理想追求与图书馆现实的工作基础之间，取得一个科学理性的平衡。

1961 年 1 月，党的八届九中全会明确"调整、巩固、充实、提高"的国民经济发展八字方针。根据这一方针，各级各类图书馆开始总结"大跃进"中的经验教训，逐渐消除盲目发展所造成的不良后果，着力对图书馆工作中与国民经济发展不相适应的部分进行了调整，并在调整中有所前进①。

2.1.2 创建"文明图书馆"竞赛评比

1978 年 12 月，党的十一届三中全会在北京召开，作出了将全党工作重点转移到社会主义现代化建设上来的重大战略决策，开启了改革开放的新篇章。全国图书馆界开始广泛讨论图书馆工作重点向为社会主义现代化建设服务转移的问题。如：《图书馆学通讯》（今《中国图书馆学报》）编辑部于 1979 年初邀请北京地区各系统图书馆馆长、业务骨干，以及北京大学图书馆学系教师共二十余人就这一问题进行了座谈②；同年 8 月，湖南省文化局也以"搞好图书馆工作，适应工作重点转移"为主题，组织召开了全省地、市、县图书馆馆长座谈会③。黄宗忠专门撰文论述了这一问题，认为"图书馆重点转移的目标包含两个方面：一是重点转移到为社会主义现代化建设服务，这是新时期的要求，也是图书馆的基本奋斗目标；二是重点转移到实现社会主义图书馆自身的现代化，这是社会主义现代化建设的组成部分，也是四个现代化的

---

① 韩永进. 中国图书馆史：现当代图书馆卷［M］. 北京：国家图书馆出版社，2017：84.

② 袁丁. 弄清图书馆战线是非 解放思想为四化服务——记北京地区部分图书馆工作者座谈重点转移问题［J］. 图书馆学通讯，1979（1）：9 - 12.

③ 搞好图书馆工作 适应着重点转移——省文化局召开地市县图书馆馆长座谈会［J］. 图书馆工作，1979（2）：1 - 2.

要求"①。在研究和讨论日渐深入的同时，有关实践工作也迅速发展起来。如天津市文化局于1980年在全市范围内组织开展的以优质服务为中心的"为四化多做贡献"公共图书馆馆际竞赛活动②，吉林省文化厅自1982年开始在全省图书馆开展的评比先进活动③等。

与此同时，面对十年浩劫留下来的精神遗毒和改革开放带来的西方各种思想观念冲击，以及社会主义现代化建设和广大人民群众对精神文化生活日益高涨的期待和需求，党中央明确提出要在建设高度物质文明的同时，建设高度的社会主义精神文明，并确立了两个文明一起抓、"两手抓、两手都要硬"的战略方针。从1982年开始，中央多个部委联合倡导，在全国广泛开展"五讲四美三热爱"（讲文明、讲礼貌、讲卫生、讲秩序、讲道德；心灵美、语言美、行为美、环境美；热爱祖国、热爱社会主义、热爱中国共产党）和"文明礼貌月"等活动。1984年2月，中央五讲四美三热爱活动委员会发布《关于一九八四年五讲四美三热爱活动的意见》，明确要求"在几年来已经取得成果的基础上进一步搞好综合治理，普遍地、扎实地开展建设城乡各种文明单位的活动"④。根据这一指示，天津、上海、湖南、江苏、河南、吉林等省市先后发起了各种形式的创建"文明图书馆"活动⑤，并分别制定了本地区创建"文明图书馆"的评比条件和实施细则，如天津市文化局制定的《天津市公共图书馆关于创"文明图书馆"竞赛评比条件》⑥（1984）和湖南省文化厅颁发的《文明图书馆的五条标准》⑦（1985）等。

在总结各地创建工作经验的基础上，文化部在1987年10月就贯彻落实

---

① 黄宗忠. 认真搞好图书馆工作的重点转移［J］. 黑龙江图书馆，1979（Z1）：28－38.

② 天津市文化局. 创"文明图书馆"竞赛推动了事业的发展［J］. 图书馆工作与研究，1988（S1）：31－36.

③ 陈景东. 顽强拼搏 争创一流 创建更多高标准的文明图书馆——在全省图书馆长会上的讲话（1991年3月31日）［J］. 图书馆学研究，1991（4）：5－8.

④ 刘现波. "五讲四美"精神文明创建活动的回顾及其启示［J］. 传承，2014（2）：86－87.

⑤ 余春燕. 我国公共图书馆创建"文明图书馆"活动回眸［J］. 河南图书馆学刊，2014（2）：2－4.

⑥ 天津市公共图书馆关于创"文明图书馆"竞赛评比条件［J］. 图书馆工作与研究，1984（2）：4.

⑦ 湖南省文化厅颁发文明图书馆的五条标准［J］. 图书馆，1985（2）：20.

中宣部等四部院《关于改进和加强图书馆工作的报告》有关问题召开的专门会议上，提出要把创建文明图书馆活动作为图书馆改革的重要内容之一，"推广到各地……，做到有目标、有要求、有评比、有表彰"①。会后，文化部图书馆事业管理局于 1988 年 4 月 5 日在天津组织召开图书馆管理工作座谈会，着重讨论了创建文明图书馆活动的具体步骤②；并于同年 9 月发出《关于开展创建文明图书馆竞赛、表彰活动的通知》，同时公布了评定文明图书馆、图书馆先进工作者的标准和条件③。各地区根据文化部下发标准，进一步改进了其创建"文明图书馆"评比条件及细则。至 20 世纪 80 年代末，各地评比内容已涵盖办馆方针、指导思想、读者服务、基础业务、科学管理、协作协调、基层辅导、经费保障、人才队伍建设等方方面面。例如，天津市文化局针对成人馆和少儿馆的不同特点，分别制定发布了《天津市 1988 年度创"文明图书馆"竞赛评比细则（成人馆部分)》④ 和《天津市 1988 年度创"文明图书馆"竞赛评比细则（儿童馆、室部分)》⑤。其中，成人馆评比细则包括采"分编工作""读者工作""为科研、生产服务""业务辅导工作""管理工作""阵地少儿活动"等六部分，儿童馆、室评比细则包括"采分编工作""读者服务工作""业务辅导工作""行政辅导工作"等四部分。两份细则中，各部分均根据图书馆业务范围和当年竞赛重点，规定了具体的工作内容、工作规范及标准要求，并就购书经费占总经费比例、图书分类编目的差错率、读者证发放数量、每周开馆时间、年举办活动次数等提出明确定量要求。评比细则还根据这些评比项目的重要性程度不同分配分值，同时明确给分及增减分规则，为创建活动提供了相对客观的量化依据。

① 北京图书馆.《关于改进和加强图书馆工作的报告》会议纪要［J］. 图书馆学通讯，1980（1）：7-9.

② 鲍振西. 总结经验 表彰先进 继续深入开展创建文明图书馆活动［J］. 图书馆杂志，1989（5）：6-8，5.

③ 鲍振西. 公共图书馆事业发展的最好时期——对我国八十年代公共图书馆事业发展的简要回顾（上）［J］. 图书馆工作与研究，1991（4）：1-7，22.

④ 天津市文化局. 天津市 1988 年度创"文明图书馆"竞赛评比细则（成人馆部分）［J］. 图书馆工作与研究，1988（S1）：39-43，50.

⑤ 天津市 1988 年度创"文明图书馆"竞赛评比细则（儿童馆、室部分）［J］. 图书馆工作与研究，1988（S1）：46-49.

"文明图书馆"竞赛评比活动的开展，推动了20世纪80年代我国公共图书馆事业的拨乱反正，使其得以在社会主义精神文明建设和科学文化事业发展中做出积极贡献。时任文化部图书馆事业管理局副局长鲍振西在1989年全国创建"文明图书馆"经验交流会上指出，该项活动"把竞争机制引入图书馆领域，调动了图书馆工作者的积极性"，"加速了图书馆工作改革的进程，深化了图书馆为两个文明建设的服务"，"促进了图书馆的基础工作建设"，"改进了服务工作，扩大了图书馆的社会影响"，"推动了图书馆事业管理的科学化"[①]。这些作用，在各地区公开发布的评比总结交流材料中都可以找到清晰的案例和数据佐证。同时，也正是在这一活动期间，许多地区开始探索公共图书馆岗位管理、目标管理、科学管理，以及馆长负责制和馆员公开招聘等改革创新思路，为我国公共图书馆事业的现代化、科学化、规范化发展奠定了基础。

2.1.3 公共图书馆"科学评估"

20世纪80年代末90年代初，为了将创建"文明图书馆"活动进一步引向深入，使竞赛评比结果更加客观、公正，从而更有效地发挥其对图书馆工作的引导和促进作用，辽宁、天津、黑龙江、湖南等地先后启动图书馆"科学评估"工作，借鉴国外图书馆评估的思想和方法，以及国内高校办学水平评估中有关图书馆评估的内容，在创建"文明图书馆"活动经验的基础上，建立起更为科学、系统的图书馆评估指标体系，并逐步理顺了评估工作程序，形成了较为完善的评估工作机制，也为此后持续开展的全国县级以上公共图书馆评估定级工作积累了可贵经验。

这一时期，各地区大多将评估视作一门科学，重视对公共图书馆评估思想、理论、方法的学习研究和交流培训，重视在对本地区各级公共图书馆历史及现状进行深入调查研究的基础上，科学制订评估工作方案和评估指标体系，确保评估工作适应当地图书馆事业发展实际需要。例如，1987年，辽宁省文化厅图书馆处率先将图书馆评估列入年度工作计划，组织开展评估理论

---

① 鲍振西. 总结经验 表彰先进 继续深入开展创建文明图书馆活动——在全国创建文明图书馆活动经验交流会上的发言 [J]. 图书馆学通讯，1984（4）：6–11，24.

的学习和研究，明确评估工作的目的、意义、原则、方法、过程等①；天津市文化局面向参评图书馆馆长、分编人员、统计人员、档案管理人员等举办评估工作研讨会、培训班，使大家明确评估工作的目标意义、指导思想及其各项规范要求②。1990 年 2 月，天津市文化局发布《天津市公共图书馆系统开展科学评估工作的试行方案》③，要求在评估中"要综合运用图书情报学、统计学等各方面的理论和方法"，突出强调了图书馆评估工作的科学性特点。

与创建"文明图书馆"标准相比，各地图书馆"科学评估"已形成较为完备的分层评估指标体系，较好地反映了这一时期各方面对公共图书馆功能、任务及目标的认识和理解。各地在图书馆评估指标体系中区分"办馆条件"和"工作水平"，分别对图书馆的投入和产出要素进行评估，并对其进行比较，也在一定程度上体现了人们对图书馆科学管理中的投入产出关系的初步认识和应用。为"使评估工作具有更大的导向作用，使那些对图书馆工作整体具有重大影响的因素以及一定时期内全市范围必须着重解决的共性问题能够引起各级图书馆领导的充分重视"④，各地图书馆"科学评估"还普遍采用加权评价方法，按重要性程度对评估指标体系中的各项指标进行排序，赋予其不同权值，以保证重点，照顾一般，这也是我国公共图书馆评估实践中以科学方法落实"以评促建"工作思路的一个具体体现。在此基础上，各地图书馆"科学评估"指标体系中普遍还设置有"提高指标"或"附加分"，由各参评馆自主申报，就本馆开展的"具有全国或全省特色或创新的工作；具有全国或全省高水平或重大贡献的工作"提交书面材料，经资格审查后，由专家评分，并纳入评估总分，以鼓励各馆结合实际，围绕图书馆中心工作积极拓展业务与服务功能，引领区域范围内图书馆事业在继承传统的基础上实现创新发展。

这一时期，各地区对图书馆评估中定量与定性方法的应用也更为系统、

---

① 李东来. 30 年前图书馆评估忆旧 [J]. 图书馆建设, 2018 (4)：104 – 105.

② 开展科学评估 促进事业发展——天津市公共图书馆科学评估工作总结 [J]. 图书馆工作与研究, 1992 (S1)：122 – 125.

③④ 天津市文化局. 天津市公共图书馆系统开展图书馆科学评估工作的试行方案 [J]. 图书馆工作与研究, 1992 (S1)：4 – 9.

规范。以辽宁①为例，该省文化厅在 1988 年印发《辽宁省市图书馆评估指标体系》《辽宁省县（区）图书馆评估指标体系》时，根据各项指标的量化程度不同，将其划分为定量指标、抽查指标和定性指标三类，并随附有《辽宁省公共图书馆评估数据表》《提高指标申报表》《辽宁省（ ）图书馆评估重要数据比值分析》等统一的信息报表，供参评图书馆及评估委员会按章填报。该省文化厅同时还印发了《抽查指标与定性指标评估办法和评分参考标准》《评估数据项目及统计方法说明》等配套文件，对定量指标和抽查指标，详细说明其定义内涵、外延范围、计算方法，以及需注意的问题事项等，以确保各馆填报评估数据项目口径一致、规范可比；对定性指标，规定其评分依据及操作细则，由评估委员会在听取被评馆工作汇报、审核其提交的书面报告材料或亲临现场实测的基础上进行民主评议、打分，按照其在全国或全省同类馆中的相对水平分为"优""好""中上""中""下"五等，尽可能减少评分的随意性。

各地公共图书馆"科学评估"大多采取分级分阶段进行的方式，通过开展试点评估，摸索总结经验，不断改进评估工作方案，完善评估指标体系。例如，天津市文化局于 1990 年 10 月在河北区、和平区两馆进行试评估，根据试评估中发现的问题和试评馆反馈的意见，评估委员会一方面对评估指标体系中的部分指标及其权值进行研究调整，使其更趋完善与合理；另一方面还通过实际演练，摸索出一套具有较强指导性和可操作性的评估工作程序②。为确保评估工作的专业性、权威性，除了在评估指标体系构建方面做出相当努力以外，各地还十分重视为评估工作建立专业化的权威组织。例如，辽宁省文化厅于 1988 年组建由专业领域和管理领域专家共同组成的省、市两级公共图书馆评估委员会，同时强调"合理设置行政领导和专家学者的构成比例"③。又如，天津市文化局建立了由市文化局牵头，各区县文化局领导和市图书馆、市少儿图书馆馆长共同参与的图书馆科学评估委员会，并在此基础

---

① 该系列文件由原辽宁省文化厅图书馆处干部，现东莞图书馆馆长李东来整理提供。

② 开展科学评估 促进事业发展——天津市公共图书馆科学评估工作总结［J］. 图书馆工作与研究，1992（S1）：122 – 125.

③ 李东来. 30 年前图书馆评估忆旧［J］. 图书馆建设，2018（4）：104 – 105.

上，结合评估工作的实际需要，将评估委员会划分为"科学管理考评组""藏书与目录工作考评组"两个专业组，分别深入图书馆相关部组，根据评估指标要求对其工作情况进行检查、评分；同时设"数据统计组"，负责对上述两个专业组给出的评分进行汇总、统计与分析①；等等。

2.1.4 全国县级以上公共图书馆评估定级

1992 年 12 月 15 日至 18 日，文化部在广西柳州召开第二次全国公共图书馆工作会议，交流各地开展图书馆评估达标工作的经验，并在此基础上，发布《关于对全国县以上公共图书馆实行评估、定级工作的通知》，就全国县级以上公共图书馆开展评估定级工作进行部署，要求"各省、自治区、直辖市选择有代表性的（包括好、中、差）市地、县图书馆（不少于图书馆总数的 20%）进行评估、定级试点"②，并成立了由时任文化部图书馆司司长杜克任组长的试点工作组③。根据试点工作要求，全国 5 家省级馆、4 家计划单列市馆、70 余家地级馆和 300 余家县级馆在 1993 年间先后开展了试点评估④。1994 年 3 月，文化部图书馆司在武汉召开全国图书馆评估工作座谈会，对试点工作进行总结、交流，同时部署开展面向全国的评估定级工作⑤。这次会议就全国县级以上公共图书馆评估定级工作的主要目的、组织方式、工作程序、结果形式等问题提出的原则要求，成为此后近三十年延续遵行的基本制度。

全国县级以上公共图书馆评估定级工作继承和发扬了各地图书馆"科学评估"的大部分成功经验，但也有一些好的做法没有延续下来，如图书馆"科学评估"指标体系中对"办馆条件"与"工作水平"评分的对比分析、

---

① 开展科学评估 促进事业发展——天津市公共图书馆科学评估工作总结 [J]. 图书馆工作与研究，1992（S1）：122 - 125.

② 唐琰，桂勇. 山东省公共图书馆评估、定级试点工作总结 [J]. 山东图书馆季刊，1993（4）：27 - 29.

③ 晓明. 加快改革步伐 服务经济建设——全国公共图书馆工作会议综述 [J]. 图书馆，1993（1）：7 - 10.

④ 晓明. 回顾·激励·展望——全国公共图书馆评估工作总结会综述 [J]. 图书馆，1995（1）：1 - 4.

⑤ 搞好图书馆评估定级工作 促进事业改革与发展——全国公共图书馆评估工作座谈会在武汉召开 [J]. 图书馆建设，1994（3）：2 - 3.

为指标赋权时采取的分层分析方法、对定性指标的分级评分规则等；而图书馆"科学评估"中用来支持和鼓励各馆创新发展的提高指标，在第二次全国县以上公共图书馆评估定级工作时也被取消了。由于缺乏完整的档案记录，这些取舍之间的因缘曲折已不可考，但时至今日，我们仍有机会重新审视和反思这一过程，从历史经验中汲取新的智慧。

2.2 公共图书馆评估标准内容的变化与发展

近三十年来，全国县级以上公共图书馆评估标准不断修订和更新，主要体现在指标体系结构的变化、指标内容的增删、指标取值及评分方法的调整等方面。

2.2.1 评估标准的结构设计反映评估定级工作导向

第六次全国县级以上公共图书馆评估标准按行政级别分为省级（副省级）图书馆、地市级图书馆、县级图书馆，省级（副省级）少年儿童图书馆、地市级少年儿童图书馆、县级少年儿童图书馆等六个部分，每部分除评估指标体系外，还包括一、二、三级图书馆的定级必备条件。

其中，评估指标体系由图书馆"科学评估"时期的两部分（"办馆条件"和"工作水平"），逐步拓展为第五次全国县以上公共图书馆评估定级时的七部分（"设施与设备""经费与人员""文献资源""服务工作""协作协调""管理与表彰""重点文化工程建设"），到第六次全国县级以上公共图书馆评估定级时，进一步调整为"服务效能""业务建设""保障条件"三部分。从中可以看到不同时期公共图书馆评估定级的工作导向差异：图书馆"科学评估"时期，将"办馆条件"与"工作水平"区分开来，分别计分并予以相除或相减，体现了一种朴素的成本效益观念；从第一次评估到第五次评估，评估标准将"办馆条件"和"工作水平"不断拆解，进一步突出了经费、人员、建筑、设备等要素对公共图书馆建设、发展的支持和保障作用，同时更加强调对公共图书馆建设、管理与服务各环节的精细化指导，充分体现了"以评促建"的工作思路；第六次评估在坚持"以评促建"工作导向的基础上，进一步强调"以评促管、以评促用"的新要求，将评估定级工作的功能与作用，从规范指导公共图书馆业务建设，拓展到提升公共图书馆管理水平和服务效能上来，"以集中反映社会职能的尺度要求，既明确反映文化主管部门所需承担的政府职责实现情况，又考查图书馆自身业务能力，更是通过服务效能评估保障公共文化服务的真正落实"[①]。

而定级必备条件则体现了主管部门对公共图书馆事业发展中关键要素的认识。早期公共图书馆评估定级必备条件主要着眼于人、财、物的保障要求，包括馆舍、经费、大学本科以上人员比例、图书年入藏数、现代化技术装备、数据库建设、自动化与网络化建设等内容；而第三次评估将反映服务效能的"年外借册次"指标纳入定级必备条件；第四次、第五次评估进一步增加"读者满意率"指标，反映了公共图书馆评估定级工作由促进政府投入和图书馆内部管理的"建设评估"逐步向提升图书馆服务能力和效益的"效能评估"转变的趋势与要求。与此同时，第四、第五次评估适应新世纪以来政府主管部门以重大工程项目带动事业发展的政策导向，在定级必备条件中增加对公共图书馆在实施全国文化信息共享工程、中华古籍保护计划、数字图书馆推广工程和公共电子阅览室建设计划方面的得分要求；第五次评估定级必备条件响应文化部、财政部 2011 年 1 月印发《关于推进全国美术馆、公共图书馆、文化馆（站）免费开放工作的意见》[②] 的规定，增加免费开放方面的得分要求；第六次评估将公共文化服务体系建设中的区域规划与协同共享要求纳入定级必备条件；等等。这些调整充分体现了公共图书馆评估定级工作对国家重大政策落地实施的监督和引导功能。

历次评估定级实践中，除一级指标发生变化以外，一些重要指标的类属也进行了调整，从中可以看出人们对这些指标在评估中发挥导向作用的认识变化。以"总藏量"指标为例，第五次评估标准将其归入"文献资源"部

---

① 邹金汇，柯平. 公共图书馆评估指标体系创新探讨 ［J］. 图书馆建设，2016（12）：8 – 14.

② 文化部，财政部. 关于推进全国美术馆公共图书馆文化馆（站）免费开放工作的意见 ［EB/OL］.（2011 – 01 – 26）［2020 – 03 – 25］. http://www. gov. cn/zwgk/2011 – 02/14/content_1803021. htm.

分，作为图书馆文献工作的一个基本环节进行考查，客观上增强了指标内容的集聚性，但同时也在一定程度上弱化了指标分类体系对评估目标进行分层细化的效用；而第六次评估标准将其归入"保障条件"部分，与建筑、设备、人员、经费等指标并列，作为"办馆条件"的一个组成部分进行考查，体现了根据评估目的和评估内容不同来划分评估标准各部分界限的思路。同样是与文献资源建设相关的指标，总量代表一个总体的文献保障水平，而采访、编目、组织加工、保存保护等工作则体现图书馆围绕业务发展所做出的日常努力。

2.2.2 指标内容的增删调整体现事业改革发展思路

历次评估定级实践中，对指标内容进行了多方面的增删和调整，较好地适应了公共图书馆事业自身发展进步的趋势，以及党和国家关于深化文化体制改革的政策要求。具体体现在以下几方面。

（1）强化公共图书馆的公益、均等、普惠服务理念

在保障公共图书馆事业的公益性方面，第三次评估标准删除"创收纯收入""创收补充事业经费占创收纯收入""事业收入/创收纯收入"等指标，重新确立各级政府对公共图书馆建设提供经费保障的主体责任；第四次评估标准增加对各级公共图书馆"免费开放程度"的考查，也是宏观政策层面对当时以促进公共图书馆"免费与平等服务"回归为宗旨的"21世纪新图书馆运动"[①] 的积极回应。2011年2月10日，文化部、财政部联合发布《关于推进全国美术馆、公共图书馆、文化馆（站）免费开放工作的意见》[②]，要求全国所有公共图书馆全部免费开放，所提供的基本服务项目和公共空间设施场地全部免费。随后进行的第五次公共图书馆评估定级标准修订工作与这一政策要求紧密衔接，进一步增设"公共空间设施场地免费开放""基本服务项目

---

① 李超平. 我国公共图书馆历史定位之反思——兼评21世纪新图书馆运动 [J]. 图书馆，2006（2）：1-4, 18.

② 文化部，财政部. 关于推进全国美术馆公共图书馆文化馆（站）免费开放工作的意见 [EB/OL].（2011-01-26）[2014-04-15]. http://www.gov.cn/zwgk/2011-02/14/content_1803021.htm.

健全并免费提供""免费开放本地经费到位情况"等评估要求。至此，公共图书馆的公益性质以及政府创办公共图书馆的主体责任在评估标准中得以完全确立。

在提升公共图书馆事业发展的普惠均等性方面，第二次评估定级开始在评估标准中专设"服务点、分馆""汽车图书馆""送书上门、送书下乡"等延伸服务指标，倡导各级图书馆在做好阵地服务的同时，主动面向住地较远、行动不便或对图书馆不熟悉的用户提供延伸服务，扩大服务覆盖范围；同时要求图书馆提供"免证阅览""代借代还""预约借书""上门服务""利用计算机及网络开展服务"等方便读者的服务措施，并特别在"每周开馆时间"一项的备注说明中强调"凡周六日闭馆的不得分"，以克服以往图书馆开馆时间"机关化"的倾向，为公众在业余时间利用图书馆提供便利。在服务对象方面，第三次评估定级首次设置"为弱势人群服务"（主要是残疾人）的指标；第四次评估定级在此基础上进一步提出了面向青少年和进城务工人员提供服务的要求；第五次评估定级则将面向老年人的服务也纳入特殊人群服务范畴，同时在办馆条件中增设了"少儿阅览座席"的指标。这些指标的变化，反映了政策层面对普遍均等的公共图书馆服务的认识逐步走向深入，希望通过评估指标的调整，引导各级公共图书馆关注这些群体在获取和利用公共图书馆资源与服务方面的特殊需求和困难，并在管理和服务过程中给予有针对性的安排，以保障其平等获取信息和知识的权益。

（2）突出公共图书馆服务的效能导向

历次评估定级实践中，对图书馆资源建设与服务工作的要求不断由强调投入保障及业务规范转向追求服务效能。在增设效能指标、提高效能指标分值占总分比例的同时，对这些效能指标的表现形式也进行了不断的调整和优化。早期评估标准中对图书馆服务效能的评估要求主要体现在"发放借书证数""年流通总人次""年流通册次""年读者活动人次"等指标中；第三次评估定级开始增加对讲座、报告会、展览等多种形式阅读服务的量化要求；第五次评估定级进一步增设"数字资源发布情况""可远程访问数字资源占发布总量的比例""数据库利用情况"等数字化服务指标，引导各级公共图书馆应用现代技术手段提升服务效能。与此同时，自第五次评估定级开始，对服务效能的评估在强调规模总量的基础上，适应我国各省、市、县人口分布不均的实际情况，增设了部分人均指标，如"人均年到馆次数""每万人年参与活动次数"等，以增强不同图书馆之间数据的可比性；到第六次评估定级时，根据省级馆和市、县级馆功能定位的不同，又调整为省级馆评估采用总量指标，市县级图书馆综合使用总量指标和人均指标的方式。这一变化过程，反映了人们在公共图书馆评估定级工作中对服务效能的科学认识和思考。

（3）体现对公共图书馆建设、管理、服务的专业化要求

实现图书馆工作的规范化发展，提升其专业化和现代化水平，是文化主管部门组织实施公共图书馆评估定级工作的一个重要目的。评估标准对图书馆专业化发展的要求反映了政府和业界对公共图书馆事业专业化认识的不断发展，主要体现在以下几个方面：

一是对人员队伍的专业化要求。为使员工队伍保持与时俱进的职业发展能力，历次评估标准修订在不断提高对公共图书馆工作人员学历、职称结构要求的同时，还日益突出了对其继续教育情况的考查，其中既包括普通业务工作人员人均参与教育培训学时数，也包括馆领导班子接受系统的图书馆学培训和继续教育的情况。与此同时，在第四次评估定级时增加的文化共享工程和古籍保护专项工作，第五次评估定级时增加的对数字图书馆推广工程和公共电子阅览室建设计划的考查要求中，也都明确提出了对相关专业技术人员进行业务培训的要求，意在引导各级公共图书馆以这些重点专项工作的组织实施为契机，加强对重点业务领域骨干力量的培养。

二是对基础业务工作的专业化要求。一方面表现在致力于促进已有标准规范成果的应用，例如，自1979年全国信息与文献工作标准化技术委员会成立以来，我国文献信息领域标准化工作日益受到重视，在文献标引、著录等领域相继研制推出了一系列标准规范。这些标准规范对于提升各级公共图书馆的专业化水平，并进而影响各馆之间的资源共建共享具有重要意义。因此，早在第一次公共图书馆评估定级工作中，评估标准中就已经包含了对这些标准规范进行推广应用的要求，随后历次评估定级工作中，又根据这些标准规范的修订变化，对评估指标不断做出相应调整。随着机读编目工作的逐步推广，从第二次评估定级开始，还提出了按CNMARC格式进行编目的要求，并根据相关工作流程的变化，将第一次评估标准中对标引、著录的要求进行了整合。第五次评估定级时，又特别将对"汉文普通图书编目"的要求拓展到

"普通图书编目"，增加了对少数民族图书编目加工的要求。2012 年 5 月，《公共图书馆服务规范》作为国家标准正式实施，第五次评估标准也随之对一些具体指标的考核要求进行了适应性调整。

另一方面，评估标准在引导相关业务工作的规范化发展方面发挥了重要作用。特别是对那些尚无相关标准可直接参照的业务工作，通过对评估指标的详细考查说明，一定程度上实现了对业务建设的规范性引导。例如对"文献采选"指标，评估标准说明了需考查采选方针及其执行情况，并对采选方针提出了具体的要求：有采选方针，且采选方针中包含对各类文献的采集依据和工作要求，有对本省文献资源共建共享合理布局的要求；再如，对"网上服务项目"指标，评估标准说明了需考查图书馆服务信息发布、馆藏书目查询、网上预约、网上续借、虚拟参考咨询等内容……其他很多指标也做了类似说明，以帮助图书馆从业务工作的内容、方法、程序及监督管理等方面加强规范。

（4）适应公共图书馆自动化、数字化、网络化发展的新趋势

数字化、网络化等现代信息技术的快速发展，对图书馆事业产生着越来越大的影响。基于对技术因素影响力认识的逐步深化，文化主管部门对评估标准不断进行适应性的修订调整，从而引导、支持、鼓励各级公共图书馆，积极应用现代信息技术手段改进工作流程、提升工作效率、优化用户体验。例如，1994 年第一次评估时即提倡省级图书馆"运用计算机并实现业务环节全部或部分自动化"；第二次评估定级时，对该指标内容细化，明确采访、编目、流通、联机检索，以及办公管理等各环节的自动化建设要求，并增设自建数据库指标，对其规模和质量提出评估要求；从第三次评估定级开始，图书馆网站建设与服务的内容及质量要求被纳入评估检查范围，增设"图书馆网站利用情况"（读者点击数）等指标；第四次评估定级时将全国文化信息共享工程单列为一个部分进行专项考查；第五次评估定级增设"数字资源发布情况""可远程访问数字资源占发布总量的比例""数据库利用情况""新媒体服务"等指标，并在共享工程的基础上，进一步增加数字图书馆推广工程和公共电子阅览室建设计划等公益性数字文化工程的专项考查；第六次评估定级增设"微信公众平台""微博服务""移动图书馆""触摸媒体服务""服务数据显示""年数字阅读量占比"等指标。

（5）落实党和国家全面深化文化体制改革的政策要求

适应现代公共文化服务体系建设的需要，第五次评估定级时，将指标"组织本地区协作协调工作"的名称调整为"本地区图书馆服务网络建设"，对各地区规划建设公共图书馆服务网络提出评估要求，增设"地区服务网络建设规划"和"参与服务网络的基层图书馆比例"等指标；适应我国公共图书馆事业宏观管理体制改革和各级图书馆内部管理运行机制转型发展的需要，第六次评估定级增设"章程与规划""法人治理""社会购买服务""图书馆获得社会捐赠""第三方评价机制""志愿者管理"等指标，鼓励图书馆通过加强规划管理、建立理事会、完善政府购买服务机制、加强外包服务管理、接受社会捐赠、招募志愿者等方式，广泛吸纳社会力量参与并监督公共图书馆的建设、管理与服务；增设"文创产品开发"指标，引导图书馆加强文化创意产品开发，推动优秀传统文化创造性转化、创新性发展；增设"组织管理和运营创新"指标，推动图书馆在资源建设、用户服务等领域积极应用现代信息技术和科学理论方法，提高业务建设的质量与效率。

2.3 公共图书馆评估定级工作的组织与实施

近三十年来，国务院文化主管部门为组织好这项全国范围内数千家图书馆同时参与的大规模评估工作，不仅围绕评估指标体系构建做了大量调查研究和理论探讨，还在评估工作的组织实施方面进行了精心的部署和安排，在历次评估实践中积极吸取经验教训，广泛听取专家意见，不断推出有创造性的新方法、新举措，逐步形成了政府主导、多元参与、全国动员、持续发展的评估工作机制。

2.3.1 组建政府主导、多元参与的评估队伍

政府作为评估主体发挥主导作用，是全国县级以上公共图书馆评估定级工作的显著特征，这是由这项工作的本质属性和发起初衷所决定的。自1992年国务院文化主管部门首次发出《关于对全国县以上公共图书馆实行评估、定级工作的通知》以来，评估定级工作始终由政府文化主管部门统一领导，

并围绕文化主管部门管理、监督、指导公共图书馆事业发展的职能需求而组织实施。近三十年来，为确保评估定级工作充分反映公共图书馆事业发展中各利益相关方意见，作为评估主体的各级文化主管部门在吸纳多元力量参与方面进行了积极探索，主要做法和经验包括以下几个方面：

（1）成立由文化主管部门牵头负责的组织领导机构

为加强对评估定级工作的统筹规划和统一部署，国务院文化主管部门在历次公共图书馆评估定级工作中，不仅成立由主管司局长任组长的评估定级工作领导小组，专门召开评估定级工作部署会，同时也要求各地文化厅局对评估工作加强领导，成立由文化厅（局）主管领导牵头的领导小组，负责制订评估计划，组织专家评估组，对评估过程进行指导，对评估结果进行审核，对评估工作进行总结等。这一组织安排，一方面有利于分级落实评估责任，层层组织发动，层层督导检查，依托行政领导力量有效保障评估工作顺利开展；另一方面有助于敦促各级文化主管部门深入基层一线，全面掌握辖区内公共图书馆事业发展的成绩与问题，从政策制度层面有针对性地推出有关改革创新举措。

（2）吸纳图书馆界专家参与评估组工作

在为评估工作提供坚强领导保障的基础上，文化主管部门在组建评估工作组深入各级图书馆开展评估工作时，特别强调应有专家参与。例如，在1994年召开的全国公共图书馆评估工作座谈会上，文化部图书馆司副司长周小璞指出，"各地在组织评估时，一定要坚持行政主管领导与图书馆专家相结合的原则。图书馆专家中必须要有文献分类标引与著录方面的专家"[1]。自2003年组织开展第三次评估定级工作开始，国务院文化主管部门在有关通知文件[2]中还对参与评估组的专家资质提出明确要求，主要包括：具有副研以上专业职称（第六次评估定级时改为"具有较高的业务工作水平"）；熟悉图书馆评估标准；有一定评估工作经验；为人公道正派；等等。一批具有

---

[1] 见：周小璞1994年在全国公共图书馆评估工作座谈会上的发言——《搞好图书馆评估定级工作 促进事业改革与发展》，由武汉市图书馆杨雁从该馆档案文件中检索提供。

[2] 见：第三至第六次全国县（级）以上公共图书馆评估定级工作通知。由文化和旅游部公共服务司张剑和中国图书馆学会秘书处郭万里提供。

丰富图书馆工作经验的业务骨干加入到评估工作中来，不仅有效保证了评估工作的专业性、权威性，而且能够在评估过程中与被评估馆进行深入细致交流，针对发现的问题进行有针对性的专业指导，更好地实现"以评促建"。

第六次评估定级工作中，更进一步加强了对专家遴选工作的统一指导，通过各省推荐选送、中国图书馆学会审核录入的方式，建立由各级文化主管部门领导、各级图书馆管理干部及业务骨干、相关领域研究专家组成的评估专家库，供各地组建评估专家组时随机抽选[①]。这一做法，有效实现了全国范围内专家资源的整合与共享，扩大了各地评估专家组的遴选范围，有助于优化专家组结构，更好地保障评估工作质量。

（3）在评估工作过程中组织开展用户满意率调查

为用户提供普遍均等、便捷高效的知识信息服务，是公共图书馆建设发展的出发点和立足点。从这个意义上讲，对图书馆服务水平和服务质量的评定，必须充分考虑用户的实际体验。为此，早在1998年组织开展第二次评估定级工作时，有些地区就开始尝试通过发放读者调查问卷的方式，邀请读者参与评估工作[②]。至2003年组织开展第三次评估定级工作时，"读者满意率"已被正式纳入各级公共图书馆评估标准，要求各评估组在评估过程中，现场发放调查表（第六次评估定级时改为指定时间段线上发放调查表的形式），就图书馆的设施设备、馆藏资源、服务内容、服务质量和员工素质等情况征询读者意见。2017年组织开展的第六次公共图书馆评估定级工作中，进一步增加了对图书馆读者意见处理与日常评价工作情况的评估，要求各馆建立常态化的读者意见处理和日常评价机制，不断提升读者意见处理结果满意度和日常评价好评率。尽管这些指标在整套评估指标体系中所占比例还非常小（第三次至第五次评估时占2%或3%；第六次评估时省级馆占6%，市、县级馆

---

① 柯平，宫平.全国公共图书馆第六次评估的意义和特点［J］.图书馆建设，2016（12）：4-7，14；柯平，刘旭青，邹金汇.以评促建、以评促管、以评促用——第六次全国公共图书馆评估定级回顾与思考［J］.图书与情报，2018（1）：37-48.

② 见：艾青春在1999年10月8日召开的全国公共图书馆第二次评估定级工作总结会议上的讲话——《总结经验，巩固成果，再创图书馆事业新局面》，由文化和旅游部公共服务司张剑提供。

占8%），但通过这样的方式，客观上为读者提供了一个对公共图书馆工作进行监督、反馈意见的机会；与此同时，面向读者广泛发放问卷的过程，也在一定程度上扩大了评估定级工作的宣传效应，从而吸引社会公众更多地关注和参与公共图书馆事业。

2.3.2 建立完整、系统的评估工作程序

国务院文化主管部门在历次印发的公共图书馆评估定级工作的通知文件中，详细规定了评估定级工作的方法和步骤，一般包括：①各级图书馆对照评估标准准备材料，并开展自评；②评估组听取图书馆汇报，并对其进行检查评分；③评估组与图书馆及当地文化主管部门座谈，反馈评估结果并提出意见建议；④文化主管部门审定评估结果并确定评估等级。三十余年来，经过细节的不断调整优化，各项工作程序日益成熟完善，其中比较典型的特点与经验主要有以下几个方面。

（1）不断提高各级公共图书馆迎评准备工作水平

对于各级公共图书馆而言，评估定级既是对其建设、管理、服务等领域工作水平的一次全面大考，更是图书馆对照评估标准改进、提高工作能力的一次难得机遇。为了充分发挥这项工作对公共图书馆事业的引导、促进作用，历次评估定级都十分重视正式评估之前的迎评准备工作，通过系列重要举措帮助各馆提高迎评准备工作水平，不断突出"先建设、后评估"的工作导向，主要包括：

①开展试点评估，在检验评估标准的可行性，对其进行适应性调整的同时，通过试点单位带动各级图书馆提前学习了解评估工作要求及其核心关键内容，对照检查，整改提高。例如，在1994年3月正式部署第一次评估定级工作之前，文化部于1992年12月印发通知，组织全国近400家公共图书馆（约占全国公共图书馆总量的20%）开展试点评估工作①。此后，第三次②、第

---

① 见：周小璞1994年在全国公共图书馆评估工作座谈会上的发言——《搞好图书馆评估定级工作 促进事业改革与发展》，由武汉市图书馆杨雁从该馆档案文件中检索提供。

② 第三次评估定级工作正式开始前，于2004年9月组织对上海图书馆进行了试点评估，见：艾青春在1999年10月8日召开的全国公共图书馆第二次评估定级工作总结会议上的讲话——《总结经验，巩固成果，再创图书馆事业新局面》。由文化和旅游部公共服务司张剑提供。

五次①和第六次②评估定级工作也曾以检验评估标准、确定评估的工作程序和方法为目的，分别组织了不同规模的试点评估。

②提前印发标准，组织各级图书馆广泛开展自查自评，有针对性地查遗补缺，提升改进。表2-1列出了历次公共图书馆评估标准印发时间与各级图书馆正式接受评估时间的对比情况。其中，预留给图书馆准备时间最长的是第三次和第六次评估定级，达到6—8个月；其次是第五次评估定级，评估前地、县级图书馆和省级、副省级图书馆的准备时间分别为5个月和7个月。

表2-1　历次公共图书馆评估标准印发与正式评估开始时间比较

	通知发布时间	地、县级图书馆评估时间	省级、副省级图书馆评估时间
第一次	1994年3月	1994年5—7月	1994年5—7月
第二次	1997年10月	—	—
第三次③	2002年12月	2003年6—8月	2003年8—10月
第四次	2009年5月	2009年8—10月	2009年10—12月
第五次	2012年11月	2013年4—5月	2013年6—7月
第六次④	2017年1月	2017年7—8月	2017年9—10月

③组织初评辅导，开展模拟实测。为指导各级图书馆做好自查自评工作，一些地区还在文化主管部门正式组织对地、县级图书馆进行评估之前，安排

---

① 第五次评估定级工作正式开始前，于2012年8—10月组织对北京、广西、吉林等3地7馆（其中省级图书馆2家、副省级图书馆1家、地市级图书馆2家、县区级图书馆2家）进行试点评估。由笔者根据本人参与第五次评估定级的工作记录整理。

② 第六次评估定级工作正式开始前，于2016年7—8月组织对吉林、浙江、重庆、安徽、福建等5地8馆（其中省级图书3家、地市级图书馆1家、县区级图书馆2家、少年儿童图书馆2家）进行试点评估。见：柯平，刘旭青，邹金汇. 以评促建、以评促管、以评促用——第六次全国公共图书馆评估定级回顾与思考［J］. 图书与情报，2018（1）：37-48.

③ 表中所列为文化部印发通知中规定的原计划开展评估时间。因2003年"非典"疫情，第三次全国公共图书馆评估定级后推迟至2004年开展，其中，地、县级图书馆评估时间为2004年6—8月；省级、副省级图书馆评估时间为2004年8—10月。

④ 表中所列为文化部印发通知中规定的原计划开展评估时间。为迎接党的十九大胜利召开，第六次全国公共图书馆评估定级工作中，文化部会同中国图书馆学会组织专家组对省级、副省级公共图书馆的实地评估工作推迟至2017年11—12月进行。

专家组对其进行初评，通过模拟实测的方式，帮助图书馆切实达到对照标准自我整顿提高的目的。

④举办多种形式的交流培训，帮助各级图书馆深入学习理解评估标准，合理规划部署迎评工作。特别是第六次评估定级工作中，在吸收了前几次评估定级工作培训经验的基础上，成立了由科研领域专家、图书馆一线馆长、评估定级管理服务平台研发负责人在内的评估定级宣讲工作委员会①，于2017年上半年在全国范围内集中开展12期评估定级工作专题培训，培训内容全面涵盖各级各类图书馆（省级及副省级图书馆、地市级图书馆、区县级图书馆和少年儿童图书馆）各大版块（服务效能、业务建设、保障条件）标准的解读，评估定级管理服务平台的使用，以及评估定级与图书馆数字化建设、评估定级与图书馆业务建设、评估定级与阅读推广等②，形成了比较系统完备的评估培训体系；与此同时，这次评估定级工作过程中，中国图书馆学会还与同方知网（北京）技术有限公司合作搭建专门的在线问答服务平台，为各级图书馆提供 7×24 小时评估咨询服务③。

（2）不断加强对评估组工作的指导与支持

经过各馆自查自评，进入正式评估环节后，专家组的任务是要对各馆自评的结果进行复核验收，并就其中反映出来的困难和问题提供有针对性的指导与建议。但是，历次公共图书馆评估定级所用评估标准，内容涵盖公共图书馆建设、管理、服务等各领域工作的方方面面，体系庞杂、指标繁多；而我国幅员辽阔，县级以上公共图书馆数量早已数以千计，每次评估，都需要组建数十上百个评估组，分别赴不同图书馆进行评估。在这样的背景下，如何从工作机制上作出合理安排，确保各评估组对评估标准的理解和把握准确

---

① 中国图书馆学会. 第六次全国县级以上公共图书馆评估定级宣讲工作会议召开［EB/OL］.（2017－02－10）［2019－03－04］. http：//www. lsc. org. cn/contents/1190/31. html.

② 中国图书馆学会关于举办图书馆评估定级专题培训班的通知（中图学字〔2017〕6号）［EB/OL］.（2017－02－03）［2019－03－04］. http：//www. lsc. org. cn/d/2017－02/13/2017021310 57147. doc；中国图书馆学会关于开展第六次全国县级以上公共图书馆评估定级培训班的通知（中图学字〔2017〕7号）［EB/OL］.（2017－02－04）［2019－03－04］. http：//www. lsc. org. cn/d/2017－02/17/201702171014384. pdf.

③ 平台网址：http：//lsc. cnki. net/gfwd/special. html.

一致，在对不同图书馆进行评估时，能够尽可能按照统一尺度开展工作，减少时间、空间等因素影响，突出公平、公正、公开的要求，是历次评估定级工作在组织实施过程中必须面对的关键问题。围绕这一问题，以往工作中业已取得的成功经验主要包括：

① 重视对各指标概念范围及评分方法的说明，提升评估标准的操作性与指导性。自 1994 年第一次评估定级工作开始，评估标准对评估指标的定义描述方式基本确定下来，一般包括指标名称、标准与因素、分值、备注等方面。其中，标准与因素用于说明定量指标的梯级定量要求或定性指标的分项计分要素，备注用来说明评分时需要注意的一些特殊要求。第二、第三次评估定级时，评估标准又分别根据前次评估的实际情况，对这些内容做了更新、调整。到 2009 年第四次评估定级时，国务院文化主管部门进一步委托中国图书馆学会，在上述工作基础上研究制定标准细则，逐一对指标评定的依据、数据采集的范围、提供资料的要求等进行了说明。2016 年，第六次评估标准研制专家组继续编制了更为细致的标准细则，同时增加了针对每一项指标的"评分细则"，对各指标什么情况下应按梯次给分，什么情况下应按细分项目给分，以及什么情况下不给分等问题做出明确规定，以减少评估组专家依靠个人主观印象和直觉经验给分带来的偏差。

② 强化对评估组专家的统一组织与培训，提升评估组专家对标准理解应用的准确性与一致性。国务院文化主管部门在部署开展第一次评估定级工作时，就曾突出强调，"……各个评估组，一定要集中一定时间，专门认真地学习、把握有关《标准》，对有关《标准》的每个项目进行分析、理解、熟悉，准确理解各指标体系，掌握具体操作方法。尽量避免尺度不一，宽严不一"，并特别指出，"各地在组织县级馆的评估时，尤其要注意这个问题。县馆多的省，可能委托地市文化局对县馆进行评估，最好由省文化厅对这些地市组织的评估组统一进行有关评估《标准》的培训学习"[1]。辽宁省等地区为了避免评估组分散评估带来标准理解把握不一致的问题，坚持由省文化厅组织评估组"一评到底"，在全省范围内统一标准尺度，较好地保证了评估工作的公

---

① 见：周小璞 1994 年在全国公共图书馆评估工作座谈会上的发言——《搞好图书馆评估定级工作 促进事业改革与发展》，由武汉市图书馆杨雁从该馆档案文件中检索提供。

平、公正①。但是，随着各省（自治区、直辖市）公共图书馆事业的持续快速发展，地、县级图书馆数量日益增长，由省级文化主管部门统一组织对全省地、县级图书馆进行评估渐趋困难。

③ 采用先进技术方法，不断提高评估工作效率。从历次评估定级工作的时间安排来看，评估组到每一个馆进行实地评估的行程安排一般都比较紧张。在前五次评估定级工作中，评估组到现场既要听汇报、看材料，又要走访图书馆业务建设重点部位，还要组织座谈交流、评估反馈，实际上很难全面、深入、细致地逐项核查标准，往往只能根据被评估馆的自评汇报，结合评估专家自身专长和兴趣，有选择性地对部分重点指标进行抽查，难免存在缺项、漏项，对图书馆各项工作的评议、打分也因此缺乏充分的客观判断依据，容易出现以偏概全，甚至"走过场"的倾向。为此，第六次评估定级创造性地引入了信息化的评估方式，委托专业公司搭建全国公共图书馆评估定级管理服务平台，使评估组得以提前在线检阅各馆上传的有关数据、材料，并根据这些数据、指标，逐项进行预审评分；同时还可以对查阅过程中存在疑问，或者不能简单根据材料反映情况确定评分的指标进行标记，方便实地评估时有针对性地进行复核。这种方式不仅有助于提高评估工作效率，而且能够通过技术手段，实现不同评估专家的交叉评分，以及系统自动校验等功能，以提高评估数据的准确性与客观性②。

2.3.3 发挥行业组织的积极作用

根据发达国家的发展经验，只有大量的社会组织参与公共服务和社会管理实务，才能有效弥补"政府失灵""市场失灵"，形成政府与民间"共同治理"的格局，从而推动传统政府向现代公共服务型政府转型③。改革开放以

---

① 见：辽宁省文化厅在全国公共图书馆评估工作总结暨文明图书馆表彰会上的经验交流材料——《开展评估 强化管理 繁荣辽宁公共图书馆事业》，由原辽宁省文化厅图书馆处干部，现东莞图书馆馆长李东来整理提供。

② 有关公共图书馆评估定级管理服务平台的介绍见：刘旭青，柯平，刘文宁. 公共图书馆评估信息化［J］. 数字图书馆论坛，2017（5）：8－17.

③ 谭日辉. 社会组织发展的深层困境及其对策研究［J］. 湖南师范大学社会科学学报，2014（1）：32－37.

来，国民经济体制不断由计划体制向市场体制转变，社会管理理念随之发生变革，传统政府日益向现代公共服务型政府转变。在党和国家宏观政策引导下，政府机构的一部分职能逐渐呈现出社会化发展的新趋势，为各类社团组织提供了新的发展空间。

全国县级以上公共图书馆评估定级工作正是在这一时代背景下组织开展起来的，其近三十年的发展历程也伴随着文化主管部门不断转变政府职能、创新管理方式的过程。与此同时，随着改革开放以后我国图书馆事业的快速发展，以及国际图书馆交流与合作的不断深入，国内图书馆界加强行业自律、自治的呼声越来越高。顺应时代发展需求，中国图书馆学会（简称"中图学会"）作为全国规模最为庞大、系统最为完备、影响最为广泛的图书馆行业组织，在文化部、劳动和社会保障部、建设部等部门的支持下，于2002—2009年间承接并顺利完成了一系列政府委托项目[①]。特别是2007—2009年，中国图书馆学会承接中国科学协会全国学会专项改革试点项目，组织开展《公共图书馆建设标准》的编制、推广及工作经验研究。该项目取得极大成功，不仅进一步提升了中国图书馆学会的行业地位，更重要的是在中图学会与政府主管部门之间建立起良好的互动与信任关系，为中图学会进一步承接政府转移职能，充分发挥行业协调管理作用奠定了一块重要基石。

这一时期，中国图书馆学会积极承接政府职能，在组织研制图书馆业务领域发展规划、图书馆从业人员职业道德规范、图书馆行业标准，开展图书馆立法支撑研究等方面积累了不少成功经验，但在探索对全国图书馆事业发展履行监督、管理等职能方面还面临很多现实的困境。在前文提及的政府委托项目中，就包括2003年与文化部共同组织实施第三次全国县以上公共图书馆评估定级工作。根据2002年12月印发的《文化部关于开展2003年县以上公共图书馆评估定级工作的通知》（文社图发〔2002〕54号），此次评估定级采取由文化行政主管部门委托中图学会和各地方图书馆学会组织专家评估组

---

① 中国图书馆学会. 新时期科技社团承接政府职能转移的创新意义和重要作用［G］//全国学会创新发展试点工作经验交流材料汇编. 济南：山东省科学技术协会，2009：8.

到各个图书馆进行实地评估的方式进行①。实际推行过程中，由于各地对于政府职能转移的认识水平不同，地方政府支持配合中图学会和地方图书馆学会组织实施评估定级工作的积极性偏低，一定程度上影响了评估效果。如陕西省咸阳图书馆时任馆长梁澄清同志就曾撰文指出，在当时的历史条件下，委托图书馆学会承担公共图书馆评估定级工作并不符合我国国情，"无形中冲淡了评估工作在各级政府领导思想中的分量"，因而未能像第一、第二次评估定级一样受到各级地方党政领导的充分重视②。有此前车之鉴，在 2009 年第四次评估定级工作中，中国图书馆学会不再承担具体的组织实施任务，而是以配合文化主管部门研制评估标准细则、同时派员参加个别评估组的实地评估工作等方式，在保障评估定级工作的专业性、规范性方面发挥其辅助作用。

　　时代在发展，政府行政体制改革的步伐也在不断加快。党的十八大以来，党和国家将简政放权、加快转变政府职能作为供给侧结构性改革的重要内容，做出系列重要部署，明确提出要"促进社会组织健康有序发展""基本形成政社分开、权责明确、依法自治的现代社会组织体制"③。这为社会组织有序承接政府转移职能，深入参与社会公共事务管理提供了前所未有的新机遇。在新的改革精神指引下，国务院文化主管部门经深入调研，于 2014 年 9 月明确委托中国图书馆学会承接第六次全国县级以上公共图书馆评估定级工作④。在中国科学协会的大力支持下，该项目同时被列为中国科协所属学会有序承接政府转移职能试点培育项目。根据 2015 年 7 月中共中央办公厅、国务院办公厅印发的《中国科协所属学会有序承接政府转移职能扩大试点工作实施方案》⑤，

　　① 见：文化部关于开展 2003 年县以上公共图书馆评估定级工作的通知（文社图发〔2002〕54 号），由文化和旅游部公共服务司张剑提供。

　　② 梁澄清．对公共图书馆评估的反思 [J]．当代图书馆，2004（4）：5-7.

　　③ 国务院办公厅关于实施《国务院机构改革和职能转变方案》任务分工的通知（国办发〔2013〕22 号）[EB/OL]．（2013-03-28）[2020-05-31]．http://www.gov.cn/zhengce/content/2013-03/28/content_7601.htm.

　　④ 中国图书馆学会．县以上公共图书馆第六次评估定级标准研讨会召开 [EB/OL]．[2022-08-05]．http://www.lsc.org.cn/contents/1190/24.html.

　　⑤ 中共中央办公厅、国务院办公厅印发《中国科协所属学会有序承接政府转移职能扩大试点工作实施方案》[EB/OL]．（2015-07-16）[2019-03-07]．http://www.gov.cn/zhengce/2015-07/16/content_2898444.htm.

该项目又被列为扩大试点项目。

与 2003 年文化部委托中国图书馆学会组织开展全国公共图书馆评估定级工作不同，这一次由中图学会承接政府对公共图书馆事业的评估监督职能，拥有更加成熟的国家行政体制改革基础，"管办分离""政事分开"的管理理念更加深入人心。与此同时，近年来，中图学会内部组织体系进一步健全，地方分会建设更加完善，行业协调管理能力不断提高，这些都为其有序承接政府职能奠定了更为坚实的基础。自 2014 年接受国务院文化主管部门委托开始，中图学会广泛调动遍布全国的专家资源，共同参与评估标准的研制、解读与培训，评估管理服务平台的建设与维护，以及评估工作的组织实施等工作，充分展现出中图学会所独有的组织优势，其行业地位和社会影响力也在这一过程中得到进一步提升。

2.4 公共图书馆评估定级的结果及影响

文化主管部门在全国范围内组织开展公共图书馆评估定级工作，其主要目的是"为了摸清图书馆事业的状况，更好地推动图书馆事业的发展，提高图书馆的工作水平和工作质量，使图书馆工作规范化、标准化"[①]。从历次评估定级工作的总结材料可以看出，近三十年来，这项工作的确为我国公共图书馆事业的发展进步作出了积极贡献。

一方面，历次公共图书馆评估定级工作都对参评馆的馆舍、经费、人员、设施设备等办馆条件提出量化要求，同时强调评估组在听取图书馆汇报、查阅图书馆档案材料、到图书馆实地查访，对图书馆各项指标进行评分的基础上，还要与图书馆和文化主管部门进行座谈，交流反馈评估结果及其存在的问题，提出指导意见。这一工作机制坚持了近三十年，成效显著，在帮助图书馆争取人事、财政、城市规划等部门支持和保障方面发挥了积极作用。例如：第一次评估定级时，甘肃省副省长在听取评估组意见后，决定将省图书

---

① 见：《关于在县以上公共图书馆进行评估定级工作的通知》（文图发〔1994〕10号），由文化和旅游部公共服务司张剑提供。

馆的购书经费由每年 80 万元增拨至 160 万元，以满足其履行西北地区文献资源收藏中心职能的需要①；为解决图书馆购书经费不足的问题，广东省江门市还批准成立了专门的图书馆基金会②。自 1998 年第二次评估定级启动至 2003 年第三次评估定级开始，仅广东一省就新建了 13 所图书馆，改扩建竣工的图书馆达 23 所③；在 2009 年第四次评估定级到 2013 年第五次评估定级期间，江西省完成新建和改扩建的图书馆比例达 85%，为此投入专项资金 2.3 亿元④。

另一方面，历次评估标准均对各地有关公共图书馆事业管理的重要政策制度和各馆内部规章制度的制定与实施提出明确要求，也在一定程度上推动各级政府进一步加强了对公共图书馆事业的宏观管理和规范指导。第一次评估结束后，时任文化部副部长刘德有就明确要求，"《公共图书馆条例》也要积极争取尽早出台……要组织制定图书馆各项业务工作规范"⑤。截至 2021 年底，全国已经颁布实施的地方性图书馆条例、管理办法等已达 17 部；《公共图书馆建设标准》《公共图书馆服务规范》《公共图书馆参考咨询服务规范》等国家标准和行业标准相继公布实施；上海、新疆、江西等地还先后出台了本地方的图书馆服务标准；各级图书馆也纷纷加强了自身各业务环节管理规范的制定和完善。这些举措有效促进了我国公共图书馆科学管理水平的提升。

笔者通过问卷方式征集了各级公共图书馆从业人员关于全国县级以上公共图书馆评估定级工作意义的认识和反馈。其中对问卷所列出的 16 项正向评价表示"完全同意"或"基本同意"的受访者比例均值达到 90.95%；除此

---

① 刘德有. 乘评估东风，迈上新台阶 [J]. 中国图书馆学报，1995（2）：3 - 9，25.

② 见：林梓宗在 1994 年 5 月 11 日广东省公共图书馆工作会议上的讲话——《搞好评估定级，促进我省公共图书馆事业的发展》，由东莞图书馆馆长李东来整理提供。

③ 见：艾青春在 1999 年 10 月 8 日全国公共图书馆第二次评估定级工作总结会议上的讲话——《总结经验，巩固成果，再创图书馆事业新局面》，由文化和旅游部公共服务司张剑提供。

④ 见：江西省第五次副省级以上公共图书馆评估定级工作总结报告（2013 年 8 月 14 日），由笔者从本人参与第五次全国县以上公共图书馆评估定级工作的文件记录中整理。

⑤ 刘德有. 进一步深化改革，加快图书馆事业发展——在全国公共图书馆评估工作总结会议上的讲话 [J]. 中国图书馆学报，1995（2）：10 - 13.

外，52 份问卷在开放性问题中表达了对评估定级工作意义的认识（详见附录A）。总体而言，各级公共图书馆从业人员对现行公共图书馆评估定级工作的作用与价值普遍持肯定态度。

随着各地公共图书馆事业不断向城乡基层延伸，文化主管部门组织开展的公共图书馆评估工作也逐渐延伸至乡镇、街道等基层图书馆（室）。例如，江苏省无锡市文化局于 1989 年 2 月 15 日印发通知①，在全国率先开展面向全省乡镇图书馆的级别评定工作，并为此制定了《无锡市乡镇图书馆级别标准》及其实施办法，同时实施面向乡镇图书馆的年度目标考核，将乡镇图书馆建设列入市、县（区）及乡镇领导任期目标和年度政绩考核项目②，并在上述工作取得显著成效的基础上，于 2005 年进一步将街道图书馆纳入评估定级范围③；广西壮族自治区于 1994 年首倡"知识工程"，并于 1997 年开始，将乡镇图书馆评估列入"知识工程"议事日程，制定乡镇图书馆评估定级标准，坚持每两年一次，对全区范围乡镇图书馆进行评估④；辽宁省大连市文化局自 1996 年开始在全市组织开展乡镇、街道图书馆评估定级工作⑤；深圳市文化局于 1998 年开始开展社区村级图书馆网点达标评估，2005 年进一步拓展到乡镇街道图书馆评估定级，先后组织基层图书馆评估十余次，累计参评达标基层图书馆达 600 余家⑥；上海市文化局于 1994 年 12 月印发《上海市街道、乡镇图书馆考核定级通知》和《上海市街道、乡镇图书馆考核、定级标准》⑦，并于 1995 年开始，先后六次组织全市街道、乡镇图书馆考核、定级

① 无锡市开展乡镇图书馆级别评定工作和"金杯奖"竞赛活动［J］．江苏图书馆学报，1989（2）：62．

② 朱家桢．无锡乡镇图书馆建设回眸与展望［J］．江苏图书馆学报，2002（2）：58－59．

③ 浦昭．无锡市乡镇、街道图书馆评估定级工作报告——兼谈基层图书馆建设中存在的问题及对策［J］．图书情报论坛，2006（2）：14－16．

④ 广西"知识工程"办公室．广西"知识工程"建设十年回顾［M］．南宁：广西人民出版社，2005：90－98．

⑤ 孔庆德．大连市首次乡镇、街道图书馆评估工作述要［J］．图书馆学研究，1998（5）：8－10．

⑥ 冉文革．解读深圳市基层图书馆建设评估标准［J］．新世纪图书馆，2011（1）：62－64．

⑦ 晓舟．对上海街道、乡镇图书馆建设的思考［J］．图书馆杂志，1996（1）：42－43．

工作①。

在江苏苏州、浙江嘉兴、广东东莞等地公共图书馆服务体系的建设与管理运营中，对分馆质量、效益的考查与评估也日益提上工作议程②。以东莞为例，该市于 2004 年先后印发《东莞地区图书馆总分馆制实施方案》《东莞市建设图书馆之城实施方案》《关于贯彻落实〈东莞市建设图书馆之城实施方案〉的意见》等工作指导文件，从总体上明确了全市图书馆事业发展的纲领和指南，将图书馆之城建设情况作为各镇区年度考评的必备条件，并分别针对镇区图书馆、村（社区）图书馆、企业图书馆和医院图书馆制定了"建设标兵""先进"和"达标"三档评选标准。其中镇区、村（社区）图书馆考评标准分别涵盖建筑面积、计算机管理、人均藏书、年新增藏书比例、专职工作人员及其学历水平、每周开放时间、年外借量、举办读者活动场次等指标；对中心镇图书馆建设标兵，还要求参照国务院文化主管部门公布的县级公共图书馆一级馆标准进行评选③。与此同时，在东莞图书馆之城建设进程中，还陆续制定了一整套工作规范与指导标准，如《东莞市图书馆总分馆工作条例》《东莞市图书馆总分馆运行管理制度》《东莞图书馆分馆服务标准》《东莞图书馆分馆建设标准》《东莞图书馆图书流动车建设和服务标准》等，

---

① 黄恩祝．在提高中创特色在创特色中提高——上海市街道、乡镇图书馆新貌［J］．图书馆，1996（4）：32－34；上海市人民政府．全市街道（乡镇）图书馆评估定级［EB/OL］．（2004－05－27）［2019－03－12］．http://www.shanghai.gov.cn/nw2/nw2314/nw24651/nw13107/nw13597/u21 aw86681.html；起众．上海市文广局召开街道乡镇图书馆等级评定总结交流会［J］．图书馆杂志，2003（2）：24；关于开展浦东新区区县级公共图书馆评估定级和街道（乡镇）图书馆等级复评工作的通知［EB/OL］．（2009－08－18）［2019－03－12］．http://www.pudong.gov.cn/shpd/InfoOpen/Detail.aspx?Id＝873353；金荣彪．市文广局开展第五轮全市街道（乡镇）图书馆等级评定工作［M］//屠光绍．上海文化年鉴2012．上海：上海文化年鉴编辑部，2012：294－295；上海市人民政府．上海市第六轮街道（乡镇）图书馆评估初步结果名单公示［EB/OL］．（2017－01－04）［2019－03－09］http://www.shanghai.gov.cn/nw2/nw2314/nw2315/nw31406/u21 aw 1188091.html.

② 万行明．我国乡镇（街道）图书馆评估工作现状及标准化建设研究［J］．图书馆工作与研究，2014（12）：4－8.

③ 东莞市人民政府办公室．关于印发《东莞市建设图书馆之城实施方案》的通知（东府办〔2005〕46 号）［EB/OL］．（2005－07－19）［2019－03－09］．http://www.pkulaw.com/lar/11f8d319 bf514f4fe5d43d75f006ea59bdfb.html.

分别从不同维度对总分馆体系内各级公共图书馆的建设、管理、服务及保障条件等提出硬性要求，形成制度性的考评依据①。

近年来，全国公共图书馆评估定级结果越来越多地被纳入各地政府绩效评价范畴，在国家级公共文化服务体系示范区创建、全国文明城市评选等活动中的显示度越来越高。例如，2011 年初，文化部、财政部联合下发《关于开展国家公共文化服务体系示范区（项目）创建工作的通知》（文社文发〔2010〕49 号），启动国家公共文化服务体系示范区（项目）创建工作。前后四批创建活动中，其创建和验收标准都对示范区"地（市）、县级公共图书馆达标率"提出硬性要求②；又如，2015 年 8 月，中央精神文明建设指导委员会发布《全国文明城市（地级以上）测评体系（2015—2017）》③，要求申报参与"全国文明城市（区）"评比的地级以上城市必须满足"市辖区域内有面向社会的二级以上图书馆"的要求；等等。这些变化，也在一定程度上促使地方政府进一步提高了对公共图书馆评估定级工作重要性的认识，从而能够更有效地协调各有关部门，共同为公共图书馆事业的达标晋级提供支持和保障。

---

① 国家图书馆研究院．公共图书馆服务体系的探索与实践——东莞调研报告［M］．北京：国家图书馆出版社，2012：54．

② 李国新．示范区（项目）创建与公共图书馆发展［J］．中国图书馆学报，2012（3）：4－11．

③ 见：曲靖文明网转载中央精神文明建设指导委员会《2017 年全国文明城市测评体系（地级以上·正式印发稿）》［EB/OL］．（2018－06－05）［2019－03－09］．http：//qj. wenming. cn/file/201806/W020180605593021077068. xls．

3 我国公共图书馆评估工作面临的主要问题

如前所述，评估定级作为政府主管部门履行公共图书馆事业管理职责，推进公共图书馆事业发展的重要制度工具，数十年来在实践中不断发展，逐步形成了一套有中国特色的公共图书馆评估指标体系和评估工作机制，在推动我国公共图书馆事业的专业化、规范化、现代化发展方面发挥了重要作用，产生了比较深远的影响。特别是第六次全国县级以上公共图书馆评估定级工作中，中国图书馆学会全面承接政府管理职能，南开大学柯平教授领衔的专业研究团队深度介入，在评估理论、评估内容、评估方法和评估工作机制等方面均作了比较系统的变革与创新，呈现出一派新气象。然而，这一制度在长期实践过程中积累了强大的历史惯性，仍需结合当前文化体制改革不断深入、现代公共文化服务体系建设不断走向成熟，以及公共图书馆事业进入依法治理新时代的历史背景，进行深入研究和反思。

3.1 法治化视角下的公共图书馆评估发展需求分析

第六次全国县级以上公共图书馆评估定级工作实施以来，正值我国公共图书馆事业发展面临重大战略变革的新时期。党的十九大报告作出"中国特色社会主义进入新时代，我国社会主要矛盾已经转化为人民日益增长的美好生活需要和不平衡不充分的发展之间的矛盾"的重要政治判断，强调"要在继续推动发展的基础上，着力解决好发展不平衡不充分问题，大力提升发展质量和效益，更好满足人民在经济、政治、文化、社会、生态等方面日益增长的需要，更好推动人的全面发展、社会全面进步"，同时对深化文化体制改革，完善公共文化服务体系提出了要求。在此背景下，我国图书馆领域第一部国家立法——《中华人民共和国公共图书馆法》于 2017 年颁布，明确"公共图书馆是社会主义公共文化服务体系的重要组成部分"，以国家法律形式，对公共图书馆事业的管理体制、运行机制、建设目标、发展原则、服务理念、职能任务及政府保障责任给予规范，这意味着我国公共图书馆事业的建设和发展已经正式迈入依法治理的新时代。法律同时规定了各级文化主管部门对公共图书馆服务质量和服务水平进行考核评价的法定义务，公共图书馆评估制度随之成为公共图书馆事业法治化建设与发展的重要内容，成为敦促各方切实履行建设、发展和保障公共图书馆事业发展的法定职责与义务的必要手段。

3.1.1 对政府部门依法建设和管理公共图书馆事业情况进行监督的需求

《公共图书馆法》的颁布实施，明确了各级人民政府对公共图书馆事业不仅负有管理职责，而且承担保障责任。政府各相关部门一方面有责任依法对公共图书馆的服务质量和水平进行考核，另一方面也需要在支持和保障公共图书馆事业发展方面接受法律的约束与社会的监督。

首先，县级以上人民政府需要依法为公共图书馆的设立和运行提供必要的人财物保障。以往对公共图书馆的评估虽然包含有保障条件的内容，但并没有明确将其评估对象确定为政府；而且评估定级工作主要由文化主管部门组织实施，评估过程缺乏政府其他责任部门参与，评估结果往往只能作为公共图书馆向有关部门请求支持和保障的佐证，而不能对其产生直接的约束作用。《公共图书馆法》明确规定县级以上人民政府应当设立公共图书馆（第十四条），同时要求设立公共图书馆应当确保其拥有"固定的馆址"，"与其功能相适应的馆舍面积、阅览座席、文献信息和设施设备"，"与其功能、馆藏规模等相适应的工作人员"，以及"必要的办馆资金和稳定的运行经费来源"（第十五条）。这就要求，今后在公共图书馆评估中，要将上述保障条件的评估对象转向各级人民政府相应责任部门，用评估手段监督其履行保障责任。

其次，法律明确了政府在加强公共图书馆服务体系建设，保障公共图书馆事业均衡发展方面的主体责任，包括：扶持革命老区、民族地区、边疆地区和贫困地区公共图书馆事业发展（第七条）；合理规划公共图书馆数量、规模、结构和分布（第十三条）；建立县级公共图书馆总分馆制（第三十一条）；构建公共图书馆数字服务网络（第四十条）；等等。以往对公共图书馆的评估虽然突出强调了公共图书馆事业的区域协调与合作，但其责任主体设定为各级公共图书馆，评估内容仅限于各级公共图书馆组织和参与区域公共图书馆业务合作的情况；对区域内公共图书馆设施的合理布局、资源的均衡配置等涉及区域公共图书馆服务体系建设全局规划的内容，仍然属于政府职责范围，公共图书馆不具备相应的资源调配权限。这就要求，今后对公共图书馆评估制度的改革，要在将政府部门纳入评估对象的基础上，突出对政府在规划、支持和保障区域公共图书馆服务体系建设与发展方面履职尽责情况的评估。

此外，作为我国公共图书馆事业发展的基本法，《公共图书馆法》虽然确立了公共图书馆建设、管理与服务的一系列基本制度，但这些基本制度的贯彻落实，仍需各级政府主管部门依法履行管理职能（第五条），不断完善公共图书馆事业政策保障体系。法律明确规定了各级人民政府在公共图书馆事业政策保障方面的责任，包括将公共图书馆事业纳入国民经济和社会发展规划，纳入城乡规划和土地利用总体规划（第四条），制定出版物交存制度（第二十六条）、文献信息处置制度（第二十八条）、公共图书馆服务规范（第四十七条）等。而理想的政策过程，除政策的制定、实施以外，还应当包括对政策的监督、评估和调整。申晓娟指出，"对图书馆事业政策的评估，是图书馆事业政策过程的重要阶段，通过评估，可以检验制定的政策是否科学，是否符合实际，政策实施是否达到了预期效果，政策本身和实施过程还存在什么问题"[①]。这就要求公共图书馆评估制度不仅要用于对现行政策制度规范执行情况的监督，同时也应当成为发现政策需求、规范政策制定过程、检验政策实施效果的重要工具，要善用评估结果，加强对政策过程的研究与反思，以及时填补政策空白、调整政策目标、优化政策路径、修正政策偏差。

3.1.2　对公共图书馆依法管理、运行和提供服务情况进行监督的需求

《公共图书馆法》确认了公共图书馆"保障公民基本文化权益，提高公民科学文化素质和社会文明程度，传承人类文明，坚定文化自信"的社会价值（第一条），规定了公共图书馆"推动、引导、服务全民阅读"，"传承发展中

---

① 申晓娟. 面向公共图书馆服务体系建设的图书馆事业政策研究［D］. 武汉：武汉大学，2013：137.

华优秀传统文化，继承革命文化，发展社会主义先进文化"的功能任务（第三条），这是国家发展公共图书馆事业的目标宗旨。法律对公共图书馆功能、任务及管理运行方式的规范性要求，都以此为中心而展开。无论公共图书馆开展什么样的业务活动，提供什么样的公共服务，都应当始终以此为旨归。以往公共图书馆评估重在规范公共图书馆管理、运行及提供服务的内容、方法及程序；今后应立足公共图书馆事业的法定功能与职责，更加突出评估工作的价值导向，突出指标设置与公共图书馆功能任务和价值目标之间的逻辑关联，去芜存菁，更好地以评估制度引导公共图书馆事业的建设和发展，确保其围绕中心、有的放矢，不偏离方向。

公共图书馆是公共文化服务体系建设的重要内容。2015 年 1 月，中共中央办公厅、国务院办公厅联合印发《关于加快构建现代公共文化服务体系建设的意见》，要求"统筹考虑群众的基本文化需求和多样化文化需求，推动公共文化服务向优质服务转变，实现标准化和个性化服务的有机统一"[1]。这一要求，反映了现代公共文化服务体系建设在"保基本、促公平"的基础上，进一步满足人民群众日益增长的美好生活新期待的要求。公共图书馆事业的发展也将从规模化建设向高质量发展转型，既要体现公益、均等、普惠的基本要求，又要体现优质、便捷、高效的发展目标。《公共图书馆法》在围绕解决公共图书馆事业发展不平衡不充分问题进行顶层制度设计（第四条加强公共图书馆事业的统筹规划，第七条扶持老少边穷地区公共图书馆事业发展，第十三条建立覆盖城乡、便捷实用的公共图书馆服务网络，第三十一条建立县级公共图书馆总分馆制，第三十四条面向少年儿童、老年人、残疾人等特殊群体提供适用资源、设施及服务，等等）的同时，明确了国家鼓励和支持各级公共图书馆运用现代信息技术和传播技术提高服务效能（第八条），为社会公众提供便捷服务、优质服务（第四十条）的原则和要求。公共图书馆评估制度的改革也需要在明确公共图书馆设施、资源、服务等最低保障标准及均衡配置要求的基础上，突出对服务质量和服务效能的追求。

---

① 中共中央办公厅、国务院办公厅印发《关于加快构建现代公共文化服务体系的意见》（全文）［EB/OL］.（2015 - 01 -14）［2020 - 04 - 06］. http://www.gov.cn/xinwen/2015 - 01/14/content_2804250. htm.

《公共图书馆法》明确了公共图书馆接受各方面监督与考核的义务。一方面，法律规定了国务院各级主管部门和省、自治区、直辖市人民政府文化主管部门对公共图书馆服务质量和水平进行考核的主体责任（第四十七条），这意味着实施了近三十年的全国县级以上公共图书馆评估定级制度最终以国家法律形式固定下来。法律为这项制度的改革发展指明了方向，包括突出考核重点为公共图书馆服务的质量与水平，考核主体应当吸收社会公众参与，考核结果应当作为奖补依据，等等。另一方面，法律也对公共图书馆主动接受听取读者意见、接受社会监督提出了要求（第四十二条），要求公共图书馆定期公告服务开展情况。以往公共图书馆评估重在以文化主管部门为主导的长周期一次性行政评估，《公共图书馆法》的这一要求，也为公共图书馆自主组织开展面向读者的意见征询和及满意度调查，丰富公共图书馆日常动态评估形式，完善用户需求反馈机制提供了指导。

3.1.3　为社会力量参与公共图书馆事业发展提供规范与指导的需求

《公共图书馆法》确定公共图书馆事业的发展原则之一为"政府主导、社会参与"，明确将公民、法人和其他组织自筹资金设立的公共图书馆纳入法律调整范围。法律规定了国家对社会力量兴办图书馆的扶持政策（第四条），因而同时对公共图书馆的设立条件（第十五条）提出了要求，在法律层面明确了社会力量参与公共图书馆建设的准入机制。应当适应这一制度安排，将符合条件的社会力量兴办图书馆纳入公共图书馆评估范围，充分发挥评估工作对这些图书馆的规范和指导作用，通过评估引导其按照公共图书馆事业发展的目标原则和规范要求有序发展。

特别是 21 世纪初以来，一些地区开始尝试采用政府购买的方式，将公共图书馆的管理运营整体外包给市场主体，比较典型的如江苏省无锡市新区、安徽省芜湖市镜湖区、广东省广州市南沙区、北京市海淀区等，先后采取政府公开招标的方式，将辖区内公共图书馆整体委托给企业管理运营。《公共图书馆法》肯定了这一做法，并将其作为扶持社会力量兴办图书馆提供服务的制度举措（第四十五条）。为确保政府购买服务符合公共图书馆服务体系建设的总体规划，符合通过吸纳社会力量参与扩大公共文化服务供给、提高公共文化服务供给效能的目标原则，亟须加强对这一类型公共图书馆的管理运行效率和公共服务效能的监督与评价。为此,推动公共图书馆评估制度的改革发展,有必要将这一类型公共图书馆纳入评估范围。这样做,一方面可以确保用于购买公共图书馆服务的公共资金的使用效益;另一方面,以同等标准对社会力量兴办和政府设立的公共图书馆进行评估,对其成本效益、服务质量、社会影响等进行适当的横向比较,也将有助于发挥社会力量办馆的"鲶鱼效应",进一步激发公共图书馆事业发展活力。

除鼓励社会力量独立兴办公共图书馆,或作为承接主体参与政府购买公共图书馆服务以外,法律还规定了公共图书馆吸纳社会力量参与建设、管理和服务的其他途径,包括接受捐赠(第六条)、招募志愿者(第四十六条)等。公共图书馆在接受捐赠或是吸纳志愿者参与服务的过程中,均须坚持公共图书馆自身的建设目标、发展原则和服务理念,而不是盲目追求社会力量参与的规模与数量。这就要求建立相应的监督考核机制,对公共图书馆吸纳社会力量参与建设、管理与服务的质量与效益进行客观评价,并根据评估结果对社会力量参与的内容、方法、途径等进行调整优化。同时,公共图书馆评估制度的改革,也需要对社会力量的贡献与付出给予积极回应。例如,有必要通过评估加强对社会捐赠资金使用效益的揭示,以建立公共图书馆与社会主体之间的互信关系,吸纳更多社会资金的投入。

总的来说,在社会力量日益广泛参与公共图书馆事业发展的背景下,公共图书馆评估定级工作也需要适应深化文化体制改革的要求,突破对公共图书馆服务供给方式、渠道的限制,突出效能导向,以公共图书馆及公共图书馆服务体系建设的经济性、效率性、效益性和公平性为原则,将各类不同主体兴办的公共图书馆或提供的公共图书馆服务置于平等地位进行研究和比较,以促进公共图书馆设施、资源及服务的优化配置。

3.2 现行公共图书馆评估制度的问题及不足

1994 年 4 月,文化部启动第一次全国县以上公共图书馆评估定级工作时印发通知指出,这项工作的主要目的在于"加强对图书馆事业的管理,进一步摸清图书馆事业的状况,更好地推动图书馆事业的发展,提高图书馆的工作水平和工作质量，使图书馆工作规范化、标准化"①，可见其重点在于对公共图书馆工作的全面检查和规范指导。这一目标设置，在 20 世纪 90 年代的"大政府"集中管理下的公共图书馆事业发展中是适用的，也很符合当时公共图书馆工作专业化程度低、亟须规范指导的现实情况。但到今天，公共图书馆事业处在全面深化体制改革的社会背景之下，无论是政府主管部门对公共图书馆事业的管理方式，还是各级公共图书馆的工作水平，都发生了巨大变化，过去这种以工作检查和业务指导为主要目的的评估方式，越来越凸显其不适应新时期事业发展的诸多问题。

3.2.1 指标体系亟须优化

经过三十余年的发展，全国县级以上公共图书馆评估定级指标体系不断修订完善，较好地体现了"以评促建、以评促管、以评促用"的工作导向。但与此同时，现行评估指标体系在指标内容设置、目标设定、权重赋值、评分方法选择，以及指标关联关系的分析处理等方面，还存在诸多有待完善之处。

3.2.1.1 对服务"效""能"的反映还不够全面

第六次全国县级以上公共图书馆评估定级时，将"服务效能"单列为评估指标体系的一个部分，置于全部评估内容的首位，其指标分值也达到历史新高（省级馆 300 分，市、县级馆 400 分），在形式上体现了现代公共文化服务体系建设突出效能导向的原则要求。但与"效能"一词的丰富内涵相比，目前评估标准与实质性的"效能导向"还存在一定距离。

一是总体上仍然存在重"能"轻"效"的倾向，反映公共图书馆服务绩效的内容在指标体系中所占比重偏低。从指标体系的整体结构来看，"业务建设"和"保障条件"部分，都是侧重于公共图书馆能力建设方面。其中"业务建设"主要是对公共图书馆自身组织管理能力和专业技术能力的检查；"保障条件"部分则是重点强调政府部门在政策制度及人财物资源等方面给予公共图书馆的支持，同时也包括公共图书馆内部章程、规划等制度体系的建设与完善。这两部分所占比重较前五次评估时已经大幅压减，但仍占到总分值

---

① 文化部办公厅《关于在县以上公共图书馆进行评估定级工作的通知》，1994 年 3 月 9 日，由文化和旅游部公共服务司张剑提供.

的60%或70%（在省级图书馆评估标准中70%，在市、县级图书馆评估标准中占60%）。除此之外，"服务效能"部分的许多指标，其实质也是面向公共图书馆的制度、设施、人员、技术等保障条件的，如落实免费服务政策，设置政府信息公开服务专区，为未成年人及其他特殊群体提供服务的制度、设施及人员保障，设立导读岗位和参考咨询服务专职人员，建设图书馆网站，提供移动图书馆服务软件，配备触摸媒体一体机和服务数据实时显示设备，以及建立读者意见反馈和日常评价机制等。

二是服务绩效指标本身侧重在服务供给的规模及效率，反映服务利用及其反馈情况的指标比重不足。表3-1对第六次全国县级以上公共图书馆评估标准中服务绩效指标的内容及分值分布情况进行了分析（不含加分项）。从中可见，在省、市、县级图书馆评估标准中，服务利用及反馈类指标内容占总分值的比重均不足20%，即使在服务效能部分，其所占比重也仅30%至40%。

表3-1 第六次全国县级以上公共图书馆评估标准中服务绩效指标的内容及分值分布

指标类别	指标名称	指标分值		
		省级	地市级	县级
服务供给规模	周开馆时间	5	10	10
	与本馆建立馆际互借与文献传递关系的图书馆数量①	10	10	—
	未成年人服务活动场次②	3	7.5	7.5
	其他特殊群体服务活动场次③	2.5	3.25	3.25
	年讲座、培训次数	10	10	15
	年展览次数	10	10	15
	年阅读推广活动次数	10	10	15
	立法决策服务/决策信息服务的数量④	7.5	5	5
	普通参考咨询服务	10	10	10
	专题咨询与情报分析服务	10	10	—

① 此项根据评估指标"馆际互借与文献传递服务"的分项说明析出。
② 此项根据评估指标"未成年人服务"的分项说明析出。
③ 此项根据评估指标"其他特殊群体服务"的分项说明析出。
④ 此项根据评估指标"立法决策服务/决策信息服务"的分项说明析出。

指标类别	指标名称	指标分值		
		省级	地市级	县级
	有正式注册的微信或微博平台①	2	2	5
	实现移动图书馆服务②	3	3	3
	移动图书馆提供信息资源比较丰富③	2	2	2
	阅读指导的组织策划④	5	5	5
	微信、微博平台能定期推送服务信息⑤	3	3	—
	总计	93	100.75	95.75
	在"服务效能"部分占比	31%	25.2%	23.9%
	在全部指标中的占比	9.3%	10.1%	9.6%
服务供给效率	年文献流通率	—	10	10
	年员工人均流通量	—	5	5
	数字资源发布占比/可远程访问数字资源占比	10	10	5
	总计	10	25	20
	在"服务效能"部分占比	3.3%	6.3%	5%
	在全部指标中的占比	1%	2.5%	2%
服务利用	持证读者占比	—	5	5
	年读者人均到馆量	—	10	10
	年文献外借量（定级必备）	15	20	20
	年馆外流动服务点文献借阅量	10	20	20
	未成年人服务活动人次及影响⑥	3	7.5	7.5
	其他特殊群体服务活动人次及影响⑦	2.5	3.25	3.25

---

① 此项根据评估指标"微信公众平台、微博服务"的分项说明析出。

② 此项根据评估指标"移动图书馆服务"的分项说明析出。

③ 此项根据评估指标"移动图书馆服务"的分项说明析出。

④ 此项根据评估指标"阅读指导"的分项说明析出。

⑤ 此项根据评估指标"微信公众平台、微博服务"的分项说明析出。

⑥ 此项根据评估指标"未成年人服务"的分项说明析出。

⑦ 此项根据评估指标"其他特殊群体服务"的分项说明析出。

续表

指标类别	指标名称	指标分值		
		省级	地市级	县级
服务反馈	年每万人参加读者活动次数（定级必备）	—	15	15
	阅读指导的效果①	5	5	5
	立法决策服务/决策信息服务的质量及效果②	7.5	5	5
	年人均网站访问量	10	10	15
	微博微信用户占注册读者比例③	5	5	—
	移动图书馆服务读者使用量较大④	2	2	2
	总计	60	107.75	107.75
	在"服务效能"部分占比	20%	26.9%	26.9%
	在全部指标中的占比	11%	10.8%	10.8%
服务反馈	读者对反馈意见处理结果的满意率	10	15	15
	读者日常评价好评率	10	15	15
	读者满意率（定级必备）	30	40	40
	总计	50	70	70
	在"服务效能"部分占比	16.7%	17.5%	17.5%
	在全部指标中的占比	5%	7%	7%

　　三是缺少面向公众和社会需求的成效评估内容。例如，"年文献流通率"反映了公共图书馆在文献资源建设方面的投入产出效率，但并不能反映公共图书馆馆藏文献在多大程度上契合了读者的需求；"年文献外借量"反映了公

---

① 此项根据评估指标"阅读指导"的分项说明析出。
② 此项根据评估指标"立法决策服务/决策信息服务的数量"的分项说明析出。
③ 此项根据评估指标"微信公众平台、微博服务"的分项说明析出。
④ 此项根据评估指标"移动图书馆服务"的分项说明析出。

共图书馆文献信息服务的规模，但并不能反映公共图书馆在多大程度上满足了读者的需求；等等。此外，还有一些指标的评估要求存在与公众需求和公共图书馆绩效目标不一致的问题。比较典型的如"数字阅读量占比"指标，在数字网络环境下，引导公共图书馆积极拓展数字阅读服务是必要的，但该指标以年数字资源借阅总次数除以年各类文献借阅总次数，其占比越大得分越高，这意味着公共图书馆在增加数字阅读量的同时，有可能需要相应减少印本阅读或其他类型阅读服务。而从近年来国家新闻出版研究院发布的国民阅读调查报告来看，我国成年国民的印本阅读需求仍然呈持续增长态势[①]，数字资源借阅服务和印本文献借阅服务之间并不存在"此消彼长"的关系。又如"馆际互借与文献传递"指标，其评估内容中有一项为"年馆际互借与文献传递占年文献外借量的比例"，其占比越大得分越高。但馆际互借与文献传递的目的主要是为了弥补公共图书馆本地馆藏的不足，通过行业合作的方式为公众提供便利，提高公共图书馆的文献信息保障能力，其在文献外借量中所占比例仅仅是对公共图书馆不同文献信息服务方式的客观描述，并不能说明其文献信息保障能力高低；另外，馆际互借与文献传递占比提高也在一定程度上意味着公共图书馆本地文献信息保障能力降低，这显然也不符合公众文献信息需求和公共图书馆绩效目标。

3.2.1.2 对"投入""过程""结果"的关系处理还有待优化

第六次公共图书馆评估指标体系以"服务效能""业务建设""保障条件"三大板块为统领，其目的是为了探索一条"过程评估与结果评估"的"体系化评估"之路，"真正有机地将图书馆事业发展的过程与结果结合起来"[②]，这一评估思路与前五次评估是一致的，都是在评估过程中坚持人财物保障、业务规范和服务供给并重的原则，而第六次评估定级进一步聚焦这一思路，使评估定级工作目的得以在指标体系层面上更加明确。但目前指标体系对这三个板块之间关联关系的处理仍然不够完善。

首先，投入与产出之间的比率关系没有得到应有的重视。现行公共图

---

① 李丹，申晓娟.《中华人民共和国公共图书馆法》立法侧记（下）[J]. 图书馆建设，2018（2）：4-16，28.

② 邹金汇，柯平. 公共图书馆评估指标体系创新探讨 [J]. 图书馆建设，2016（12）：8-14.

书馆评估定级工作分别对公共图书馆所获人财物等保障条件和公共图书馆服务效能进行评估，缺乏成本效率分析（产出/投入），不利于引导公共图书馆在建设、管理和服务过程中不断提高资金使用绩效，在有限的资源条件下实现效益最大化。与此同时，从责任主体的角度来讲，公共图书馆人财物等资源保障的责任在政府，其业务建设和服务供给的责任在图书馆自身。而当前评估定级工作对保障条件、业务建设和服务效能的评估内容全部都是面向公共图书馆的，评估分数及等级也仅针对公共图书馆提出，评估结果对财政、人事等部门的影响和约束作用不强。政府保障责任若有缺位，其后果往往仍由公共图书馆主要承担，难以通过评估敦促政府部门落实整改。

其次，过程与结果之间的因果联系没有得到有效揭示。过程评估和结果评估是两种不同的评估模式，反映了不同的评估理念。其中，过程评估强调公共图书馆工作的质量与规范，而结果评估则突出公共图书馆服务的效益、价值和影响；过程评估用于揭示公共图书馆取得成功的内在原因，而结果评估则是反映公共图书馆取得成功的程度。当前评估定级工作兼顾过程及结果，力图构建比较全面、完整的评估体系，但在评估过程中，未能对评估结果中的"过程"要素和"结果"要素进行关联分析和比较，因而也难以根据评估结果形成对公共图书馆事业发展的诊断意见与发展建议。

本章仅以作为服务结果指标的"年到馆读者人次"和作为服务过程指标的年读者活动次数（包括"年讲座、培训次数""年展览次数""年阅读推广活动次数"等）为例作一假设：若有甲乙两馆，其中甲馆年到馆读者人次在评估期间连年下降，但在此期间该馆开展讲座、培训、展览、阅读推广等读者服务活动数量都达到了评估标准规定的满分要求，那么可以预见，该馆的综合评分结果总体仍然是优秀的，从中看不出其服务效果的变化，评估结果也不会提示评估者或被评估者透过其中的矛盾现象反思该馆读者服务活动是否存在供需脱节的问题。如果将该馆与乙馆进行比较，则有可能产生更为极端的情况。假设乙馆读者服务活动场次相对较少，而由于其各类活动都经过精心策划，契合读者需求，其年到馆读者人次反而比甲馆更高，很明显其服务质量高于甲馆。但根据现行评估标准的评分规则，乙馆的综合评分结果很大概率会低于甲馆，这一方面将造成评估结果的不公平，另一方面也使得乙馆在提升服务活动效益方面的成功经验难以通过评估向其他图书馆展示和推广。

3.2.1.3 对事业发展的重点目标、任务引导不足

历次全国县级以上公共图书馆评估指标体系的一个突出特点是其"主要依据图书馆要素和业务流程构建"①。第六次评估标准对指标体系的总体框架进行了较大调整，但仍然继承了第五次评估标准的大部分内容，其中"服务效能"部分主要对应第五次评估标准中的"服务工作"部分；"业务建设"部分主要对应第五次评估标准中的"文献资源""协作协调""重点文化工程""管理与表彰"部分同时包含第五次评估标准中"经费与人员"部分的"业务研究"指标；"保障条件"指标则主要对应第五次评估标准中的"设施与设备""经费与人员"部分，同时包含第五次评估标准中"文献资源"部分的"呈缴制度与执行情况""藏量""文献入藏"指标，以及"管理与表彰"部分的"中长期发展规划"指标。表 3-2 列出了第六次评估标准中主要指标与第五次评估标准的对应关系。

表 3-2　第五次、第六次省级公共图书馆评估定级标准中各部分指标对应关系

第五次	第六次
服务工作	服务效能
免费开放	—
普通服务	基本服务
社会教育服务	阅读推广与社会教育
为领导机关决策提供信息服务	信息咨询服务
参考咨询服务	
为特殊群体服务	未成年人及其他特殊群体服务
数字资源服务	网络资源服务
—	新媒体服务
—	服务管理与创新
读者满意率	读者评价

---

① 邹金汇，柯平. 公共图书馆评估指标体系创新探讨 [J]. 图书馆建设，2016（12）：8-14.

续表

第五次	第六次
文献资源	**业务建设**
藏书质量	馆藏发展政策与馆藏结构
文献编目	编目与馆藏组织管理
藏书组织管理	数字资源建设
数字化建设	地方文献工作
协作协调	
本地区图书馆服务网络建设	本区域公共图书馆服务体系建设
联合编目工作	
跨省、跨系统协作协调工作	图书馆行业协作协调与社会合作
基层辅导	基层辅导与学会工作
图书馆学会工作	
重点文化工程	**重点文化工程**
管理与表彰	—
事业发展规划（年度计划部分）	行政与人力资源管理
人事管理	
设备、物资管理	财务、资产与档案管理
档案管理	
环境与安全管理	安全与环境管理
统计工作	业务管理
上级表彰	组织文化和表彰奖励
志愿者管理	社会化与管理创新
经费与人员	业务研究
人员（业务研究部分）	
—	**保障条件**
文献资源	政策与法制保障
藏书质量（呈缴制度与执行情况部分）	
管理与表彰	章程与规划
事业发展规划（中长期规划部分）	

续表

第五次	第六次
经费与人员	经费保障
经费	
文献资源	文献资源保障
藏量	
文献入藏	
设施与设备	—
建筑条件	图书馆建筑设施保障
现代化技术条件	信息基础设施保障
经费与人员	人员保障
人员	

  由于评估指标体系主要以图书馆要素和业务流程为依据构建，所以随着公共图书馆建设、管理水平的不断提高，人们对公共图书馆要素的认识不断加深，公共图书馆的业务流程不断延伸，服务内容不断拓展，评估指标体系也日益延展，变得越来越臃肿繁复。如表3-3所示，历次评估标准（以省级公共图书馆为例）中评估计分项目数量不断增长，第六次评估标准中，计分项目较第一次评估定级时已增加近2倍（165.6%）。评估考核内容越来越趋向面面俱到，给评估工作带来繁重负担的同时，也不利于突出对公共图书馆重点目标、任务的引导。从整体上看，近三十年来，我国公共图书馆评估指标体系围绕文献资源建设、读者服务、人财物保障等内容不断细化展开，主要仍着眼于为各级公共图书馆的建设、管理与服务提供更加全面、系统的规范指导，除第三、第四次评估突出了对重点文化工程实施情况的检查和督导外，很少结合不同时期公共图书馆事业发展的目标、任务，对其中某些重点工作予以特别强调。

表3-3　历次省级公共图书馆评估标准中评估计分项目①②的数量变化

	第一次	第二次	第三次	第四次	第五次	第六次③
服务工作计分项	10	22	25	34	34	58
业务建设计分项	55	67	72	103④	118⑤	131
保障条件计分项	25	23	23	22	30	49
总计	90	112	120	159	182	238

　　第六次评估标准修订过程中，标准起草组提出了"以不同级别公共图书馆的功能定位为指导思想和依据"的修订思路，明确省级公共图书馆功能侧重资源保障、业务引领和协作协调；市、县级公共图书馆功能侧重服务导向和体系建设，其中市级公共图书馆主要面向城区，县级公共图书馆主要面向基层，并依此在指标内容设置和指标分值分配方面作了相应的差异化安排⑥。虽然上述差异在最终形成的评估指标体系中表现并不十分显著，但从评估标准的顶层设计角度肯定不同级别公共图书馆功能定位的差异，已是我国公共图书馆评估定级工作的一大创新突破。

　　3.2.1.4　缺乏面向公共图书馆差异化发展需求的分类指导

　　我国幅员辽阔，城乡之间、地区之间公共图书馆事业发展存在显著差异。不同图书馆所处经济社会环境不同，发展起点不同，历史积累不同，其当前所处发展阶段、目标任务、资源优势、专业能力等也因此各不一样，以全国

---

　　① 历次评估标准层次设置不同，其中有一部分内容，有时作为独立指标，有时作为指标的分项内容，本书所指"计分项目"，包括评估标准中所有单独计分的项目，而无论其是否为独立指标。

　　② 历次评估标准指标分类不同，表中"服务工作"在第六次评估标准中对应"服务效能"部分；"业务建设"在第一至第四次评估标准中对应"基础业务建设""理论研究、业务辅导、协作协调""表彰奖励""文化共享工程"等部分，在第五次评估标准中对应"文献资源""协作协调""管理与表彰""重点文化工程"等部分；"保障条件"在第一至第四次评估标准中对应"办馆条件"部分，在第五次评估标准中对应"设施与设备""人员与经费"部分。

　　③ 对第六次评估标准中计分项目的统计不包含加分指标及加分项。

　　④ 含文化共享工程计分项15个。

　　⑤ 含重点文化工程计分项45个。

　　⑥ 柯平，苏福. 基于功能定位的公共图书馆评估［J］. 图书馆，2016（8）：1-4.

统一标准进行评估不符合公共图书馆事业发展的客观规律。为此，历次公共图书馆评估定级均按照省、市、县级公共图书馆的特点，在指标内容设置及标准要求上有所区分，第六次评估定级时更对东、中、西部公共图书馆的定级必备条件作了差异化处理。

但是，无论是按省、市、县分级，还是按东、中、西分区，都是立足于公共图书馆外部条件的差异，而不是以公共图书馆自身目标任务的不同为依据。其思想认识的局限，在于只看到公共图书馆事业受制于经济社会发展的问题，而未见公共图书馆事业服务于经济社会发展的功能与价值，缺乏对公共图书馆主动面向所在地区经济社会发展提供差异化服务的分类指导。现行公共图书馆评估标准本质上仍然是依据图书馆要素和业务流程而构建，对公共图书馆业务工作和服务活动的内容、方法、程序等事无巨细，均作统一规范，还没有体现以功能目标为导向，引导公共图书馆结合自身特点和优势选择不同建设发展方式的思路。即使第六次评估标准为"鼓励公共图书馆在做好基础性工作之外有所创新和突破"[①] 而增设了加分项，但其加分内容和标准也是全国统一设置，相当于仅在原有指标体系基础上添列了部分评估内容，并不利于引导公共图书馆结合自身特点和优势进行创新发展。

另一方面，对公共图书馆事业进行分类指导的根本目的在于实现均衡发展。为此，在评估定级工作中，应立足于各馆在建设、管理、服务等领域存在的不同问题和面临的不同困难，精准施策，补齐短板，而不是降低对一部分图书馆的评估要求，默许同一等级图书馆之间发展不均衡的问题长期持续存在下去。当前评估定级工作中，对东、中、西部公共图书馆分别定以不同标准，虽然于各地区公共图书馆及其主管部门而言有量力而为之本义，然而于公民基本文化权益而言却有违普惠均等的原则。

3.2.1.5　定量指标取值未能与事业发展现实水平有效衔接

本着"以评促建"的目的，历次评估标准修订中，除指标增删以外，通常还会对一些定量指标的取值进行调整。为促进公共图书馆不断在现有基础上实现新的发展，评估标准为每个定量指标设置了不同的得分档次。但到第

---

① 柯平，宫平．全国公共图书馆第六次评估的意义和特点［J］．图书馆建设，2016（12）：4－7，14.

六次评估时止，各指标得分档次的安排与各级公共图书馆的现实发展水平之间还没有建立起科学合理的对应关系。表3-4列出了第六次评估标准中省级公共图书馆定量指标①取值与评估当年（2017年）公共图书馆事业发展统计数据的对比情况。

表3-4 第六次评估定级中省级图书馆定量指标取值与评估当年统计数据比较

指标	评估标准		2017 年统计数据					
	满分值	最低得分值	均值	中值	达到或超过满分值的图书馆数量		低于最低得分值的图书馆数量	
					数量	百分比	数量	百分比
年文献外借量（万册次）	100.00	35.00	164.40	141.10	23	74.20%	3	9.68%
年馆外流动服务点文献借阅量（万册次）	4.00	3.50	7.82	3.43	14	45.16%	14	45.16%
年讲座、培训次数	100.00	20.00	362.00	272.00	21	67.74%	1	3.23%
年展览次数	25.00	10.00	132.00	43.00	20	64.52%	3	9.68%
年人均网站访问量（次）	0.40	0.05	0.24	0.19	6	19.35%	10	32.26%
年财政拨款总额（万元）	6000.00	1000.00	14160.00	8433.90	22	70.97%	0	0.00%
年文献购置费（万元）	2000.00	500.00	1532.50	759.00	8	25.81%	9	29.03%
总藏量（万册）	450.00	150.00	659.60	451.40	16	51.61%	1	3.23%

---

① 第六次省级图书馆评估标准中共有40余项定量指标，但其中大多没有被纳入文化和旅游部对公共图书馆的年度统计指标，此处仅选取其中有统计数据的指标进行分析。

指标	评估标准		2017 年统计数据					
	满分值	最低得分值	均值	中值	达到或超过满分值的图书馆数量		低于最低得分值的图书馆数量	
					数量	百分比	数量	百分比
年报刊入藏量（种）	5000	2000	4898.50	4673.00	13	41.94%	3	9.68%
建筑面积（万平方米）	5.00	3.50	5.76	4.98	15	48.39%	10	32.26%
读者用计算机终端数（台）	500	100	290	207	7	22.58%	4	12.90%
员工数量（人）	400	100	245	222	2	6.45%	2	6.45%

　　由表 3-4 可以看出，除"年人均网站访问量""年文献购置费""读者用计算机终端数"和"员工数量"以外，省级图书馆在大部分定量指标上的表现均普遍达到或高于满分值，特别是"年文献外借量""年讲座、培训次数""年展览次数""年财政拨款总额"等项，评估标准中设置的满分值已落后于近七成图书馆的实际水平；与此同时，部分指标的最低得分值也已经失去比较意义，如"年讲座、培训次数""年展览次数""年财政拨款总额""总藏量""年报刊入藏量""员工数量"等，仅有极个别省级图书馆在这些指标上的实际表现低于评估标准的最低得分值。

　　进一步观察发现，各定量指标的分档取值基本按照简单等差数列方式分布。本章以"年文献外借量"和"年讲座、培训次数""年人均网站访问量""读者用计算机终端数"为例，将省级图书馆评估标准中各指标分档取值与评估年度统计数据进行比较，计算其对应的分位值（达到该取值的图书馆比例），如表 3-5 所示。从中可见各定量指标的分档取值明显缺乏规律，各档次之间分位值距离参差不齐，不同指标的分档取值分布也各不相同。特别是"年文献外借量"指标的第二档、第三档取值和"年讲座、培训次数"的第三档、第四档取值，其分位值完全相同，已失去分档的意义。

表3-5　第六次评估定级中省级馆定量指标分档取值在评估年度统计数据中的分位值

	年文献外借量（万册次）		年讲座、培训（次）		年人均网站访问量（次）		读者用计算机终端数（台）	
	评估取值	统计分位	评估取值	统计分位	评估取值	统计分位	评估取值	统计分位
第一档	≥100	74.2%	≥100	67.7%	≥0.4	19.4%	≥500	22.6%
第二档	≥80	80.6%	≥80	80.6%	≥0.3	35.5%	≥400	35.5%
第三档	≥65	80.6%	≥60	90.3%	≥0.2	48.4%	≥300	41.9%
第四档	≥50	83.9%	≥40	90.3%	≥0.1	54.8%	≥200	54.8%
第五档	≥35	90.3%	≥20	96.8%	≥0.05	67.7%	≥100	93.5%
不得分	<35	9.7%	<20	3.2%	<0.05	32.3%	<100	12.9%

3.2.1.6　指标权值分配方法有待改进

早在20世纪80年代末期，天津、辽宁等省份就在图书馆"科学评估"活动中采用加权评分方法，按重要性程度对评估指标体系中的各项指标进行排序，赋予其不同权值，以保证重点，照顾一般，这也是我国公共图书馆评估实践以科学方法落实"以评促建"工作思路的一个具体体现。以《辽宁省市图书馆评估指标体系（试行）》（1988）为例，其中各级指标采用十进制赋权（如图3-1所示），即：每一指标的同级下位指标权值总和为10。评估实践中，采用自下而上逐级加权求和的方式计算得分。即：从最底层指标开始，计算评分值与指标权重的乘积，求和得出其上位指标的评分，如此向上逐级类推，直至得到某一图书馆的最终评分。

全国县级以上公共图书馆评估工作沿用了各地图书馆"科学评估"的加权评分方法，但评估标准中，指标权值没有采用各地图书馆"科学评估"标准的十进制分级赋权方法，而是将总权值1000直接分配到全部指标，其好处是评分结果可以直接加和计算，不必经过复杂的加权求和过程，无论是各级图书馆自评，还是专家组现场评估，都可以比较迅速地得到最终评分结果；但与此同时，这种方式的弊端也是比较明显的，它将指标体系中全部指标放在同一水平面上，进行一次性的分值分配，在指标数量超过一定规模的情况下，很难保证均衡理性的判断。

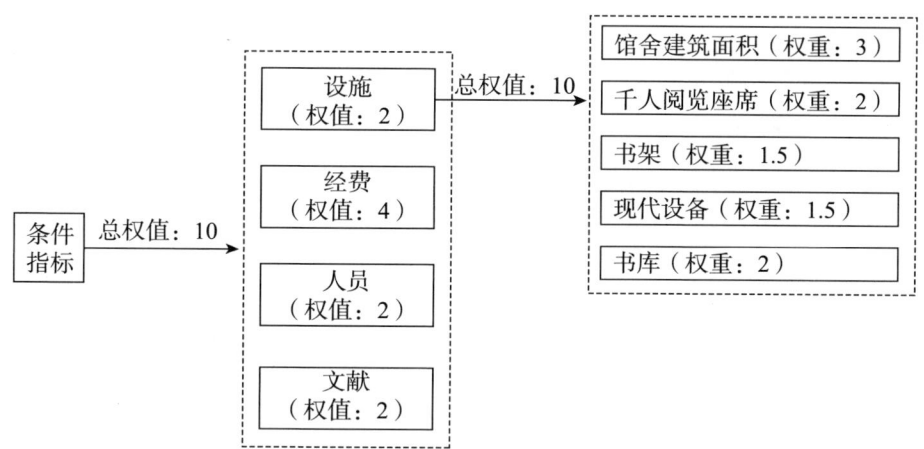

图3-1 《辽宁省市图书馆评估指标体系（试行）》（1988）中的指标赋权示例

注：笔者根据《辽宁省市图书馆评估指标体系（试行）》（1988）绘制。

以第六次省级图书馆评估标准为例，其中指标权值主要有30、20、15、10、5这几种，如表3-6所列。其中权值相同的指标，如"业务统计分析"与"（图书馆建筑）功能适用性"、"年文献外借量"与"信息化管理系统"、"年人均网站访问量"与"年员工人均发表论文数"，在理论上具有相同的重要性；而权值相异的指标则显示其重要性程度存在差别。例如，权值25的"图书馆服务宣传推广"指标，其重要性程度比权值为5的"周开馆时间""馆藏发展政策""图书馆'十三五'规划"等指标高400%；权值为20的"基层业务辅导与培训"指标，其重要性程度是权值为10的"未成年人服务""年讲座、展览次数""普通参考咨询服务"等指标的2倍。很显然，在这些指标之间作这样的权值比较并不严谨，因为这些指标的评估目的各不相同，分别属于不同类型，彼此之间不存在直接的横向可比性。

表3-6 第六次评估定级中省级图书馆评估指标权值分配情况一览

权值	指标类别	指标名称
30	服务效能	读者意见处理与日常评价，读者满意率
	业务建设	—
	保障条件	—

续表

权值	指标类别	指标名称
25	服务效能	图书馆服务宣传推广
	业务建设	—
	保障条件	—
20	服务效能	—
	业务建设	本区域服务体系规划与共建共享，统筹本区域文化信息资源共享工程与公共电子阅览室建设计划，基层业务辅导与培训，业务统计分析
	保障条件	政策保障、年财政拨款、年文献购置费、功能适用性
15	服务效能	年文献外借量、馆际互借与文献传递、立法决策信息服务
	业务建设	文献编目标准化、文献保护、自建数字资源总量、地方文献入藏、图书馆学会（协会）工作
	保障条件	财政拨款年增长率与当地财政支出年增长率的比率、普通文献馆藏量、建筑面积、读者用计算机终端数量、信息化管理系统
10	服务效能	年馆外流动服务点文献借阅量，未成年人服务，其他特殊群体服务，讲座、培训次数，年展览次数，年阅读推广活动次数，阅读指导，普通参考咨询服务，专题咨询与情报分析服务，年人均网站访问量，数字资源发布占比，微信公众平台、微博服务，移动图书馆，服务品牌建设，服务创新推广
	业务建设	馆藏发展政策执行情况，地方文献工作组织，地方文献数据库建设，公共图书馆服务网点建设，组织本区域联合编目工作，主持联盟或跨地方、跨系统图书馆协作协调，社会合作，统筹本区域数字图书馆推广工程，统筹本区域中华古籍保护计划与民国时期文献保护计划，岗位管理，员工能力评估，安全管理，年员工人均发表论文数
	保障条件	免费开放本地经费到位情况、年图书入藏量、年报刊入藏量、年视听资料入藏量、电子文献馆藏量、读者服务区无线网覆盖率、网络带宽、存储容量、智能化管理系统、员工数量、领导班子配备

续表

权值	指标类别	指标名称
5	服务效能	周开馆时间、政府公开信息服务、图书馆网站、服务数据显示度
	业务建设	馆藏发展政策，馆藏专项规划，外文文献入藏，复本量控制，文献编目时效，编目文献占比，加工整理与排架，剔旧工作，数字资源本地存储量，参与联盟或跨地区、跨系统图书馆协作协调，年度计划和年报，年员工人均教育培训学时数，财务管理，国有资产管理，档案管理，环境管理，图书馆宣传，用户管理，图书馆业务研究的组织管理，馆内学术活动，参加馆外学术和业务活动，科研项目，使命、愿景与团队建设，荣誉体系建设，志愿者管理
	保障条件	法制保障，呈缴制度与执行情况，图书馆章程，图书馆"十三五"规划，经费结构，大学本科及以上学历员工占比，高级职称员工占比

3.2.2 评估工作机制有待创新

自 1994 年以来，历次全国县级以上公共图书馆评估定级工作均由国务院文化主管部门确定组织实施办法，包括评估指标体系、定级必备条件、评估定级工作的组织领导、工作方式和实施步骤等内容。至 2003 年第三次评估定级时，已基本形成了政府主导、专家参与和图书馆自评估相结合的工作机制。但从实效性角度分析，这项工作在组织实施过程的规范化管理、公众/读者的有效参与、诊断和发展功能的有效发挥等方面，仍然存在一些值得重视的问题。

3.2.2.1 组织实施过程的规范化管理仍需进一步加强

历次评估定级工作明确提出了"听""看""访""评"的工作程序，但由于各地评估工作计划不完善、专家评估时间不充裕等原因，在具体执行过程中还面临很多实际的问题和困难。

一是各地评估工作计划还有待完善。历次全国县级以上公共图书馆评估定级工作按照分级负责的方式组织实施。其中国务院文化主管部门负责对省级和副省级公共图书馆进行评估（第六次评估定级时改由中国图书馆学会配合文化部共同组织实施）；各省（自治区、直辖市）文化厅局负责本辖区内市、县级公共图书馆的评估。历次评估定级工作中，国务院文化主管部门除在本级成立评估定级领导小组，制订发布评估工作方案以外，还要求各省、自治区、直辖市文化厅局相应成立评估定级工作领导机构，负责制订本地区评估工作计划或实施方案。这一举措是适应我国公共图书馆事业分级管理体制而设计的，具有较强的针对性。但在实际操作过程中，许多地区制订的评估工作方案千篇一律、流于形式。即使是浙江省这样的发达地区，其第六次评估定级工作方案①也主要是照搬国务院文化主管部门印发评估定级工作的通知，其中除列明工作步骤及进度要求以外，对本地区评估工作的目的、评估重点、评估结果的分析利用，以及评估过程中与政府其他部门之间的统筹协调机制等均无交代。总体而言，在这项工作中，各地、各级图书馆的目的性和主动性有待增强。

二是"听""看""访""评"程序难以严格执行。如前所述，全国县级以上公共图书馆评估定级工作是四年一次的综合性评估，其首要目的是对公共图书馆业务工作和服务活动进行全面检查和规范指导。随着公共图书馆社会职能的不断拓展，其业务工作及服务活动不断延伸，需要纳入评估定级标准进行逐项检查的内容日益繁复；而与此同时，评估工作的时间安排往往十分紧凑，这与文化部对评估组严格执行"听""看""访""评"程序的要求在客观上形成了突出矛盾。以第六次全国县级以上公共图书馆评估定级为例，根据中国图书馆学会网站公布的省级、副省级公共图书馆评估定级工作报道，12 个组赴 30个省（自治区、直辖市）进行评估，总计用时 117 天，平均每省用时 3.9 天（含省际交通差旅时间），按平均每省 2 个省级、副省级馆参评（总计 58 个）和 2 个抽查馆（按评估方案规定，每省应随机抽查 2 个县级公共图书馆）计算，平均每馆实地评估时间不足 1 天，要在这么短的时间内完成听（汇报）、看（材料）、访（重点）、评（得分）的全套流程，实无可能；即使已提前通过在线评估系统对各馆提交的自评估材料进行过初步阅评，现场仍需对一些重点或存疑指标的数据及佐证资料进行核查。对评估专家而言，任务相当艰巨。

---

① 浙江省第六次县级以上公共图书馆评估定级工作实施方案［EB/OL］.（2017 – 07 – 05）［2020 – 04 –10］. https://www. zjlib. cn/zxtzggtz/52748. htm.

　　三是评估工作中缺乏有效的分工协调机制，专家作用没有得到充分发挥。仍以第六次评估定级工作为例，其中除群众满意度测评由国务院文化主管部门统一委托第三方机构组织实施以外，其余200余个计分项目的检查和评分任务均由专家组成员承担。而事实上，目前评估标准中大部分计分项目都属于客观判断类指标，包括根据统计数据确定得分的定量指标，以及根据各馆提交档案资料判定是否符合得分要求的定性指标（如是否配备了某类设施、是否提供了某项服务等）。对其进行评分并不需要依靠专家经验，完全可以交托给辅助工作人员进行检查或由计算机系统自动匹配完成。将专家精力过多耗费在大量简单素材的机械阅评上，不利于发挥其更重要的专业优势，对公共图书馆建设、管理和服务过程中存在的问题给予有深度的专业分析和诊断，并为其提供有价值的咨询指导意见。

3.2.2.2　公众/读者的有效参与机制还不够成熟

　　目前，我国公共图书馆评估总体仍属于一种行业内部的业务评估。各项指标的评分，除少数定量指标可根据客观统计数据计算得出外，其他关于公共图书馆服务供给质量、服务利用效率、服务价值及影响等的评价，多由评估组专家（包括政府主管部门领导、其他公共图书馆馆长或业务骨干、图书馆学教学科研人员等）依据公共图书馆提供的佐证材料进行评分。公众/读者主要通过填写评估定级过程中发放的读者满意率调查问卷参与对公共图书馆的评估。在此基础上，第六次评估定级时还新增了"读者意见处理与日常评价"指标，对各级图书馆日常接受读者监督评价也提出了要求。但总体上，这两项指标的分值在各级公共图书馆评估标准部分中所占比例仍然比较低。

　　与此同时，现行评估标准中，关于读者满意率调查的要求还不够规范，读者满意率调查问卷发放数量有限。从中国图书馆学会秘书处出版的《第六次全国县级以上公共图书馆评估定级知识问答汇编》中可以看出，省级和副省级少儿馆要求发放问卷不少于800份，县级少儿馆要求发放问卷不少于200份；另有文献显示，地市级图书馆问卷发放数量不少于1000份[①]；县级图书

---

　　① 陈宏宙. 西部地区县（区）级公共图书馆发展与思考——以宝鸡市县（区）级公共图书馆第六次评估为例［J］. 图书馆理论与实践，2018（12）：55–60.

馆问卷发放数量不少于 500 份①；其余级别、类型图书馆问卷发放数量要求不详。而且这些问卷通常随机发放，对抽样规则、样本分布等均未作要求，其科学性、规范性方面还存在比较明显的瑕疵。另外，第六次评估定级工作没有公布其读者满意率调查问卷的内容，仅在评估标准中指出，该指标"按照统一的读者满意率调查表，就图书馆设施设备、馆藏资源、服务内容、服务质量和员工素质等情况征询读者意见"。其标准细则、知识问答汇编，以及公开发表的评估标准解读文献中，都没有包含对读者满意率调查内容及方法的进一步解读。可见在一定程度上，评估标准的制定者、评估工作的组织实施者，以及接受评估的各级图书馆，对读者满意率调查内容、方法等的关注程度都不是很高。而在读者日常评价制度方面，现行评估标准虽然提出了指标要求，但对读者评价的时间、范围、方法、工具等还缺乏必要指导。对于各级图书馆而言，要有效开展日常读者评价，并将评价结果应用于图书馆管理和服务，仅靠这样一个指标的引导还很不够。

从用户满意率调查的结果来看，截至 2020 年 1 月 31 日，在中国知网数据库收录期刊公开发表的第六次全国县级以上公共图书馆评估总结文献共计 30 篇，其中提及读者满意率调查结果的仅 3 篇。这些结果显示，湖北十堰地区各县级图书馆读者满意率"都超过 90%"②，陕西宝鸡地区所有参评图书馆的读者满意率"都在 96.25% 以上"③，其中岐山县图书馆读者满意率结果更是高达 98.25%④。理论上来说，这样普遍超高的读者满意率是值得怀疑的。

另外，目前评估定级结果还缺乏面向社会公众的主动宣传，虽然已有一些图书馆和地方文化主管部门通过网络、报纸杂志等渠道主动发布本馆、本

---

① 西林县图书馆. 第六次全国县级以上公共图书馆评估定级读者满意度网上调查说明［EB/OL］.（2017 - 05 - 11）［2020 - 01 - 31］. http://www.gxxl.gov.cn/html/2017/tongzhigonggao_0511/11579.html.

② 彭跃航，付长玉. 十堰地区县级公共图书馆第六次评估分析与思考［J］. 公共图书馆，2017（4）：71 - 75.

③ 陈宏宙. 西部地区县（区）级公共图书馆发展与思考——以宝鸡市县（区）级公共图书馆第六次评估为例［J］. 图书馆理论与实践，2018（12）：55 - 60.

④ 杨帆. 从第六次评估探析公共图书馆的服务效能——以岐山县图书馆为例［J］. 当代图书馆，2019（2）：57 - 60.

地区的评估报告，但还不是十分普遍；而且这些报告的内容详略不一，缺乏统一格式、体例规范，不便于对图书馆在历次评估定级工作中的表现进行持续跟踪，或者对不同图书馆评估结果进行有价值的横向比较。公众很难通过这样的评估结果来全面、直观地了解和判断参评馆业务工作与服务活动的特色、优势与不足。

3.2.2.3 评估工作的诊断和发展功能没有得到有效发挥

公共图书馆评估的目的主要包括检查、诊断和发展三个层面，分别回答公共图书馆"是什么样""为什么这样""接下来怎么办"这三个方面的问题，其中，检查是基础，诊断是关键，发展才是最终目的。只有通过评估准确识别公共图书馆的需求及其存在的问题，并为其未来发展提供可资借鉴的分析结论，帮助公共图书馆及其主管部门更加科学理性地制定政策、规划及项目计划，才能真正实现"以评促建、以评促管、以评促用"。但是，我国现行公共图书馆评估定级制度在功能实现上总体仍然侧重于检查，诊断和发展功能还没有得到有效发挥，主要表现在：

一是对评估工作中发现的问题和不足总结分析不够。笔者对第五次评估定级时各省（自治区、直辖市）文化厅局自评汇报和专家组评估报告[①]中关于公共图书馆事业发展存在问题及原因的内容进行了分析，结果如表 3 – 7 所示。其中，"√"代表材料中包含有相关方问题分析；"×"代表材料中不包含相关方面问题分析；"—"代表笔者暂未掌握该省（自治区、直辖市）有关评估材料。

表 3 – 7　第五次全国县以上公共图书馆评估定级中各地文化厅局
自评报告与专家评估报告中反映存在问题的情况

省（自治区、直辖市）	自评汇报			专家组评估报告		
	服务效能	业务建设	保障条件	服务效能	业务建设	保障条件
北京	×	×	×	×	×	√
河北	√	×	√	×	×	√

续表

省（自治区、直辖市）	自评汇报			专家组评估报告		
	服务效能	业务建设	保障条件	服务效能	业务建设	保障条件
河南	×	×	√	×	×	√
内蒙古	×	×	×	√	√	√
山西	×	×	×	√	√	√
黑龙江	×	√	√	—	—	—
吉林	×	×	√	—	—	—
辽宁	×	×	√	—	—	—
江苏	×	×	×	—	—	—
上海	√	√	×	—	—	—
安徽	×	×	×	√	×	√
浙江	√	×	√	√	√	√
福建	√	√	√	×	√	√
江西	×	×	√	√	√	√
山东	×	×	×	—	—	—
天津	×	×	√	—	—	—
湖北	×	×	√	√	√	√
湖南	×	×	√	√	√	√
广西	×	×	√	—	—	—
重庆	×	×	×	—	—	—
广东	√	×	√	×	×	×
海南	√	×	√	×	×	×
贵州	×	×	×	—	—	—
云南	×	×	×	—	—	—
甘肃	√	×	√	√	√	√
青海	×	√	×	√	×	√
陕西	√	×	√	√	×	√
宁夏	√	×	√	—	—	—

省（自治区、直辖市）	自评汇报			专家组评估报告		
	服务效能	业务建设	保障条件	服务效能	业务建设	保障条件
新疆	×	×	√	—	—	—
四川	×	×	√	×	×	√
西藏	√	√	√	×	×	√

　　从中可以看到，各地文化厅局提交的 31 份自评报告中，包含有服务效能、业务建设、保障条件方面问题分析的分别为 10 份（32.26%）、5 份（16.13%）和 20 份（64.52%）；另有 9 份（29.03%）完全没有提及本省（自治区、直辖市）公共图书馆事业发展中存在的任何问题；18 份专家评估报告中，包含有服务效能、业务建设、保障条件方面问题分析的分别为 10 份（55.56%）、8 份（44.44%）和 16 份（88.89%），另有 2 份（11.11%）专家评估报告完全没有提及被评估地区公共图书馆事业存在的任何问题。即使是提到问题的报告，对这些问题大多也是点到为止，很少有针对问题表现形式及其形成原因的详细分析。无论自评报告还是专家评估报告，提出的下一步发展建议通常也都比较笼统，方向性、原则性建议居多，缺乏可操作的方法举措。与笔者此前分析第四次评估定级总结材料时发现的问题一样，"当评估中发现服务质量不高、效果不理想、效率偏低等问题时，大多简单地归纳为'经费不足''人才短缺''设施落后'等因素……真正从图书馆自身业务建设、服务规范等角度的内省分析普遍欠缺"[1]。

　　二是未能通过评估有效发现和推广典型示范经验。一方面，现行评估定级制度中评定上等级图书馆的做法，在一定程度上可以树立典型，鼓励各级图书馆争先创优。但由于上等级馆比例没有限制，不具有排他性的横向竞争功能，近年来上等级图书馆比例持续攀升，已有 80% 以上图书馆被评定为三级以上图书馆，其中一级图书馆比例也已经超过 30%（详见表 3-8），上等级馆在全行业中的典型示范意义越来越弱化。另一方面，对历次评估定级工作中评定的上等级图书馆，除了通过公布上等级图书馆名单、颁授上等级图书馆牌匾等方式予以承认外，很少对其先进典型经验、事迹进行深入挖掘和报道，或是组织其他图书馆对其进行观摩、学习，上等级图书馆的示范引领作用没有得到充分发挥。

表3-8　历次全国县级以上公共图书馆评估定级上等级情况一览①

		第一次	第二次	第三次	第四次	第五次	第六次
一级馆	数量	68	215	344	480	859	953
	比例	3.0%	9.3%	16.9%	21.6%	32.8%	31.9%
二级馆	数量	451	581	412	410	640	501
	比例	20.6%	25.0%	20.2%	18.5%	24.4%	16.6%
三级馆	数量	625	755	684	894	731	1067
	比例	28.6%	32.5%	33.6%	40.3%	27.9%	35.7%
全部上等级馆	数量	1144	1551	1440	1784	2230	2521
	比例	52.3%	66.8%	70.7%	80.8%	85.1%	84.3%
参评馆	数量	2189	2323	2038	2219	2621	2991

3.2.3　与评估工作相适应的配套管理制度还不够健全

评估作为公共图书馆管理中一项重要的管理和控制手段，其实质是通过对公共图书馆各类数据和信息的收集、整理，在公共图书馆管理体系中建立一种反馈机制，使管理部门和主要利益相关群体能够有效获取对公共图书馆管理运行状态的客观认知，在此基础上发现问题、分析原因、判断趋势，确定未来发展方向。完成这一过程，需要有成熟完备的管理制度共同发挥作用。目前，我国公共图书馆评估工作科学有效实施所依赖的规划管理、调查统计、信息公开与开放共享等制度都还不是十分健全。

3.2.3.1　评估工作与公共图书馆的规划管理过程衔接不够

国际图书馆评估实践的经验表明，评估是公共图书馆规划管理的重要内容，也是对规划目标任务完成情况进行持续监督与控制的重要手段。但是，

① 表中"比例"以参评馆数量为基数进行计算。

目前全国县级以上公共图书馆评估定级工作与各级公共图书馆及其文化主管部门的规划管理过程之间，还没有建立有效的关联互动机制。一方面，现行公共图书馆评估定级的周期基本是四年一次，与我国行政、事业单位通行的五年规划周期不合，不利于将评估结果用于指导规划编制与实施；另一方面，目前我国大部分公共图书馆还没有建立及时、持续编制发展规划的管理运行机制，既没有在规划目标及优先事项设定过程中主动应用评估结果的意识，也不具备应用规划目标指导评估实践的能力。自第五次全国县级以上公共图书馆评估定级开始，公共图书馆制订年度计划和中长期发展规划的义务已被纳入评估标准，在第六次评估定级工作中，大部分图书馆也都提交了本馆制订年度计划和五年规划的证明材料，但很多图书馆规划的发布时间都赶在提交评估材料的截止时间之前，其应付评估定级工作的动机十分明显。

国家图书馆研究院曾于 2017 年组织对全国省级公共图书馆"十三五"规划进行搜集整理，采集到 28 份省级图书馆规划文本（见表 3 - 9）①。其中，超过 60%（18 份）到"十三五"第二年（2017 年）才发布；而发布于"十三五"开始之前的仅 1 份（《天津图书馆"十三五"发展规划）；于"十三五"第一年（2016 年）上半年发布的仅 3 份。国家层面，由国务院文化主管部门组织制定的《全国公共图书馆事业发展"十二五"规划》② 发布于 2013年 1 月 31 日，《"十三五"时期全国公共图书馆事业发展规划》③ 发布时间为 2017 年 7 月 7 日，分别较"十二五""十三五"开局晚了 25 个月和 18 个月。五年规划发布时间延滞长达一年甚至两年之久，显然难以实现对公共图书馆发展目标、方向等的有效指导，也不可能成为公共图书馆对自身发展状况是否达成既定目标进行持续检查与评估的依据。

---

① 见：国家图书馆研究院. 图书馆行业中长期战略规划选编："十三五"时期［M］. 北京：中央编译出版社，2018.

② 文化部关于印发《全国公共图书馆事业发展"十二五"规划》的通知［EB/OL］.（2013 - 01 - 31）［2020 - 04 - 11］. http://zwgk. mct. gov. cn/auto255/201302/t20130205 _474113. html? keywords = .

③ 文化部关于印发《"十三五"时期全国公共图书馆事业发展规划》的通知［EB/OL］.（2017 - 07 - 07）［2020 - 04 - 11］. http://zwgk. mct. gov. cn/auto255/201707/t20170726 _685747. html?keywords =

表3-9　部分省级公共图书馆"十三五"规划发布时间一览

规划名称	发布时间
天津图书馆"十三五"发展规划	2015 年 12 月
上海图书馆(上海科学技术情报研究所)"十三五"发展规划	2016 年 3 月
甘肃省图书馆"十三五"发展规划	2016 年 3 月
云南省图书馆"十三五"发展规划	2016 年 4 月
广东省立中山图书馆"十三五"规划	2016 年 7 月
安徽省图书馆"十三五"发展规划	2016 年 7 月
重庆图书馆"十三五"发展规划纲要	2016 年 7 月
江西省图书馆"十三五"发展规划	2016 年 10 月
广西壮族自治区桂林图书馆事业发展"十三五"规划	2016 年 11 月
首都图书馆(北京市少年儿童图书馆)"十三五"时期发展规划	2016 年 12 月
南京图书馆"十三五"事业发展规划	2017 年 1 月
河南省图书馆"十三五"规划纲要	2017 年 1 月
黑龙江图书馆"十三五"时期事业发展规划	2017 年 3 月
湖南图书馆"十三五"发展规划纲要	2017 年 3 月
海南省图书馆"十三五"规划	2017 年 3 月
内蒙古自治区图书馆"十三五"规划	2017 年 3 月
湖北省图书馆"十三五"规划	2017 年 4 月
陕西省图书馆"十三五"时期事业发展规划	2017 年 4 月
福建省图书馆"十三五"发展规划	2017 年 4 月
青海省图书馆"十三五"规划	2017 年 5 月
山东省图书馆"十三五"发展规划	2017 年 5 月
吉林省图书馆"十三五"发展规划	2017 年 6 月
贵州省图书馆"十三五"发展规划	2017 年 6 月
宁夏回族自治区图书馆"十三五"发展规划	2017 年 6 月
浙江图书馆"十三五"发展规划	2017 年 6 月
辽宁省图书馆"十三五"发展规划	2017 年 7 月

规划名称	发布时间
河北省图书馆"十三五"发展规划	2017 年 8 月
广西壮族自治区图书馆"十三五"规划	2017 年 8 月

3.2.3.2 公共图书馆统计工作还有待进一步完善

在我国，国务院文化主管部门较早建立了面向全国的公共图书馆基础数据统计报表制度，每年由各级图书馆填报数据，经由各省文化厅局审核校验后，提交文化主管部门汇总整理，通过文化和旅游部年度全国文化发展统计公报、《中国文化文物统计年鉴》（2019 年更名为《中国文化和旅游统计年鉴》，2020 年起更名为《中国文化文物和旅游统计年鉴》）、《中国图书馆年鉴》等渠道公开发布。但这项制度与评估工作的需要相比，还存在一些明显的缺陷。

首先，从国务院文化主管部门组织实施的全国县级以上公共图书馆评估定级工作来看，目前评估定级所需的大量业务数据，如阅读推广活动场次和参与人次、年数字阅读量占比、可远程访问数字资源占比、数字资源发布量、编目文献占比、数字资源本地存储量、自建数字资源总量、年视听资料入藏量、电子文献馆藏量、年员工人均发表论文篇数、年均出版著作种数、网络带宽、存储容量、大学本科及以上学历员工人数等，都没有被纳入公共图书馆年度基础数据统计上报。统计数据的缺失，使得评估标准在为相应指标设定目标及分值时缺乏客观依据，存在较大随意性；与此同时，对这些指标的统计方法缺乏规范指导，又给公共图书馆对照评估标准要求采集、分析数据带来困难。在评估定级工作中临时采集的数据，往往没有经过必要的分级审核校验，其规范性和准确性难以保证。

其次，从公共图书馆组织开展自评估，或者社会第三方机构或个人对公共图书馆进行独立评估的需求来看，公共图书馆业务统计数据的公开范围还有待拓展。目前，经文化和旅游部统计整理的公共图书馆年度数据，面向社会公开的内容主要包括全国公共图书馆基本情况综合年报、各地区公共图书馆基本情况、各地区少年儿童图书馆基本情况、各地区省级公共图书馆基本情况、各地区地市级公共图书馆基本情况和各地区县市级公共图书馆基本情况等，均为国家和地区层面的汇总统计数据，不包括单馆数据资料。这就限制了公共图书馆选择其他图书馆作为标杆进行横向比较的可能，也使得社会第三方机构或个人对公共图书馆的评估不得不止步于国家和地区层面的研究和分析，而不能深入开展对各具体图书馆的个案评估，在一定程度上也影响了公共图书馆利益相关者参与公共图书馆评估的积极性。

3.2.3.3 公共图书馆评估信息的共享机制还没有有效建立起来

在历次评估定级过程中，各级图书馆整理提交了大量数据和档案资料，但大部分都没有公开发布。评估定级工作结束后，除公布各级图书馆上等级名单以外，对各馆的评分和定级依据，特别是对评估反映出来的问题缺乏必要的信息披露；此外，评估标准的研制过程也缺乏比较完整的档案记录，除第五次和第六次评估定级时，标准研制团队曾在专业期刊发表系列标准解读文章外，此前四次评估标准的研制思路在各类研究文献和公开信息中都没有记载。评估信息的不透明，不仅不利于各级图书馆通过评估相互学习，取长补短，同时也不利于研究者们进一步对评估制度及其实施过程的科学性、合理性、公正性、有效性等进行研究和分析。

在第六次全国县级以上公共图书馆评估定级工作中，中国图书馆学会秘书处委托专业公司搭建公共图书馆评估定级管理与服务平台，充分体现了信息化手段在提高评估效率、降低评估成本等方面的优势，同时也为下一步的评估研究提供了海量数据信息的聚合平台。对此，原辽宁省文化厅副巡视员康尔平在2018年中国图书馆年会"公共图书馆评估定级"主题论坛上指出，"这样难得的、具有唯一性和权威性的大数据库，理应成为下一届公共图书馆评估定级的智力源泉，成为事业发展的问题导向和提升管理水平、服务效能的动力，成为各级党委政府加强公共图书馆事业建设的决策依据"，并针对评估大数据成果的转化路径提出系列建议方案，反复强调评估数据在未来评估研究和实践中的重要价值①。但截至2022年5月第七次全国县级以上公共图书馆评估定级工作开始之前，中国图书馆学会秘书处尚未开放该评估定级管

---

① 康尔平. 公共图书馆评估大数据成果转化思考 ［EB/OL］. (2018－06－01) ［2019－12－06］. http://www.lsc.org.cn/uploadFiles/2018/06/29/20180629113940_940.pdf.

理与服务平台的使用权限，除参评图书馆、评估专家及系统管理员以外，其他人员都不能通过该系统获取全国县级以上公共图书馆评估定级工作的数据资料，以支撑其后续的研究工作。

3.2.4 公共图书馆从业人员关于评估定级工作中存在问题的意见与建议

前文基于现行公共图书馆评估标准及制度的内容分析，对现行公共图书馆评估定级制度中存在问题及不足进行了系统分析。在此基础上，笔者通过问卷调查方式征集了各级公共图书馆从业人员关于这一问题的反馈意见及改革发展建议（详见附录 A）。

问卷列举了关于公共图书馆评估定级工作中可能存在的 16 项问题，对其持"完全同意"或"基本同意"意见的受访者比例在 70% 以上的问题包括：

（1）缺乏与评估结果挂钩的奖惩激励机制（82.12%）；

（2）全国统一标准，无法适应不同地区事业发展的不同水平（81.29%）；

（3）评估标准内容复杂，指标数量过多，评估工作量过大（74.58%）；

（4）评估定级工作时间过于紧张，难以深入细致听、看、访、评（72.07%）；

（5）某些定量指标不在常规业务统计范围内，数据采集困难（71.51%）。

除此之外，一些受访者还在问卷的开放性问题中表达了对全国公共图书馆评估定级工作中存在问题的看法，其中比较有代表性的意见与建议主要包括：

一是认为现行公共图书馆评估标准的适用性有待提高，建议根据不同区域公共图书馆事业发展现实水平区别对待。如"不能全国一刀切，因区域经济发展不平衡，人口数量密度不尽相同，应根据区域差别分别制定标准"，"应根据地方实际情况进行评估"，"要根据不同地区的实际情况考虑实际增加或删减一些评估标准"，"（应注意）评估标准对基层图书馆适用度"，"发达地区和贫困地区要有所区别"，"西部省市还应该分强弱"，"评估标准应充分征求意见，尤其是基层图书馆长的意见"，等等。从受访者的这些表述可以看出，现行评估标准与一些地方，特别是基层和偏远贫困地区的实际情况还存在偏差，对不同地区的特殊性考虑还不够充分。

另外，东莞某街镇图书馆受访者反映，虽然东莞地区各街镇馆早已参照县级公共图书馆评估标准在地区范围内自行组织评估，但由于全国县级以上公共图书馆评估定级仅覆盖到县级以上公共图书馆，县级以下街道、乡镇图书馆并未纳入，其评估结果无法参与国家层面的等级评定。这一现象虽属个别，但也从一个侧面反映出现行评估标准对不同地区公共图书馆适用性不足的问题。我国不同地区行政管理体制之间存在差异，比如计划单列市区别于一般地市，省直管县、市直管街镇不同于一般的县和街镇，等等。在按行政级别进行分类管理的评估定级工作中，这些地区的图书馆往往很难找到十分契合其实际情况的评估标准。其中，计划单列市图书馆一直是参照省级图书馆评估标准进行评估，省直管县图书馆一般仍按县级图书馆评估标准进行评估，这些都是比较折中的做法。未来可借鉴国外公共图书馆评估实践经验，探索根据服务人口或建设规模进行分类评估的方法和路径。

二是认为现行公共图书馆评估标准还不能客观、真实、公正地反映公共图书馆事业发展的现实水平，如"分数差别不分伯仲，工作开展实际情况差别很大""形式化，不能深入了解图书馆工作实质和实际情况""临急抱佛脚，有水分""虚假成分多""定级标准只看表面不看内容"等，建议对有关指标内容及评估方法进行优化调整，如增加"社会效益实例""服务效能""为读者服务效果"等方面评分项目和指标，实现"服务绩效细化"，在评估组织实施过程中"实行'三三制'"，吸纳"社会力量和读者代表参加"等。

三是认为现行公共图书馆评估标准对地方政府的约束不够，"没能得到当地政府部门的高度重视""政府层面根本不清楚评估的真实意义，以为是普通的工作考核和检查""各个层面公共图书馆的发展，大多数都是地方政府有文化意识的领导者的个人兴趣促进的"，希望在评估标准中加强对政府承担支持和保障公共图书馆事业发展主体责任的监督和考评，如："依法增加对地方政府主体责任履行的评估，并依法追究未履行法律要求的责任"；"加强政府部门对图书馆事业的政策、财政、经费、人员编制支持的硬性评估监督"；"本级财政对图书馆的资金投入"；等等。但也有受访者明确提出"经费保障应该去考核政府，而不是图书馆"，建议"将对图书馆发展建设与资金投入列入对当地政府的考核"。一些受访者还建议将"政府投入""人员岗位编制增加""人均购书经费拨付"等政府保障责任类项目列为定级必备条件，或通过设置定级必备条件"保障图书馆机构有设置且独立"，"（保障）县级图书馆的编制及行政级别"等。

　　四是指出当前公共图书馆评估定级中存在"为了评估而评估"的现象，评估结果"对于图书馆的激励作用不大"。建议评估结果应与政府部门绩效挂钩、与图书馆建设经费挂钩、与馆员个人收入挂钩，以达到促进图书馆事业发展的目的。有关意见表述包括："评估后激励和评价，不能评估完了不闻不问，怎么解决存在的问题"；"缺乏激励机制，尤其是具体到人的激励，缺乏评估带来的对具体工作人员的激励"；"评估定级工作应该与馆建设经费投入及馆员个人收入挂钩，增加激励机制"；"需结合考评结果对政府部门进行相应奖惩""评估结果应该与奖励挂钩"；等等。

　　除此之外，问卷还调查了受访者关于公共图书馆评估定级工作周期和公共图书馆评估定级管理平台应用等方面的意见建议，详见附录 A。

4　公共图书馆评估的国际经验借鉴

19 世纪中叶，英国国会指定尤瓦特等人组建公共图书馆特别委员会，在对欧美地区图书馆发展现状进行广泛调查的基础上，提出授权各城镇向民众征收少量税金以成立公共图书馆的政策建议，促成了世界上第一部全国公共图书馆法（英国1850 年《公共图书馆法》）的诞生①；1964 年，到美国《图书馆服务与建设法》授权联邦健康、教育与福利部对联邦拨款项目在促进乡村地区公共图书馆服务方面的价值和影响进行调查、研究，并定期报告②；日本、韩国、印度、芬兰等国家也通过立法，明确政府主管部门对公共图书馆建设、管理、运行状况进行检查、监督和评估的法定义务。可以说，考核与评价始终是监督和校正公共图书馆制度的重要管理和控制手段。一个半世纪以来，各国公共图书馆评估的研究和实践逐渐走向深入，不断取得新的发展，产生了许多值得学习和借鉴的成果与经验。本章选择美国、英国、日本等国家，简要介绍其公共图书馆评估制度，并对这些国家公共图书馆评估实践在内容、方法、技术、工具以及组织实施方式等方面的特点、经验等进行归纳总结，以资借鉴。

---

① 郝庆和. 英国1850 年公共图书馆法的开创意义及启示［J］. 山东图书馆季刊，2010（6）：28 – 32.

② Office of Education，US Department of Health，Education and Welfare. State plans under the Library Services Act：a Summary of plans and programs for fiscal 1957 submitted under Public Law 597，84th Congress［EB/OL］. ［2018 – 10 – 13］. http：//files. eric. ed. gov/fulltext/ED543839. pdf.

4.1 美国公共图书馆评估制度

美国于 20 世纪 90 年代通过立法，明确了联邦及地方政府对公共图书馆事业进行监督和评估的主体责任，对联邦补助各州公共图书馆事业经费的使用效益进行统筹规划与评价，并为此建立了配套完善的管理制度及应用系统。

4.1.1 联邦公共图书馆五年计划评估

1991 年，美国图书馆与信息科学白宫会议（White House Conference on Library and Information Services）召开，会议指出，应由教育部提供相关方法，用来评估公共图书馆对社区生活产生的影响，以及社区对图书馆的需求[①]。1996 年 9 月 30 日，第 104 届美国国会通过《博物馆与图书馆服务法》[②]（由《总则》、《图书馆服务与技术法》和《博物馆服务法》三部分组成），采纳了上述建议，授权联邦政府成立一个新的独立机构——美国博物馆与图书馆服务署，负责联邦图书馆事业拨款的管理，并在以往联邦图书馆立法的基础上，进一步明确了各州/领土区图书馆管理局在地区图书馆事业监督与评估方面的主体责任。其中规定，获得联邦拨款的各州/领土区图书馆管理局应独立进行评估，于五年计划结束前向美国博物馆与图书馆服务署提交联邦资助项目实施情况的评估报告，接受补贴的各图书馆也应向所在州/领土区图书馆管理局上报相关信息[③]。该法案同时还要求各州/领土区图书馆管理局在其依法提交给

---

① 李国新，段明莲，孙冰等 . 国外公共图书馆法研究［M］. 北京：国家图书馆出版社，2013：17 – 18.

② 104th Congress of the United States of America. Museum and Library Services Act of 1996［EB/OL］.［2020 – 04 – 07］. https://www. imls. gov/sites/default/files/1996. pdf.

③ 104th Congress of the United States of America. Museum and Library Services Act of 1996［EB/OL］.（1996 – 09 – 30）［2020 – 04 – 07］. https://www. imls. gov/sites/default/files/1996. pdf.

美国博物馆与图书馆服务署的五年计划文本中包含对计划目标、优先事项及相关活动内容进行评估的方法说明①。

美国博物馆与图书馆服务署指出,上述为期五年的定期评估活动,既是为了使各州/领土区图书馆管理局有机会对本地区图书馆事业发展上一个五年计划目标达成情况进行系统测评,同时也意在帮助各州在未来五年各类资源的有效配置方面做出科学决策。为了达成上述两个方面,特别是第二方面的目的,美国博物馆与图书馆服务署于 2011 年 4 月发布一份《五年评估指南》②,对各州/领土区图书馆管理局 2007—2012 年度评估活动的目标、内容、原则、方法,以及评估专家的选择等进行了规范,并要求一份完整的州图书馆评估报告必须包含评估内容(评估中涉及的主要问题)、评估方法、评估结论及主要建议等部分。其中,评估结果应涵盖州五年计划中提及的每一个优先事项(指各州/领土区图书馆管理局根据《图书馆服务与技术法》所规定的优先事项范围择定的计划发展方向)。指南认为,评估报告应当对过去有效的实践经验予以强调;识别计划活动实施的工作流程,包括在计划、政策制定以及管理运行中对绩效评价方法的应用;并从评估中得出可以纳入下一个五年计划的结论和建议。

2017 年底,全美 50 个州、5 个领土区及哥伦比亚特区图书馆管理局均已依法提交 2013—2017 财年评估报告③和 2018—2022 财年州图书馆计划④。

4.1.2 联邦拨款项目成效评估

在依法收集各州/领土区图书馆管理局的五年计划与评估报告以外,美国

---

① 104th Congress of the United States of America. Museum and Library Services Act of 1996 [EB/OL]. (1996 – 09 – 30) [2020 – 04 – 07]. https://www. imls. gov/sites/default/files/1996. pdf.

② IMLS. Guidelines for five-year evaluation [EB/OL]. [2016 –10 –10]. https://www. imls. gov/sites/default/files/legacy/assets/1/AssetManager/2008 – 2012 _Five-Year _Evaluation _Guidance _SLAA. pdf.

③ IMLS. Five year evaluations [EB/OL]. [2019 – 04 – 06]. https://www. imls. gov/grants/grants-state/five-year-evaluations.

④ IMLS. Five year plans [EB/OL]. [2019 – 04 – 06]. https://www. imls. gov/grants/grants-state/five-year-plans.

博物馆与图书馆服务署还建立了《图书馆服务与技术法》拨款项目的年度报告制度。2002 年，美国博物馆与图书馆服务署启用了一个在线的州项目报告（State Programs Report）系统①，对各州/领土区图书馆管理局的《图书馆服务与技术法》拨款项目进行集中登记与管理。各州/领土区图书馆管理局需按年度在系统中如实填报所有《图书馆服务与技术法》拨款项目的基本信息，以便于美国博物馆与图书馆服务署及各州/领土区图书馆管理局从目标管理和成效评估的角度对各项目进行独立的跟踪、监测与评估。2011 年以来，美国博物馆与图书馆服务署对该系统功能进行优化，细化了与项目相关的各类数据信息填报内容及格式要求，最大限度减少自由文本描述，使系统更加简洁易用，并在此基础上提供面向不同需求的信息检索和报告定制功能，以实现从时间和主题领域等维度对《图书馆服务与技术法》项目绩效的纵向和横向比较，并从州和国家层面描述项目对社区带来的影响，同时从这些项目中识别和培育最佳实践，以利于各州/领土区图书馆管理局之间相互学习、借鉴②。

4.1.3 全美公共图书馆事业的综合调查与评估

美国联邦立法还较早建立了有关图书馆事业发展的综合调查与评估制度。1959 年《图书馆服务法》及 1964 年修订颁布的《图书馆服务与建设法》均授权联邦健康、教育与福利部对联邦拨款项目在促进乡村地区公共图书馆服务方面的价值和影响进行调查、研究和定期报告③。根据《图书馆服务法》，联邦健康、教育与福利部于该法案实施一年后，发布了其实施情况

---

① IMLS. State program report V3. 1：user manual for state directors and users［EB/OL］. (2004 –11)［2018 –10 –11］. http：//spr. imls. gov/manual/State% 20Program% 20Rcport% 20V3. 1% 20User% 20Manual% 20 – % 20for% 20State% 20Users. pdf.

② IMLS. Measuring success：a process for strengthening planning and evaluation in the grants to states program［EB/OL］. (2011 –10)［2016 –10 –11］. https：//www. imls. gov/sites/default/files/cosla_october_2011_report_final_for_website_10. 12. 11. docx.

③ Office of Education，US Department of Health，Education and Welfare. State plans under the Library Services Act：a summary of plans and programs for fiscal 1957 submitted under Public Law 597，84th Congress［EB/OL］. ［2018 –10 –13］. http：//files. eric. ed. gov/fulltext/ED543839. pdf.

的总结报告①，并先后于 1958 年②、1960 年③和 1963 年④，以该报告增编的形式，对法案实施第一年（1957）、前三年（1957—1959）和前五年（1957—1961）的联邦拨款、州政府资金配套及其对乡村地区图书馆服务提供和图书馆员增长的影响情况进行了分析和评价。

1996 年修订颁布的《图书馆服务与技术法》也对联邦层面的公共图书馆评估活动提出了要求，规定美国博物馆与图书馆服务署应积极开展政策研究和数据收集工作，以"评估并报告博物馆、图书馆及信息服务在美国各方面的影响和成效，包括根据本法获得联邦资助的项目的影响"⑤。实践中，美国博物馆与图书馆服务署通过多种方式履行这一法定职责。一是以前述州项目报告系统收集各州图书馆管理局提交联邦资助项目信息为基础开展研究分析，例如，2009 年发布的研究报告——《变化的催化剂》（*A Catalyst for Change*），基于各州/领土区图书馆管理局 2003—2006 年提交的 9000 余份项目报告，对《图书馆服务与技术法》拨款在帮助美国图书馆提高技术水平、创新服务方式等方面的贡献进行了系统的总结与分析⑥；二是依托各州图书馆管理局搜集公

---

① Office of Education, US Department of Health, Education and Welfare. State plans under the Library Services Act: a summary of plans and programs for fiscal 1957 submitted under Public Law 597, 84th Congress［EB/OL］.［2016 – 10 – 13］. http://files. eric. ed. gov/fulltext/ED543839. pdf.

② Office of Education, US Department of Health, Education and Welfare. State plans under the Library Services Act: supplement 1: a summary of programs for fiscal 1958［EB/OL］.［2016 – 10 – 13］http://files. eric. ed. gov/fulltext/ED543903. pdf.

③ Office of Education, US Department of Health, Education and Welfare. State plans under the Library Services Act. supplement 2: a progress report: the first three years—fiscal years 1957, 1958, 1959［EB/OL］.［2022 – 05 – 28］. http://files. eric. ed. gov/fulltext/ED543968. pdf.

④ Office of Education, US Department of Health, Education and Welfare. State plans under the Library Services Act: supplement 3: a progress report: the first five years, fiscal years 1957 – 61［EB/OL］.［2018 – 10 – 13］. http://files. eric. ed. gov/fulltext/ED544050. pdf.

⑤ 104th Congress of the United States of America. Museum and Library Services Act of 1996［EB/OL］.［2020 – 04 – 12］. https://www. imls. gov/sites/default/files/1996. pdf.

⑥ MANJARREZ C, BROOKS L C, MILLER K, et al. A catalyst for change: LSTA grants to states program activities and the transformation of library services to the public［M/OL］. Washington, D. C. : Institute of Museum and Library Services, 2009.［2018 – 10 – 10］. https://www. imls. gov/assets/1/AssetManager/CatalystForChange. pdf.

共图书馆调查数据（Public Libraries Survey Data，PLSD）[1]，并以此为基础编辑出版《美国的公共图书馆》年度报告（*Public Libraries in the United States*），从财务、资源、服务、利用、人员等方面对全美公共图书馆事业发展状况进行全景扫描和综合评估[2]。

4.1.4　各州公共图书馆达标评估

自 20 世纪 20 年代经济大萧条时期开始，为支持和保障公共图书馆实现最低程度的发展，美国图书馆协会、美国公共图书馆协会先后推动制定了一系列有关公共图书馆经费、人员及文献保障条件的国家指导标准，作为评估公共图书馆建设与服务的基本依据。如 1943 年《战后公共图书馆标准》（*Post-War Standards for Public Libraries*）在其序言中指出，"希望该标准能被州或市的计划部门等机构、图书馆调查人员、图书馆理事会，以及其他感兴趣的群体用来评估城市、乡村和州的图书馆服务"[3]。1956 年《公共图书馆服务：评估指南及最低标准》（*Public Library Service：A Guide to Evaluation，With Minimum Standards*）则直接在标题中体现了其评估用途。1966 年《公共图书馆系统最低标准》（*Minimum Standards for Public Library Systems*）开篇即指明，"本书系评价公共图书馆系统服务工作的指导读物"[4]。

20 世纪 60 年代中后期，美国图书馆界逐渐意识到，以全国一致的标准来指导公共图书馆的管理经营与服务，并不一定能切合各地的地方需要[5]；而且，本意作为最低要求的国家标准，实践过程中却在一定程度上演变成了最高标准，由于缺乏进一步的目标指引，一些图书馆在达到标准要求后开始止

---

① 2005 年以前，该项统计工作由美国国家教育统计中心（National Center for Education Statistics，NCES）负责，自 2006 年开始移交给美国博物馆与图书馆服务署组织。

② IMLS. Public Libraries Survey（PLS）data and reports［EB/OL］.［2019 - 03 - 31］. https://www. imls. gov/research-evaluation/data-collection/public-libraries-survey/explore-pls-data/pls-data.

③ The Committee on Post-war Planning of the American Library Association. Post-war standards for public libraries［M］. Chicago：American Library Association，1943：6.

④ 美国图书馆协会公共图书馆分会. 美国公共图书馆系统的最低标准［J］. 宋运郊，译. 黑龙江图书馆，1984（2）：63 - 67.

⑤ 卢秀菊. 美国公共图书馆规划：发展与演变［J］. 台北市立图书馆馆讯，19（3）：1 - 11.

步不前①。为此，美国公共图书馆协会决定不再制定全国统一的公共图书馆标准，转而鼓励各州图书馆委员会和图书馆行业组织制定适合本地区的公共图书馆标准。据不完全调查，美国至少已有41个州制定了公共图书馆标准，其中一部分州的公共图书馆标准在设定所有图书馆均应达到的"最低"或"基本"标准的基础上，还定义了一个或多个更高级别的服务"标杆"，以鼓励图书馆向更高标准迈进②。为便于图书馆使用，很多州的公共图书馆标准都提供有配套的指标对照表（checklist）。这些标准虽然并非强制性标准，却在许多图书馆制定规划、订立目标的过程中发挥了重要作用。许多州明确将达到州定标准作为公共图书馆获得州以及联邦政府资助的必备条件③，一些州甚至直接将公共图书馆最低标准写入州图书馆立法，如阿拉巴马州④、特拉华州⑤等，也促使公共图书馆在向联邦、州政府或其他社会组织争取支持时自觉对照州定标准进行评估检查。

4.2 英国公共图书馆评估制度

1964 年，英国议会通过《公共图书馆与博物馆法》，规定地方图书馆主管机构应当向所有希望利用图书馆的人提供"全面有效的图书馆服务"，同时要求文化传媒与体育部（Department for Culture，Media and Sport，DCMS）

---

① MARTIN L A. Enrichment：a history of the public library in the United States in the twentieth century [M]. Lanham，Maryland & Oxford：the Scarecrow Press，Inc.，1998：184.

② 李丹. 美国两类主要公共图书馆等级评价活动研究 [J]. 中国图书馆学报，2018（2）：97 – 112.

③ MCCANLESS J. Public library standards by state [EB/OL]. [2019 – 04 – 07]. http://plsc. pbworks. com/w/page/7422647/Public% 20library% 20standards% 20by% 20state.

④ Alabama Public Library Service Library Development Division Administrative Code Chapter 520 – 2 – 2 Supplemental State Aid To Public Libraries [EB/OL]. [2019 – 04 – 07]. http://www. alabamaadministrativecode. state. al. us/docs/lib/520 – 2 – 2. pdf.

⑤ The Delaware Constitution. Budget，Fiscal，Procurement and Contracting Regulations：CHAPTER 66. Contracts With Public Library System [EB/OL]. [2019 – 04 – 07]. http://delcode. delaware. gov/title29/c066/index. shtml.

部长负责对地方政府提供的公共图书馆服务进行监督，对地方图书馆主管机构履行职能的情况开展调查，并对未达到国家标准的地方图书馆主管机构进行制裁①。20 世纪 90 年代以来，英国文化传媒与体育部和英国博物馆、图书馆与档案馆委员会（the Museums，Libraries and Archives Council，MLA）、英国艺术委员会（Art Council of England，ACE）等公共部门围绕英国政府绩效管理改革目标，积极调整公共图书馆管理政策，先后应用图书馆年度计划、公共图书馆服务标准、公共图书馆立场声明、公共图书馆成效框架、图书馆成效进度指标等管理工具，为各地方图书馆当局开展公共图书馆评估提供指导与支持。

4.2.1 从年度图书馆计划到最佳价值制度

英国文化传媒与体育部自 1998 年开始，要求各地方图书馆当局于每年 9 月底（即每财年结束）之前提交年度图书馆计划，并在其中包含对上一年度计划实施情况的评估，同时委托英国特许公共财务与会计师协会（the Chartered Institute of Public Finance and Accountancy，CIPFA）对各地方图书馆当局提交的年度图书馆计划进行审读，并出具评估报告（appraisal of annual library plans）②。在该项政策执行之初，由于缺乏用于评价图书馆服务绩效的公认标准，对各地方图书馆当局提交年度图书馆计划的质量审查仅着眼于其文本质量，而未能真实反映各地图书馆服务保障水平。为此，英国文化传媒与体育部开始着手制定公共图书馆服务评估的标准和指南③，其第一

---

① The Parliament of the United Kingdom. Public Libraries and Museums Act 1964［EB/OL］.［2018 - 12 - 30］. http：//www. legislation. gov. uk/ukpga/1964/75/contents.

② DCMS. Appraisal of annual library plans 2000—report on outcomes and issues［EB/OL］.（2001 - 01）［2018 - 01 - 08］. http：//webarchive. nationalarchives. gov. uk/20071205072325/http：//www. culture. gov. uk/NR/rdonlyres/BE4A3E0F-9B67 - 42F8-8CBD-FD7D627B56C1/0/lib _ appraisal _ 2000. pdf.

③ FUEGI D，RAMSDALE P. English public library plans：analyses and other outcomes after year one ［C］//Proceedings of the 3rd Norhtumbra International Conference on Performance Measurement in Libraries and Information Services，Newcastle：University of Northumbra，2000：31 - 34.

版标准于 2001 年发布①，并在 2004—2008 年间多次进行修订②。该标准被纳入英国文化传媒与体育部为各地方当局提供的年度图书馆计划编制指南（*Annual Library Plans*：*Guidelines for Preparation of Plans*），要求各地方图书馆当局在其提交的年度图书馆计划中全面反映该标准中各项指标的完成情况③。

与此同时，英国《地方政府法》④ 于 1999 年修订发布，要求各地方政府根据中央政府发布的年度最佳价值绩效指标（Best Value Performance Indicators，BVPIs）制定并公布其年度最佳价值绩效计划（Best Value Performance Plans），同时按年度进行最佳价值评审（Best Value Reviews），报告其履职绩效及改进计划，并接受中央政府和地方审计机构监督。英国文化传媒与体育部在其制定实施的图书馆管理政策及相关标准中及时贯彻了最佳价值政策要求，在该部门发布的第一版公共图书馆服务标准中即明确指出，"综合应用图书馆标准与最佳价值条款，将有助于各地方图书馆当局全面提升其服务绩效"⑤。根据英国文化传媒与体育部发布的年度图书馆计划评估报告，《地方政府法》实施后的第二年（2001 年），已经或计划对其提供的图书馆服务进行最佳价值评审的地方政府比例已高达 99%，91% 的

---

① DCMS. Comprehensive，efficient and modern public libraries—standards and assessment ［EB/OL］．［2018 – 01 –18］．https：//www. plymouth. gov. uk/sites/default/files/NationalLibrary Standards. pdf.

② Public Library Standards in England ［EB/OL］．［2019 – 05 – 02］．https：//www. public libraries news. com/useful/documents/public-library-standards-in-england.

③ DCMS. Appraisal of annual library plans 2002—report on key issues ［R/OL］．（2003 – 01）［2018 – 01 – 08］．http：//webarchive. nationalarchives. gov. uk/20071104204258/http：//www. culture. gov. uk/NR/rdonlyres/43F2AF9A-79BB-4CDE-A58B-1785A3B9D77C/0/annual _ library _ plans _ appraisal_2002. pdf.

④ Local Government Act 1999 ［EB/OL］．（1999 – 04 – 08）［2018 – 01 – 08］．http：//www. legislation. gov. uk/ukpga/1999/27/pdfs/ukpga_19990027_en. pdf.

⑤ DCMS. Comprehensive，Efficient and Modern Public Libraries—Standards and Assessment ［EB/OL］．［2018 – 01 – 18］．https：//www. plymouth. gov. uk/sites/default/files/NationalLibrary Standards. pdf.

地方政府将图书馆服务纳入了地方最佳价值绩效计划①。至 2005 年，在中央政府发布的年度最佳价值绩效指标中，关于图书馆服务的绩效指标被整合为一个："公共图书馆服务标准达标情况"（Compliance Against the Public Library Service Standards）②。这意味着与图书馆服务相关的核心指标被全部纳入中央政府对地方政府的绩效考核内容，实现了图书馆领域国家标准与政府绩效管理中最佳价值政策的全面衔接。

4.2.2　全面绩效评估

英国中央政府发布的年度最佳价值绩效指标（BVPIs）总体比较简单，仅涵盖地方政府提供公共服务中部分比较直观可测量的内容，并不能全面反映地方政府的真实绩效水平。为此，英国中央政府和审计委员会于 2002 年发起全面绩效评估（Comprehensive Performance Assessment，CPA）③，其指标体系在年度最佳价值绩效指标的基础上进行了大幅拓展，涉及公共图书馆的指标仍然主要来源于英国文化传媒与体育部发布的公共图书馆服务标准，但被更具体地划分为获取（Access）、参与（Participation）和质量（Quality）三部分，并增加了对投资价值（Value for Money）的评估要求，如"每人次到馆服务成本"等④。

结合全面绩效评估的实施，英国文化传媒与体育部于当年推出一项新

---

①　DCMS. Appraisal of Annual Library Plans and approach to the Public Library Standards 2001 ［EB/OL］. ［2019 - 04 - 13］. https：//webarchive. nationalarchives. gov. uk/20070205141304/http：// www. culture. gov. uk/NR/rdonlyres/20E7159E-CE18 - 4A67 - A83C-33CA3AE95784/0/appraisal _ annual_library_plans. pdf.

②　Audit Commission. Best Value Performance Indicators：2005/06 ［EB/OL］. ［2019 - 05 - 03］. https：//webarchive. nationalarchives. gov. uk/20100806202710/http：//www. audit-commission. gov. uk/SiteCollectionDocuments/Downloads/ACBestValuePerformanceindicators. pdf.

③　DAVIS P. The English Audit Commission and its Comprehensive Performance Assessment Framework for Local Government，2002 - 2008 ［J］. Public Performance & Management Review，2011，34（4）：489 - 514.

④　Audit Commission. CPA—the harder test 2008：guide to service assessments for single tier and county councils ［EB/OL］. （2008 - 05 - 06）［2019 - 05 - 03］. https：//webarchive. nationalarchives. gov. uk/20100807061304/http：//www. audit-commission. gov. uk/SiteCollectionDocuments/Methodology AndTools/Guidance/CPA2008SAGuideREPUPDATED20_2_OCT08. pdf.

政，要求全面绩效评估成绩不理想的地方政府提交"公共图书馆立场声明"（Public Library Position Statement），报告其在公共图书馆事务中执行中央政府规章政策情况①，以取代此前的年度图书馆计划。2004 年，英国文化传媒与体育部对公共图书馆服务标准进行修订，大幅精简了指标内容，并将 2003 年发布的《未来发展框架：未来十年的图书馆、学习与信息》（*Framework for the Future：Libraries，Learning and Information in the Next Decade*）的战略思想融入其中，"公共图书馆立场声明"作为一项过渡性的政策随之终止；此后，各地方政府主要通过提交给英国特许公共财务与会计师协会的年度图书馆数据来报告公共图书馆服务标准中各指标的完成情况②。

4.2.3　国家指标体系与公共图书馆成效框架

全面绩效评估实施以后，在较长时间内仍与年度最佳价值绩效指标并行使用，加上中央政府各部门针对不同服务单独提出的评价指标，以及一些跨部门的项目指标，这一时期，各地方政府需要向中央政府报告的各类指标多达近 1200 个③。为减轻地方政府负担，英国社区及地方政府部（Department of Communities and Local Government）于 2006 年 11 月以"强大而繁荣的社区"为题发布地方政府白皮书，承诺将引入一套更加简洁而统一的国家指标体系（National Indicators，NIs），用于对地方当局的公共服务成效进行考核，以替代以往各自分立的多套指标体系④。

---

① Culture，Media and Sport Committee，House of Commons. Public libraries，third report of session 2004 – 05 ［EB/OL］. ［2019 – 04 – 16］. https://publications. parliament. uk/pa/cm200405/cmselect/cmcumeds/81/81i. pdf.

② Culture，Media and Sport Committee，House of Commons. Public libraries，third report of session 2004 – 05 ［EB/OL］. ［2019 – 04 – 16］. https://publications. parliament. uk/pa/cm200405/cmselect/cmcumeds/81/81i. pdf.

③ Department for Communities and Local Government. The new performance framework for local authorities & local authority partnerships：single set of national indicators ［EB/OL］. ［2019 – 05 – 02］. https://www. communityplanningtoolkit. org/sites/default/files/OutcomesR8. pdf.

④ The Secretary of State for Communities and Local Government. Strong and Prosperous Communities：the local government white paper ［EB/OL］. ［2019 – 04 – 15］. https://assets. publishing. service. gov. uk/government/uploads/system/uploads/attachment_data/file/272357/ 6939. pdf.

新的国家指标体系出台，意味着英国公共图书馆服务标准的历史使命即将宣告终结，英国文化传媒与体育部（DCMS）和英国博物馆、图书馆与档案馆委员会（MLA）需要积极参与英国社区及地方政府部主导的这一轮政府绩效管理改革进程，以确保与公共图书馆相关的绩效指标在新的国家指标体系中仍然占有一席之地。经过多方努力，最终发布的国家指标体系中保留了公共图书馆服务的关键绩效指标 NI9①——公共图书馆的使用"。与此同时，英国文化传媒与体育部和英国博物馆、图书馆与档案馆委员会积极推动建立新的图书馆绩效管理框架，并在它与政府绩效框架之间建立起有效连接，以使人们能够充分认识到优质高效的图书馆服务对社区发展成效的贡献②。其成果包括英国博物馆、图书馆与档案馆委员会于 2008 年 4 月发布的《博物馆、图书馆和档案馆的成效框架》③（*Outcomes framework for Museums*，*Libraries and Archives*），以及英国文化传媒与体育部在 2009 年 4 月提出的公共图书馆影响力模型（Model of Impact）④ 等。

国家指标体系使用两年后，于 2010 年 10 月被宣布废止，并代之以更加简洁的地方政府数据需求清单（a single list of data requirements for local government）⑤，其中不再保留与图书馆相关的数据指标。尽管如此，面向国家目标来评估图书馆服务的社会成效和影响，已经在英国文化部门形成了牢固的思想和实践基础，并一直延续至今。目前，英国文化传媒与体育部及各

---

①　国家指标体系（NIs）的第 9 项。

②　DCMS，MLA. A new libraries performance management framework［EB/OL］.［2019 – 05 – 03］. https：//webarchive. nationalarchives. gov. uk/20070705143029/http://www. mla. gov. uk/resources/assets//N/New_Libraries_Performance_Management_Framework_v2_11266. pdf.

③　MLA. Outcomes framework for museums，libraries and archives［EB/OL］.［2019 – 05 – 04］. https：//webarchive. nationalarchives. gov. uk/20081007152344/http://www. mla. gov. uk/resources/assets//O/outcomes_framework_v2_13268. pdf.

④　DCMS. Empower，inform，enrich—the modernisation review of public libraries：a consultation document［EB/OL］.［2019 – 05 – 18］. https：//webarchive. nationalarchives. gov. uk/ + /http：/www. culture. gov. uk/images/consultations/LibrariesReview_consultation. pdf.

⑤　Single data list［EB/OL］.［2019 – 04 – 15］. https：//www. gov. uk/government/publications/single-data-list.

地方图书馆当局对图书馆服务的评估主要依据图书馆特别工作组①在 2016 年 12 月发布的《图书馆供给：2016—2021 年英国公共图书馆发展的雄心》② 组织实施。该文件提出了英国公共图书馆服务应当致力于实现的成效目标，以及中央和地方政府为实现上述成效目标应当采取的行动计划。其中，中央政府（主要是图书馆特别工作组及其成员机构）负责制定图书馆成效进度指标③、构建图书馆基准测试框架④、建立图书馆行业的核心数据集⑤等；地方政府则需要应用上述工具对本地公共图书馆服务进行自评，并向图书馆特别工作组报告其成效进度、成功经验、最佳实践，以及在实现成效目标过程中遇到的困难与问题⑥。

---

① Libraries Taskforce，成立于 2015 年 3 月，由 DCMS、英国艺术委员会、地方政府协会（Local Government Association）、英国图书馆馆长协会（Society of Chief Librarians）、英国图书馆与情报专家学会（Chartered Institute of Library and Information Professionals）、英国国家图书馆、英国阅读协会（The Reading Agency）、BBC、英国国家健康服务局（National Health Services in England）等机构联合组成，主要任务是为全国图书馆服务部门提供指导和支持，包括推动全国图书馆数字网络建设，制定最佳实践指导文件，帮助地方当局调整、改善并重振其图书馆服务等。

② Libraries Taskforce. Libraries deliver：ambition for public libraries in England 2016—2021 ［EB/OL］.［2019 – 05 – 17］. https：//assets. publishing. service. gov. uk/government/uploads/system/uploads/attachment_data/file/573911/Libraries_Deliver_ – _Ambition_for_Public_Libraries_in_England_2016_to_2021. pdf.

③ DCMS. Outcomes progress indicators for libraries in England ［EB/OL］.（2017 – 11 – 06）［2019 – 05 – 23］. https：//www. gov. uk/government/publications/outcomes-progress-indicators-for-libraries-in-england/proposed-progress-indicators-for-the-7-outcomes-libraries-deliver.

④ DCMS. Benchmarking framework for library services ［EB/OL］.（2017 – 09 –15）［2019 – 05 – 23］. https：//www. gov. uk/government/publications/benchmarking-framework-for-library-services/full-recommended-benchmarking-framework-for-library-services-version-1-september-2017.

⑤ DCMS. List of contents for the libraries core dataset for England ［EB/OL］.（2017 – 07 – 20）［2019 – 05 – 23］. https：//www. gov. uk/government/publications/list-of-contents-for-the-core-dataset-for-libraries/list-of-contents-for-the-libraries-core-dataset-for-england.

⑥ Libraries Taskforce. Libraries deliver：ambition for public libraries in England 2016—2021 Annex 2：Action plan ［EB/OL］.［2020 – 04 – 12］. https：//assets. publishing. service. gov. uk/government/uploads/system/uploads/attachment_data/file/603108/Ambition_Action_Plan_December_2016. pdf.

4.2.4 关于公共图书馆利用与影响的国家调查

除支持和指导地方政府主管部门对公共图书馆服务开展各种形式的自我评估以外，英国文化传媒与体育部（DCMS）、英国特许公共财务与会计师协会（CIPFA）等公共部门还组织开展了一系列直接面向公共图书馆及其用户的调查评估项目，如 CIPFA 的公共图书馆用户调查（Public Library Users Survey，PLUS）、DCMS 的 Taking Part（文化参与性）调查等。

其中，CIPFA 的公共图书馆用户调查开始于 1993 年，是 CIPFA 用于调查公众对图书馆服务看法和满意度的重要工具。通过 CIPFA 提供的统一问卷模板，各馆可以独立开展面向本馆用户的调查，也可以将其调查结果上传至 CIPFA 的在线数据库中进行比较。其主要内容包括各地区不同性别、种族、婚姻、健康、就业等状态不一的各类群体对图书馆及其提供的资源、服务、设施设备等方面的需求及其实际获取和使用情况，以及他们的学习、工作和生活是否因此获益等[1]。目前，CIPFA 已积累了数千家图书馆的调查数据，并在此基础上按年度发布公共图书馆用户调查国家报告[2]。近年来，CIPFA 还进一步开发了面向年轻人的图书馆服务调查（Young People's Library Survey）[3] 和图书馆信息通信技术服务调查（ePLUS）[4] 等项目。

Taking Part 调查自 2005 年开始运行，主要目标是从中央层面为文化部门的决策者和从业人员提供权威可靠的数据来源，以帮助他们分析和研究人们参与/不参与文化、体育和娱乐活动的情况及其原因，支持他们在此基础上制定政策，并对政策实施情况进行有效的监督与评价。其调查对象从邮政系统的地址簿中随机抽取，分为 16 岁及以上成人和 5—10 岁、11—15 岁儿童三部

---

① CIPFA. Public Library Users Survey national report 2018 [EB/OL]. [2019 – 05 – 12]. https://www. cipfa. org/~/media/files/services/research/plus-national-report-2018. pdf?la = en.

② CIPFA. Public Library User's Survey [EB/OL]. [2019 – 05 – 09]. https://www. cipfa. org/services/research/public-library-users-survey.

③ CIPFA. Young People's Library Survey [EB/OL]. [2019 – 05 – 09]. https://www. cipfa. org/services/research/young-peoples-library-survey.

④ CIPFA. Information and Communication Technology（ICT）Survey（ePlus）[EB/OL]. [2019 – 05 – 09]. https://www. cipfastats. net/news/newsstory. asp?content = 7330.

分。自 2012 财年开始，还增加了对一部分固定对象的追踪调查，以反映人们行为的变化及其原因①。2016 年，DCMS 公布了 Taking Part 调查的未来五年发展规划（2016—2020），增加了对受访者参与数字文化活动的调查，同时开始应用在线调查方式对固定对象进行追踪调查②。英国艺术委员会的网站上，按不同地区和不同文化参与形式分别提供基于 Taking Part 调查数据的年度分析报告③。

4.3 日本公共图书馆评估制度

日本图书馆事业以第二次世界大战为分水岭，于战后在美国政府主导的民主化改革中，以 1950 年《图书馆法》为标志，建立起全国统一的现代化管理体制，其中也包括对公共图书馆管理运行状态进行评估的要求。

4.3.1 "期望标准"与公共图书馆自评估

1950 年《图书馆法》第 18 条（"公立图书馆的标准"）规定，"文部科学大臣拟定设置和管理公立图书馆的合乎需要的标准，向教育委员会提出并予以公布，以促进图书馆之健全发展"④。根据这一要求，文部科学省先后制定颁行了三版公共图书馆设置与运营的"期望基准"，最早一版于 1972 年 9 月以《公立图书馆设置与运营的期望基准·草案》的形式提出，其中明确提出通过总分馆和流动图书馆方式建设图书馆网，都道府县立图书馆对市町村立

① Arts Council England. The Taking Part Survey ［EB/OL］. ［2019 – 05 – 09］. https://www. artscouncil. org. uk/taking-part-survey；DCMS. Guidance：Taking Part Survey ［EB/OL］. ［2019 – 05 – 09］. https://www. gov. uk/guidance/taking-part-survey.

② DCMS. Taking Part：the next five years ［EB/OL］. ［2019 – 05 – 12］. https://assets. publishing. service. gov. uk/government/uploads/system/uploads/attachment _ data/file/511407/The_Future_of_Taking_Part_ – _FINAL_29032016. pdf.

③ Arts Council England. The Taking Part Survey ［EB/OL］. ［2019 – 05 – 09］. https://www. artscouncil. org. uk/taking-part-survey.

④ 日本图书馆法 ［J］. 满达人，译. 宁夏图书馆通讯，1981（1）：40 – 43.

图书馆提供业务支持，通过馆际合作（包括与其他类型图书馆和私立图书馆的合作）保障充分服务，设立专业职员职称制度等要求，并就市町村立图书馆的主要业务及服务工作设置了量化目标[①]。

2001 年 7 月 18 日正式颁行的《公立图书馆设置和运营的期望基准》[②] 不再使用全国统一的量化指标，而是围绕图书馆的目的、设置、服务、馆际合作、职员资格等提出了一系列原则要求。其中规定："公立图书馆应该致力于提升其服务水平，为了达到该图书馆的目的，完成其社会使命，必须针对服务内容制定各种适当的指标，同时设定与这些指标相关的数值目标，并为实现这些目标而努力"；"公立图书馆应在图书馆协议会的帮助下，就其各年度的服务状况，对上述'数值目标'完成情况进行自我检查和评价，同时还必须将自我检查和评价结果向公众公布。"这与美、英等国家公共图书馆标准逐步摒弃统一量化指标，转而致力于提供统一方法指导的发展方向是一致的。

2008 年 6 月修订颁布的《图书馆法》[③] 将上述"期望基准"中提出的评估要求纳入法律文本，在新增的第七条第三款和第四款中明确要求，"图书馆必须对该馆的运营状况进行评估，并根据评估结果努力采取改善图书馆运营状况的必要措施"；"图书馆必须积极提供有关该馆运营状况的情报，以获得服务对象即当地居民和其他相关者的理解，并加强与他们的联系和合作"。这一规定不仅从国家法律层面明确了公共图书馆开展自我检查和评估活动的义务，同时突出强调了该项工作的目的性，以及对评估结果的有效利用。对内，评估活动应当致力于指导图书馆改善管理运营；对外，评估结果还需要发挥帮助图书馆联系社会公众，并获得其理解与支持的作用。

---

① 日本公立图书馆的标准（图书馆法第 18 条）［J］. 孙克力，译. 图书馆学刊，1984（1）：68 – 71.

② 公立図書館の設置及び運営上の望ましい基準［EB/OL］.（2001 – 07 – 18）［2019 – 06 – 07］. http://www. mext. go. jp/a_menu/sports/dokusyo/hourei/cont_001/009. htm.

③ 图书馆法［M］//沈丽云. 日本公共图书馆概论. 上海：上海科学技术文献出版社，2010：234 – 235.

4.3.2 最低标准与"国库补助金"制度

1950 年《图书馆法》建立了国家向地方公共团体提供图书馆经费补助的制度（第二十条）。配合这一制度，该法同时规定，文部省应制定公立图书馆设置与管理的最低标准（第十九条），并在向地方公共团体拨付有关补助经费时，对其所设置图书馆是否达到前述标准进行审查（第二十一条）①。根据上述法律规定，1950 年 9 月文部省令《图书馆法施行规则》第 2 章规定了"公共图书馆的最低标准"②，其中根据都道府县立图书馆、市立图书馆和町村立图书馆服务人口规模的不同，分别设置了各级别图书馆在建筑面积、年新增藏书、司书和司书补人数，以及馆长任职资格等方面所应达到的最低要求。但该标准几乎自发布之日起就引发各种质疑，一度被认为造成了对弱势者的"阻断"（越是条件不足需要补助的图书馆越得不到补助）。该标准前期实现率极低（1963 年度达到补助标准的图书馆比例仅为 11%），其内容范围、数值目标等均为研究及实践领域所诟病。2000 年，日本政府实行地方政府分权改革，该标准被彻底废除③。

4.3.3 公共图书馆行政评估

20 世纪 90 年代以后，日本中央和地方财政状况不断恶化，政府对行政效率的评估需求上升。受西方新公共管理理论的影响，日本各界也兴起了以 3E（Economy，Efficiency，Effectiveness）目标为核心的公共部门行政改革运动，并由此推动了公共部门及有关事务机构行政评估的快速发展④。到 2006 年，日本已有近 30% 的地方自治体（599 个）开始实施行政评估，其中至少 60%

① 日本图书馆法 [J]. 满达人，译. 宁夏图书馆通讯，1981（1）：40-43.
② 公立图書館の最低基準（1950［昭和 25］年）[EB/OL].［2020-04-12］. http://www.ic.daito.ac.jp/~ikeuchi/publib/minimum_1.html.
③ 薬袋秀樹.「公立図書館の最低基準」（1950 年）に関する議論の特徴 [C/OL] // 2018 年度日本図書館情報学会春季研究集会発表論文集.（2018-05-12）［2020-04-12］. http://hdl.handle.net/2241/00151669.
④ 祝林. 日本公共图书馆评估初探 [J]. 图书情报工作，2011（5）：133-136.

的地方自治体（366 个）将"全部公共事业"纳入行政评估范畴①。同一时期，随着日本政府加快推进公共部门的社会化运营，委托管理、指定管理者和私人融资等运营方式逐步向公共图书馆领域渗透②，对公共图书馆运作效率及其社会有效性进行评价的重要性更加凸显，越来越多的地方自治体将公共图书馆事务纳入行政评估。据调查，至 2003 年，日本 46 个都道府县自治体中，已有 74.4% 将图书馆事业纳入行政评估；设置有图书馆的 201 个市町村自治体中，已有 83.1% 将图书馆事业纳入行政评估③。

4.3.4 公共图书馆外部评估和第三者评估

2012 年，文部科学省对《公立图书馆设置和运营的期望基准》进行修订。新发布的《图书馆设置和运营的期望标准》明确了公共图书馆开展外部评估和第三方评估的义务④。据统计，至 2014 年，日本全国 3313 家公共图书馆中，已有 927 家委托外部评估，占 53.9%⑤。外部机关除直接或受托对公共图书馆进行评估以外，还通过其他多种方式参与公共图书馆自评估工作的各个环节，包括制订评估计划、选择评估指标、设置数值目标、确定调查项目、进行评估分析、基于评估结果改善业务及服务等⑥。

---

① 総務省. 地方公共団体における行政評価の取組状況（平成 18 年 1 月 1 日現在）[R/OL]. (2006 – 01 – 01) [2019 – 06 – 09]. http://www. clair. or. jp/j/forum/honyaku/hikaku/pdf/H18toukei-zaiseihyouka. pdf.

② 曹磊. 日本公共图书馆社会化运营发展历程及问题 [J]. 中国图书馆学报, 2017 (3): 119 – 131.

③ 国立教育政策研究所社会教育実践研究センター. 図書館及び図書館司書の実態に関する調査研究報告書：日本の図書館はどこまで「望ましい基準」に近づいたか [R/OL]. (2004 – 03) [2019 – 06 – 09]. https://www. nier. go. jp/jissen/chosa/houkokusyomokuji15. htm.

④ 図書館の設置及び運営上の望ましい基準 [EB/OL]. (2012 – 12 – 19) [2019 – 06 – 07]. http://www. jla. or. jp/library/gudeline/tabid/234/Default. aspx.

⑤ 図書館の運営状況に関する評価の実施状況 [EB/OL]. (2017 – 03 – 27) [2019 – 06 – 05]. https://www. e-stat. go. jp/stat-search/file-download?statInfId = 000031559138&fileKind = 0.

⑥ 全国公共図書館協議会. 2008 年度（平成 20 年度）公立図書館における評価に関する実態調査報告書 [R/OL]. (2009 – 03) [2019 – 06 – 19]. https://www. library. metro. tokyo. jp/pdf/15/pdf/2008_chap00. pdf.

4.4 图书馆行业组织和其他非政府机构推动实施的公共图书馆评估项目

上述国家的公共图书馆法律、政策，均着重于落实政府主管部门对公共图书馆事业进行监督和管理的职责。而在此之外，图书馆行业组织和其他非政府机构也以不同形式推动公共图书馆评估的研究与实践。其中影响比较大的如美国公共图书馆协会组织实施的 Project Outcomes 项目、Thomas J. Hennen，Jr. 主持的亨氏美国公共图书馆评级项目（Hennen's American Public Library Ratings，HAPLR）、美国《图书馆杂志》支持的星级图书馆评估项目（LJ Index）、澳大利亚公共图书馆联盟（Australian Public Libraries Alliance，APLA）实施的公共图书馆评估网络计划，以及德国图书馆协会与贝塔斯曼基金会共同发起的公共图书馆绩效评估项目等（Der Bibliotheksindex，BIX）。

4.4.1 Project Outcome 项目

2013 年，美国公共图书馆协会成立绩效测度工作组，启动公共图书馆绩效指标的国家模型构建项目[1]。该项目在对现有的各类公共图书馆服务项目进行深入调查的基础上，归纳出 12 个主要服务领域：①促进阅读，②图书资料利用，③文化与休闲娱乐服务，④图书馆空间利用，⑤社区融入，⑥数字化存取与学习，⑦学习支持服务，⑧儿童早期读写训练，⑨经济发展—商务与就业，⑩普惠社区，⑪支持明智决策，⑫发现与创造；并通过美国公共图书馆协会的公共图书馆数据服务调查项目（Public Library Data Service，PLDS），就各馆认为最需要使用成效指标进行绩效评估的图书馆服务领域进行了调查，从中归纳出 6 个优先领域：①儿童早期读写训练，②促进阅读，

---

[1] DAVIS D M, HIRSH M, MATTHEWS J. Performance indicators for public libraries—developing a national model [EB/OL]. (2014 – 07 – 22) [2017 – 05 – 22]. http://libraryassessment.org/bm ~ doc/23davispanel.pdf.

③公民参与/社区融入，④经济与就业发展，⑤教育与终身学习，⑥数字融合。2014 年下半年，美国公共图书馆协会绩效测度工作组基于上述调查研究结果，在 27 家不同规模的公共图书馆进行了成效评估的实验测试。在此基础上，该工作组于 2015 年 5 月正式启动 Project Outcome 项目，将上述 6 个优先领域中的"经济与就业发展"拆分为"经济发展"和"就业技能"两个独立的主题；并将"促进阅读"明确为"暑期阅读"，形成该项目中 7 个主要的成效评估主题。2019 年 4 月，在与美国国家医学图书馆的网络合作中，项目组进一步将健康信息服务纳入评估主题①。

Project Outcome 项目致力于围绕上述成效评估主题，为各类不同规模的公共图书馆提供标准化的成效测度工具，包括实时调查表（immediate survey）、跟踪调查表（follow-up survey）和成效测度指南（outcome measurement guidelines），这些成效测度工具供北美地区所有公共图书馆免费使用。美国公共图书馆协会同时在 Project Outcome 项目网站（www. projectoutcome. org）开通了在线调查门户（Survey Portal）。参与项目的图书馆可以使用该门户提供的成效测度工具开展实时调查和跟踪调查②。该项目在美国乃至加拿大的公共图书馆领域得到广泛支持。据统计，项目正式实施仅一年，就有 1000 余家图书馆注册参与，其中 225 个图书馆系统通过项目网站开展服务成效调查，涉及 774 个服务项目，收到用户反馈问卷 1.7 万余份③。截至 2022 年 3 月，注册的公共图书馆已超过 2100 家，在线用户调查反馈近 40 万份④。

---

① PLA. About Project Outcome［EB/OL］.［2019 – 08 – 04］. https://www. projectoutcome. org/about.

② EMILY P. Outcome measurement made easy with PLA's Project Outcome［R/OL］.（2017 – 01 – 12）［2017 – 05 – 23］. http://www. ala. org/pla/sites/ala. org. pla/files/content/onlinelearning/webinars/archive/2017 – 01 –12_Outcome-Measurement-Made-Easy_PO-Webinar_FINAL. pdf.

③ PLA. Project Outcome：year in review, 2016 report［EB/OL］.（2016 –10 – 31）［2017 – 05 – 23］. https://www. projectoutcome. org/annual-report.

④ PLA. Project Outcome［EB/OL］.［2022 – 03 –16］. https://www. projectoutcome. org/.

4.4.2　亨氏美国公共图书馆评级、德国公共图书馆绩效评估和美国星级图书馆评估

这三者都是以图书馆同行之间的横向比较为前提的竞争性评价项目，表4-1列出了三者的一些基本特征，从中可以看到其相似之处：

首先，这些评估项目都是由图书馆及其政府主管部门以外的组织或个人发起的，具有比较明显的独立性，但三者都得到图书馆专业机构的大力支持。其中，亨氏美国公共图书馆评级（HAPLR）的评估结果由美国图书馆协会会刊连续刊发；德国公共图书馆绩效评估（BIX）由德国图书馆协会参与发起，自2005年开始由该协会与德国图书馆专业网络中的北莱茵-威斯特法伦州图书馆服务中心负责运行；美国星级图书馆评估（LJ Index）则由美国影响最广泛的专业刊物《图书馆杂志》（*Library Journal*）负责组织实施和宣传推广。

第二，这些评估项目都对参评的公共图书馆进行了分组。其中亨氏美国公共图书馆评级项目和德国公共图书馆绩效评估项目的分组依据是服务人口数量，侧重于反映图书馆面向所有服务对象的均衡保障能力；而美国星级图书馆评估的分组依据是投资规模，侧重于反映与投入相匹配的图书馆服务水平。

第三，这些评估项目都是以图书馆同行间的比较为出发点，因而所用指标都是完全量化、可比的指标。但是三者都没有为这些指标设置固定的目标值，而是采用动态比较的方式，应用百分位、标准分等较为成熟的数理方法进行科学计算，获得图书馆在各自分组中的排名。其中，为了体现不同指标的重要性不同，亨氏美国公共图书馆评级项目还为各指标设置了不同权值，对其进行加权计算。但其赋值方法也曾受到质疑，被认为仅反映了有限几位"专家"的观点，缺乏足够的说服力①。

第四，这些评估项目都鼓励对评估结果的拓展应用。除在图书馆专业杂志公布评估结果以外，亨氏团队还在HAPLR评级结果的基础上，面向感兴趣的图书馆和地方图书馆管理机构提供系列衍生产品及服务，包括付费的评估

---

① LANCE K C, COX M A. Lies, damn lies, and indexes［J］. American Libraries, 2000, 31（6/7）: 82-87.

分析报告①，以及长期规划、宣传推广、影响价值评估等方面的咨询服务等②；美国星级图书馆评估活动则在每年度公布星级图书馆名单的同时，开放有关统计数据及指数评分，鼓励图书馆利用这些原始数据进行更加深入的自我分析和评价，或者根据自身需要，有针对性地选择部分标杆图书馆进行横向比较③。据报道，在美国星级图书馆评估中获得五星、四星或三星的图书馆常常采取在出入口及网站主页悬挂"欢迎来到您的五/四/三星图书馆"条幅，在年报、明信片上印制星级标识，以及在本地新闻媒体进行专题报道等方式，面向图书馆董事会、基金会、图书馆之友等利益相关者进行广泛宣传，为图书馆争取经费等支持④。

表4-1　亨氏美国公共图书馆评级、德国公共图书馆绩效评估及
美国星级图书馆评估的主要特征比较

	亨氏美国公共图书馆评级（HAPLR）	德国公共图书馆绩效评估（BIX）	美国星级图书馆评估（LJ Index）
研发者	Thomas J. Hennen，Jr.	德国贝塔斯曼基金会 德国图书馆协会	*Library Journal*
首次发布	1999 年	1999	2008 年
最近发布	2010 年	2015	2021 年
发布渠道	*American Libraries* HAPLR 网站	*BIX Magazine* BIX 网站	*Library Journal* *Library Journal* 在线

---

① Hennen Library Consulting. Order a report ［EB/OL］. ［2017-02-23］. http://www. haplr-index. com/order. html.

② Hennen Library Consulting. Consulting services ［EB/OL］. ［2017-02-23］. http://www. haplr-index. com/HPLC_References. htm.

③ LANCE K C, LYONS R. LJ Index 2015：Do-It-Yourself Projects with LJ Index data ［J/OL］. Library Journal, 2015, 2（11）［2017-03-16］. http://lj. libraryjournal. com/2015/11/managing-libraries/lj-index/class-of-2015/do-it-yourself-projects-with-lj-index-data

④ LANCE K C, LYONS R. America's Star Libraries：the LJ Index of publiclibrary service 2009, round 2 ［J］. Library Journal, 2009, 15（11）：18-22.

续表

	亨氏美国公共图书馆评级（HAPLR）	德国公共图书馆绩效评估（BIX）	美国星级图书馆评估（LJ Index）
评估指标	投入： 人均支出 总预算中资料支出比例 人均资料支出 每千人全日制员工人数 每千人期刊种数 人均藏书量 产出： 单次流通成本 人均到访次数 馆藏流通率 全日制员工每小时流通量 人均流通量 人均参考咨询量 每小时流通量 每小时访问人次 每次访问流通量	服务： 人均馆藏量 每千人拥有楼面面积 每千人拥有工作人员数 每万人拥有计算机终端数 因特网服务数 每千人可参与活动场次 使用： 人均到馆次数 人均虚拟访问次数 人均借阅量 馆藏流通率 每千人年开放总时长 效率： 单次借阅的采访成本 每开放1小时耗费工时数 每开放1小时到馆人次 每次访问的平均支出 成长： 馆藏更新率 员工人均接受培训时数 人均资本投入	访问人次 文献流通量 公共计算机使用人次 参与活动人次 注： 2016年新增"电子文献流通量"指标； 2019年新增"wifi会话次数"指标①； 计划增加的指标②还包括： "电子馆藏使用"（2020） "网站访问量"（2021）

① LANCE K C. America's Star Libraries 2019［EB/OL］.（2020－01－16）［2020－02－03］. https://www.libraryjournal.com/?detailStory=ljx191202_StarLibraries.

② LANCE K C. What's next［EB/OL］.（2018－10－30）［2019－04－12］. https://www.libraryjournal.com/?detailStory=ljx181101Stars2018WhatsNext.

续表

	亨氏美国公共图书馆评级（HAPLR）	德国公共图书馆绩效评估（BIX）	美国星级图书馆评估（LJ Index）
数据来源	美国国家教育统计中心（NECS），1999—2005；美国博物馆与图书馆服务署，2006—2010	德国图书馆统计局	美国博物馆与图书馆服务署
分组评级	按服务人口数量分为 10 组，每组评出得分最高的 10 个图书馆	按服务人口数量分为 5 组，分别评出 0.5 星、1 星、1.5 星、2 星、2.5 星、3 星、3.5 星和 4 星图书馆若干，不设名额限制①	按经费规模分为 9 组，每组分别评出 5、4、3 星图书馆各 10 个（3000 万美元以上组 5、4、3 星各 5 个）
计算方法	以各指标在同一组中的百分位排名进行加权计算，求出全部指标的加权平均分后进行校正排名②	分别就各单项指标对同一组中的图书馆进行百分位排名，在此基础上求得各馆在服务、使用、效率和发展等四个构面上的指标百分位排名总和，并将其分为上、中、下三个等级，分别给予 1 星、0.5 星和 0 星，最后将四个构面所得星级加和，得到该馆的最终星级评定结果③	以各指标在同一组中的平均人均值计算标准分，求出全部指标总分后进行校正排名④

① Peer groups（"BIX categories"）for public libraries ［EB/OL］. ［2019 - 07 - 21］. http://www. bix-bibliotheksindex. de/en/project-info/peer-groups/public-libraries. html.

② Hennen Library Consulting. HAPLR index calculation details ［EB/OL］. ［2017 - 02 - 20］. http://www. haplr-index. com/Calculationdetails. html.

③ Methodology of the BIX index ［EB/OL］. ［2020 - 04 - 13］. http://www. bix-bibliotheksindex. de/en/project-info/index-methodology. html.

④ The LJ Index：Score calculation algorithm ［EB/OL］. ［2017 - 03 - 12］. http://lj. libraryjournal. com/americas-star-libraries-score-calculation-algorithm/.

目前，亨氏美国公共图书馆评级项目和德国公共图书馆绩效评估项目都已经停止更新①，但这一类评估项目在评估内容、评估方法和评估结果应用等方面的经验仍然值得我们学习借鉴。

4.4.3 澳大利亚公共图书馆评估网络计划

2019 年 6 月，澳大利亚公共图书馆联盟与 Culture Counts 公司②联合发起了一项为期一年（2019 年 7 月 1 日—2020 年 6 月 30 日）的公共图书馆评估网络计划，旨在采用统一的标准化指标，开展全国性的公共图书馆成效评估数据采集，一方面帮助图书馆更好地理解和阐明其社会价值和经济效益，同时通过同行之间的横向比较，达到学习、借鉴和提高的目的；另一方面更好地从国家和地区层面分析和展示公共图书馆服务的整体情况及其发展趋势③。该项目以 2016 年 7 月修订发布的《澳大利亚公共图书馆指南、标准与成效指标》④ 为基础，前期已由 Culture Counts 公司组织，在南澳大利亚等州图书馆进行测试，并取得了较好效果。

项目采用自愿注册方式开展。申请参与的图书馆支付 2000 澳元年费以获得 Culture Counts 评估平台的使用权限。评估期内，参评图书馆需要使用平台提供的标准化调查模板⑤进行至少一次面向用户的成效调查（调查内容包括利用、感知和影响等），并通过平台内置的数据统计工具提交其年度数据（包括

---

① The BIX has been ended［EB/OL］. (2015 – 10 – 01）［2019 – 07 – 21］. http://www. bix-bibliotheksindex. de/en/news. html.

② Culture Counts 原为西澳大利亚州地方政府与体育、文化产业部文化艺术司委托 Pracsys 经济与管理咨询公司开发的服务成效评估系统，支持各类文化艺术机构在线采集并分析公众、同行及其他有关组织和个人对其服务和产品体验质量的实时反馈，是 Pracsys 公司在文化艺术领域公共价值评估方面的首个产品，推出后即注册为该公司的子公司，市场逐步拓展至昆士兰、维多利亚等澳洲其他地区，以及英格兰、苏格兰、美国等其他国家和地区。

③ Australian Library and Information Association. Invitation to participate—public libraries evaluation network［EB/OL］. (2019 – 06 – 18）［2019 – 07 – 26］. http://www. pla. org. au/Latest_News/invitation-participate-public-libraries-evaluation-network.

④ Australian Library and Information Association. Guidelines, standards and outcome measures for Australian public libraries［EB/OL］.［2020 – 04 – 14］. https://read. alia. org. au/file/426/download?token = Ydzq17_q.

⑤ 问卷模板见：https://culturecounts. cc/s/54LVz5/question/.

图书馆支出、馆藏量、流通量、访问量等）。平台为每一个参评图书馆创建可视化的"仪表盘"（dashboard），供其实时查看调查的原始数据、分析结果及评估报告；同时在各馆共享数据的基础上创建全局视图的"仪表盘"，以展示图书馆行业发展趋势，揭示其所产生的总体影响；并支持基于不同地区、不同社会经济水平、不同用户人口等维度的分类统计与分析。平台为参评图书馆提供全方位的技术支持和专家指导，包括为新加入者提供一对一的沟通交流、面向各地区设置专门咨询服务人员，以及通过组织召开网络研讨会和季度反馈会等方式进行学习和分享等[①]。此外，平台还提供一个战略对齐矩阵（strategic alignment matrix），以建立其与《澳大利亚公共图书馆指南、标准与成效指标》[②]、文化发展网络（Culture Development Network，CDN）成果框架、Project Outcome 等相关研究项目及成果的对应关系。

4.5 各国公共图书馆评估的特点与趋势

上述国家的公共图书馆评估实践，普遍建立在较为成熟完善的法律、政策及标准规范基础之上，在评估制度的准备、评估指标的选择、评估工具的开发、评估项目的组织，以及评估结果的应用等方面积累了丰富经验，呈现出一些共性的发展趋势。

4.5.1 政府绩效评估与图书馆行业评估并重

这些国家通过立法或政策工具确定了公共图书馆评估的基本形式，其中既有以地方政府图书馆管理部门为评估对象的政府绩效评估，也包括直接以公共图书馆为评估对象的图书馆行业评估。前者如美国联邦立法规定的公共

---

① Culture Counts. PLA evaluation network ［EB/OL］. ［2019 - 07 - 26］. http://www. sbm21. com/c. cfm?l = 1168733&c = 17738389&m = 299754&b = 1622232.

② Australian Library and Information Association. Guidelines, standards and outcome measures for Australian public libraries ［EB/OL］. ［2020 - 04 - 13］. https://read. alia. org. au/file/426/download? token = Ydzq17_q.

图书馆五年计划评估、联邦拨款项目成效评估，其评估对象是各州/领土区图书馆管理局；英国的最佳价值绩效评审、全面绩效评估、公共图书馆成效框架，其评估对象是各地方政府图书馆当局；日本的图书馆行政评估，其评估对象是各地方自治体。后者如美国的公共图书馆达标评估和星级图书馆评估、澳大利亚的公共图书馆评估网络计划、德国的公共图书馆绩效评估项目等，都属于公共图书馆行业评估。

公共图书馆行业评估有时候也可能成为政府绩效评估的重要组成部分。比较典型的如英国文化部门指导地方图书馆当局开展的一系列公共图书馆评估活动，始终与政府绩效管理改革的规划和目标紧密相连。即使在中央政府绩效管理框架中逐渐删减与图书馆直接相关的绩效指标的情况下，英国文化传媒与体育部等部门仍然积极致力于在公共图书馆成效框架、公共图书馆影响力模型与国家指标体系之间建立起全面系统的连接，引导地方政府图书馆管理部门围绕国家目标规划和管理公共图书馆服务。

4.5.2 自评估与外部评估互为补充

无论是以政府管理部门为评估对象的行政评估，还是以公共图书馆为评估对象的行业评估，其实现方式都可以分为自评估和外部评估两种。

其中，自评估包括以下几种情况：①中央和地方政府管理部门对国家或地区公共图书馆服务总体情况进行的评估，如美国各州图书馆管理局根据《公共图书馆服务与技术法》要求对州图书馆五年计划实施情况进行的评估，以及 IMLS 依法对图书馆服务在美国各方面的影响及成效进行的评估；英国各地方政府在其履职绩效评审中包含的图书馆内容等。②公共图书馆对自身运行管理和服务情况进行的评估，如日本公共图书馆依据《图书馆法》要求广泛开展的自我评估等。③近年来通过在线协同方式开展的公共图书馆自评估项目，如美国的 Project Outcome、澳大利亚的公共图书馆评估网络计划等。这一类评估活动多由图书馆行业组织管理运行，但其主要目的在于为公共图书馆更好地开展自主评估提供标准化工具和专业指导，同时支持公共图书馆通过共享评估信息实现与同行间的交流和学习，从而获得对自身发展状况的更广泛认知。

外部评估包括以下几种：①上级政府管理部门对下级政府管理部门进行

的监督和评估，如英国《公共图书馆与博物馆法》要求英国文化传媒与体育部对地方图书馆主管机构履行职能的情况进行的调查和监督；日本文部省为向地方公共团体拨付国库补助金而进行的地方图书馆达标审查等。②政府管理部门对辖区内公共图书馆进行的评估，如韩国《图书馆法实施令》要求各地区在辖区内指定地区代表图书馆负责完成地区公共图书馆工作评估以及实际情况调查分析报告①；印度马哈拉施特邦《公共图书馆法》规定邦政府图书馆部主任应对公共图书馆及其附属机构进行巡视②等。③政府管理部门和公共图书馆将上述法定评估职责委托给外部第三方组织代为执行，如美国各州图书馆管理局 2013—2017 五年计划评估中，除路易斯安那州由州图书馆管理部门负责人组织评估③，明尼苏达州委托州政府内设的有偿管理咨询团队 MAD（Management Analysis and Development）进行评估④以外，其余各州均委托外部独立研究团队进行评估；日本至 2014 年时已有超过半数的公共图书馆实施了外部评估⑤。④由政府主管部门和公共图书馆之外的第三方独立发起的公共图书馆评估活动，亨氏美国公共图书馆评级项目、美国星级图书馆评估项目和德国公共图书馆绩效评估项目就是其典型代表。与主要着眼于既定标准或目标达成情况的图书馆自评估或委托第三方评估不同，这一类评估往往更具全局视角，致力于通过同行间的比较与竞争，推动公共图书馆在关键绩效指标上持续追求新的突破，从而实现全行业的整体向前发展，是一种动态性更强的评估方式。

① 卢海燕. 国外图书馆法律选编［M］. 北京：知识产权出版社，2014：25.

② 卢海燕. 国外图书馆法律选编［M］. 北京：知识产权出版社，2014：151.

③ State Library of Louisiana. Library Services and Technology Act evaluation of the 2013 – 2017 Five Year Plan［EB/OL］.［2019 – 04 – 11］. https：//www. imls. gov/sites/default/files/state-profiles/evals/louisiana5yearevaluation. pdf.

④ State Library Administrative Agency, Minnesota Department of Education. LSTA 2013—2017 five year evaluation report［EB/OL］.［2019 – 04 – 11］. https：//www. imls. gov/sites/default/files/state-profiles/evals/minnesota5yearevaluation. pdf.

⑤ 総務省統計局. 図書館の運営状況に関する評価の実施状況［EB/OL］.（2017 – 03 – 27）［2019 – 06 – 05］. https：//www. e-stat. go. jp/stat-search/file-download? statInfId = 0000315591 38&fileKind = 0.

4.5.3 评估制度与公共图书馆事业规划管理紧密结合

在这些国家，公共图书馆评估大多不是孤立进行，而是与公共图书馆中长期规划、各专项规划和年度计划紧密结合起来，一方面在规划中设定绩效目标，作为评估依据，另一方面则通过评估，检查、反思规划实施效果，提出改进策略。例如，美国以联邦立法的形式明确规定各州/领土区图书馆五年计划与评估之间的关联，要求各州/领土区图书馆管理局针对州图书馆五年计划目标及优先事项的完成情况进行评估和报告。在英国，文化体育与传媒部及相关公共部门先后推出的系列公共图书馆评估工具，包括年度图书馆计划、最佳价值制度、全面绩效评估、公共图书馆成效框架等，均与国家和地方政府的绩效管理规划及目标紧密相连；当前应用于评估实践的图书馆成效进度指标[①]、图书馆基准测试框架[②]、图书馆行业核心数据集[③]等工具，也都是依据其发布的全国公共图书馆事业发展规划（如《图书馆供给：2016—2021 年英国公共图书馆发展的雄心》[④] 等）而开发。

4.5.4 评估内容突出公共图书馆的社会价值与影响

上述国家在推动公共图书馆评估实践向纵深发展的过程中，普遍强调公共图书馆面向公民和社区的功能实现。例如，在美国，美国图书馆协会自 20 世纪

---

① DCMS. Outcomes progress indicators for libraries in England ［EB/OL］. （2017 – 11 – 06）［2019 – 05 – 23］. https：//www. gov. uk/government/publications/outcomes-progress-indicators-for-libraries-in-england/proposed-progress-indicators-for-the-7-outcomes-libraries-deliver.

② DCMS. Benchmarking Framework for library services ［EB/OL］. （2017 – 09 – 15）［2019 – 05 – 23］. https：//www. gov. uk/government/publications/benchmarking-framework-for-library-services/full-recommended-benchmarking-framework-for-library-services-version-1-september-2017.

③ DCMS. List of contents for the libraries core dataset for England ［EB/OL］. （2017 – 07 – 20）［2019 – 05 – 23］. https：//www. gov. uk/government/publications/list-of-contents-for-the-core-dataset-for-libraries/list-of-contents-for-the-libraries-core-dataset-for-england.

④ Libraries Taskforce. Libraries deliver：ambition for public libraries in England 2016—2021 ［EB/OL］. ［2019 – 05 –17］. https：//assets. publishing. service. gov. uk/government/uploads/system/uploads/attachment_data/file/573911/Libraries_Deliver_ – _Ambition_for_Public_Libraries_in_England_2016_to_2021. pdf.

80 年代开始讨论如何根据公共图书馆的功能定位和社区愿景，有针对性地选择设定其发展目标和评估指标，以确保通过评估工作引导公共图书馆立足于社区发展需要提供服务。2011 年，美国博物馆与图书馆服务署启动一项"联邦资助的州项目成就计量计划"① （Measuring Success Initiative in the Grants to States Program），围绕《图书馆服务与技术法案》提出的 6 个重点目标领域（终身学习、公共服务、就业及小企业发展、公民参与、数字化及州数据库建设、图书馆职员及领导层发展），研究公共图书馆实现这些目标的方法、路径，并据此建立起"州行动计划""图书馆项目或服务"与"终端用户等受益者"之间的"成果链"（results chains），分析和识别可用于计量和评估公共图书馆价值和影响的关键要素，并提出相应的计量指标及测评方法②，从而将依法实施的公共图书馆五年计划评估更加紧密地嵌入一个"基于结果的管理"（results-based management）过程中③。

在英国，围绕公共图书馆的成效评估，英国博物馆、图书馆与档案馆委员会于 2008 年发布《博物馆、图书馆和档案馆的成效框架》④，针对国家指标体系（NIs）中各相关指标，逐一阐明图书馆等公共文化机构的成效目标。这些成效目标包括：为人们提供参与文化活动的机会，增强特定群体在社区中的联系，增进社区居民之间的理解与尊重，提升社区凝聚力和包容性；为儿童、青少年、老年人、非英语母语移民、行动不便者、残障人士等不同群体提供有针对性的支持与服务，帮助他们健康、独立地生活，以增进人们对社区公共生活的满意度；提供正式教育以外的自主学习服务，帮助人们提高就业技能和了解就业信息，以提高就业率；为中小企业提供支持，从而促进经

① IMLS. Measuring success initiative in the Grants to States Program ［EB/OL］. ［2016-10-11］. https://www. imls. gov/research evaluation/program-evaluation/grants-statc-library-agcncy/mcasuring-success-initiative.

②③ IMLS. Measuring Success：a process for strengthening planning and evaluation in the grants to States program ［EB/OL］. （2011-10）［2016-10-11］. https://www. imls. gov/sites/default/files/cosla_october_2011_report_final_for_website_10. 12. 11. docx.

④ MLA. Outcomes Framework for Museums，Libraries and Archives ［EB/OL］. ［2019-05-04］. https://webarchive. nationalarchives. gov. uk/20081007152344/http://www. mla. gov. uk/resources/assets//O/outcomes_framework_v2_13268. pdf.

济繁荣；等等。英国文化传媒与体育部于 2009 年建立公共图书馆影响力模型[①]，也着眼于从对个人及社会产生的即时和长远影响的角度，引导公共图书馆进行影响力评价。图书馆特别小组于 2016 年和 2017 年发布和更新其公共图书馆成效进度指标[②]，包括 7 个主要方面：①丰富公众的文化艺术生活；②提高阅读和识字率；③提升数字获取能力；④帮助每个人充分发挥潜能；⑤打造更健康、更幸福的生活；⑥促进地区经济繁荣发展；⑦让社区更加强大而富有弹性。这些成效评估工具，对于推动英国公共图书馆更加深入参与社会经济、文化、教育等活动产生了积极影响，同时也有助于公共图书馆通过评估向各利益相关方声明自己的贡献与价值。

澳大利亚图书馆与信息协会（Australian Library and Information Association，ALIA）和澳大利亚公共图书馆联盟在 2016 年发布的公共图书馆标准中，围绕公共图书馆 6 个主要成效领域的指标及调查方法，提供了可操作性的建议；澳大利亚公共图书馆联盟在研究制定其 2019—2022 年国家战略及行动计划时，积极响应联合国《2030 可持续发展议程》和国际图联《全球愿景报告》的倡议，进一步强调公共图书馆成效与地区、国家，乃至全球经济社会发展之间的关联，并提出对公共图书馆标准进行相应修订与更新的计划。目前，澳大利亚公共图书馆联盟与 Culture Counts 公司联合发起的公共图书馆评估网络计划也已全面启动，该项目以公共图书馆成效评估数据采集为主要内容的，未来有望建成全国公共图书馆组织和参与成效评估的统一平台。

4.5.5 重视各类调查统计工具的开发与应用

上述国家普遍建立了比较完备的公共图书馆事业调查统计制度，并为此

---

① DCMS. Empower, inform, enrich—the modernisation review of public libraries：a consultation document［EB/OL］．［2019 – 05 –18］．https：//webarchive. nationalarchives. gov. uk/ + / http：/www. culture. gov. uk/images/consultations/LibrariesReview_consultation. pdf.

② DCMS. Outcomes progress indicators for libraries in England［EB/OL］．（2017 –11 – 06）［2019 – 05 – 23］．https：//www. gov. uk/government/publications/outcomes-progress-indicators-for-libraries- in-england/proposed-progress-indicators-for-the-7-outcomes-libraries-deliver.

开发系列配套方法工具。例如，美国博物馆与图书馆服务署每年公布公共图书馆调查数据①（Public Libraries Survey Data，PLS 或 PLSD），美国公共图书馆协会每年出版《公共图书馆数据服务报告》②（*Public Library Data Service Report*），并通过 Project Outcome 项目为公共图书馆提供标准化的成效测度工具；日本文部科学省在每三年一次的社会教育调查中开展图书馆专项调查③，日本图书馆协会自 1955 年开始每年组织一次全国图书馆调查④；英国特许公共财务与会计师协会自成立以来持续开展公共图书馆统计⑤（Public Libraries Statistics）和公共图书馆用户调查⑥（PLUS），英国文化传媒与体育部针对公共图书馆等文化机构开展 Taking Part 调查⑦；等等。近年来，随着公共图书馆评估实践的不断深入，各国公共图书馆事业调查统计制度及其方法工具的开发和应用也呈现出新的发展趋势：

（1）用户调查方法和工具不断发展成熟。随着人们对公共图书馆服务的质量、效益、价值及影响的重视程度不断提升，传统的事实数据统计越来越不能满足各方面对公共图书馆业务及服务水平进行分析评判的需要。为此，公共图书馆评估者们在传统事业数据统计工作的基础上，进一步发展了公共图书馆的用户调查方法。如美国公共图书馆协会的 Project Outcome、英国特许公共财务与会计师协会的公共图书馆用户调查项目

---

① IMLS. About the Public Libraries Survey［EB/OL］.［2019 – 03 – 31］. https：//www. imls. gov/research-evaluation/data-collection/public-libraries-survey/explore-pls-data/about.

② PLA. PLDS and PLAmetrics［EB/OL］.［2019 – 08 – 23］. http：//www. ala. org/pla/resources/publications/plds.

③ 社会教育调查［EB/OL］.［2019 – 04 – 05］. https：//www. e-stat. go. jp/stat-search/files? page = 1&toukei = 00400004&tstat = 000001017254.

④ 邓广宇. 图书馆评价的意义、方法、内容和标准［J］. 图书馆工作与研究，1987（4）：48 – 54.

⑤ CIPFA. CIPFAStats brochure［EB/OL］.［2019 – 05 – 06］. https：//www. cipfa. org/ ~ /media/files/services/stats/cipfastats%20brochure. pdf.

⑥ CIPFA. Public Library User's Survey［EB/OL］.［2019 – 05 – 09］. https：//www. cipfa. org/services/research/public-library-users-survey.

⑦ Arts Council England. The Taking Part Survey［EB/OL］.［2019 – 05 – 09］. https：//www. artscouncil. org. uk/taking-part-survey.

（PLUS）、英国文化传媒与体育部的 Taking Part 调查项目等，都是以用户为核心的调查统计项目。调查内容也从早期的用户满意度，逐步拓展到用户对图书馆的价值判断，以及图书馆服务对用户知识、能力、态度、行为及状态等方面的影响。

（2）统计内容与时俱进。随着公共图书馆事业的发展进步，统计内容在早期重点关注经费、人员、建筑、设备、文献资源等投入指标的基础上，不断增加图书馆服务供给及使用指标。特别是随着现代信息技术的发展进步，公共图书馆的服务内容和服务手段都发生了很大变化，数字化、网络化服务指标日益被纳入各国公共图书馆统计指标。例如，美国博物馆与图书馆服务署主持的公共图书馆数据调查统计项目从 2013 年开始陆续加入电子文献流通量（e-circulation）、无线会话次数（wireless sessions）、电子馆藏使用（e-collections use）、网站访问量（library website visits）等新指标，这些指标也逐渐被第三方研究机构开展的美国星级图书馆评估活动吸收和利用[①]。

（3）在线调查统计工具发展迅速。如美国博物馆与图书馆服务署的州项目报告系统、美国公共图书馆协会委托 Counting Opinions 公司开发的 LibPAS Online 系统和 PLAmetrics 网络数据库、澳大利亚的 Culture Counts 评估系统等，为公共图书馆开展相关调查统计工作提供标准化模板，支持其在线填报数据或上传报告，同时通过技术手段对这些数据、报告的准确性、一致性进行校验，有效提升了调查统计工作的质量和效率。与此同时，数字网络技术的应用也使这些调查统计数据的整合分析更加便利。Project Outcome 项目的在线调查门户和澳大利亚的 Culture Counts 评估平台都支持公共图书馆基于调查数据在线生成各类可视化图表及标准化调查报告，系统还可以从国家和地

---

① IMLS. State characteristics data element definitions［EB/OL］.［2017-12-23］. https://www. imls. gov/sites/default/files/legacy/assets/1/AssetManager/PLS_Defs_FY2013. pdf；IMLS. 2014 State characteristics data element definitions［EB/OL］.［2017-12-23］. https://www. imls. gov/sites/default/files/legacy/assets/1/AssetManager/PLS_Defs_FY2014. pdf；LANCE K C. What's next［EB/OL］.（2018-10-30）［2019-04-12］. https://www. libraryjournal. com/?detailStory=ljx181101Stars2018WhatsNext.

区层面对各图书馆数据进行比较分析①。

（4）调查统计结果公开透明。例如，美国博物馆与图书馆服务署以年度报告、研究简报、补充数据表单、各州数据简报等多种形式面向全网免费提供 1989 年以来各年度的公共图书馆调查数据②，同时提供 .CSV、.SAS、.SPSS 等多种格式的规范数据文档，以及标准的 API 接口等，供图书馆及有关研究者对这些数据进行批量下载、分析和利用③；英国文化传媒与体育部提供文化参与性调查完整数据集的公开获取④，以支持各种目的的数据分析与研究，并为此开发了一套在线数据分析工具⑤。统计数据的公开透明，不仅可以支持公共图书馆对自身发展状况进行更加全面客观的纵向历史比较和横向标杆分析，同时也在客观上促进了社会多元力量对公共图书馆的监督和评估实践。美国的 HAPLR 评级系统和星级图书馆评估系统所用数据均来源于美国博物馆与图书馆服务署的公共图书馆调查报告；德国公共图书馆绩效评估项目也依赖于政府主管部门按年度公布的图书馆统计数据。

4.5.6 重视对评估过程的规范指导

为推动公共图书馆评估实践的发展，上述国家除通过立法规定公共图书馆及政府主管部门的评估职责和义务以外，还由政府主管部门和图书馆行业组织分别从不同角度为公共图书馆开展评估实践提供支持和指导，包括编制评估手册、组织辅导与培训活动等。

以美国为例，在联邦政府组织的公共图书馆评估实践中，IMLS 为各州/

---

① EMILY P. Outcome measurement made easy with PLA's Project Outcome［R/OL］. （2017 - 01 - 12）［2017 - 05 - 23］. http://www. ala. org/pla/sites/ala. org. pla/files/content/onlinelearning/webinars/archive/2017 - 01 -12_Outcome-Measurement-Made-Easy_PO-Webinar_FINAL. pdf.

②③ IMLS. Public Libraries Survey （PLS） data and reports［EB/OL］.［2019 - 03 - 31］. https://www. imls. gov/research-evaluation/data-collection/public-libraries-survey/explore-pls-data/pls-data.

④ DCMS. Taking Part：statistical releases［EB/OL］.［2019 - 05 - 12］. https://www. gov. uk/government/collections/sat - - 2.

⑤ DCMS. Taking Part Survey：data analysis tools［EB/OL］.［2019 - 05 -12］. https://www. gov. uk/guidance/taking-part-survey-data-analysis-tools.

领土区图书馆管理局提供了多种形式的培训和指导，包括 2004 年发布的《州项目报告用户手册》和 2011 年发布的《五年评估指南》等。此外，各州/领土区图书馆管理局针对辖区内各图书馆有关项目报告及评估活动也给予了广泛的培训和指导。例如，佛罗里达州图书馆管理局于 2000 年 9 月发布成效评估手册①，并在全州范围内开展了多层次的培训和研讨活动。

在日本，全国和地方性的图书馆行业组织在为公共图书馆评估活动提供培训指导方面发挥了主导作用。例如，日本图书馆协会研修事业委员会在其 2000 年以来每年实施的"图书馆业务骨干提升计划"中，长期设置图书馆管理评估的理论和方法必修课程②；协会常务理事会于 2011 年 3 月 1 日发布《公立图书馆自我检查和评估手册》，对公共图书馆评估的意义、方法、程序及指标选择等进行了详细指导③；全国图书馆协议会于 2010 年 3 月发布《图书馆评价准备手册》，就公共图书馆评估活动的目标、方法、程序及指标选择、资料采集、组织实施、结果利用等给予细致示范④；神奈川县图书馆协会于 2005/2006 财年成立图书馆评价专门委员会，围绕图书馆自评估相关问题开展研究，制作完成《公共图书馆的自我评价入门》指导手册⑤；等等。

4.5.7　重视对评估结果的分析利用

如前所述，各国公共图书馆评估制度与政府绩效管理紧密相联。政府绩效评估着眼于公共财政支出的使用效益，其评估结果往往应用于调节公共图

---

① Workbook：outcome measurement of library programs［EB/OL］.（2000 – 09）［2020 – 04 – 13］. http://dlis. dos. state. fl. us/bld/Research_Office/pdfs/OutcomeEvalWkbk. pdf.

② 日本图书馆协会研修事业委员会页面各年度研修课程计划：http://www. jla. or. jp/committees/kenshu/tabid/188/Default. aspx.

③ 日本図書館協会. 図書館評価プロジェクト中間報告［R/OL］.（2011 – 03 – 01）［2019 – 06 – 06］. http://www. jla. or. jp/Portals/0/html/hyoka. pdf.

④ 全国公共図書館協議会. 2009 年度（平成 21 年度）公立図書館における評価に関する報告書［R/OL］.（2010 – 03）［2019 – 06 – 09］. https://www. library. metro. tokyo. jp/pdf/15/pdf/2009_all. pdf.

⑤ 神奈川県図書館協会図書館評価特別委員会. 公共図書館の自己評価入門［M］. 東京：日本図書館協会，2007.

书馆拨款的分配，如美国博物馆与图书馆服务署组织实施图书馆五年计划评估和联邦拨款评估，日本文部科学省根据地方公立图书馆是否达到"最低标准"要求给予"国库补助金"，都与政府财政拨款的计划和使用密切关联。与此同时，为规划管理过程提供数据和事实支撑是各国公共图书馆评估更为普遍的目的。美国博物馆与图书馆服务署在其 2011 年发布的《五年评估指南》①中指出，要求各州图书馆管理局进行五年评估的目的，旨在衡量其已批准的五年计划中设定目标的进展情况，同时帮助其在即将制订的下一个五年计划中做出有效的资源分配决策。日本公共图书馆领域广泛应用 PDCA（Plan-Do-Check-Action）循环管理模型②，将检查评估作为其中的重要一环，利用评估结果对计划目标、重点事项及其实施标准进行调整、优化，从而实现对成功经验的继承和发展，同时对不足之处进行有针对性的改善。

据调查，日本公共图书馆对评估结果的利用方式，最为普遍的是将其作为改善业务的基础资料（299 馆，占受访馆的 79.7%）、用于制订下年度事业发展计划（245 馆，占受访馆的 65.3%）、向居民提供有关信息（138 馆，占受访馆的 36.8%）、用于馆员研修（120 馆，占 32.0%）等③。到 2014 年，以各种形式开展评估工作的 1721 家公共图书馆中，公开发布评估结果的已有 1353 家，占比达 78.6%④。

除此外，在亨氏美国公共图书馆评级、美国星级图书馆评估等第三方独立发起的公共图书馆评估活动中，也十分强调对评估结果的拓展应用。而近年来兴起的各类在线评估平台，还为参与其中的公共图书馆提供了评估结果的可视化展示和动态比较功能，进一步丰富了公共图书馆评估结果的分析和

---

① IMLS. Guidelines for Five-Year evaluation［EB/OL］.［2019 - 10 - 10］. https://www. imls. gov/sites/default/files/legacy/assets/1/AssetManager/2008 - 2012_Five-Year_Evaluation_Guidance_SLAA. pdf.

② 早期又称 PDS（Plan - Do - See）模型。

③ 文部科学省. 図書館の自己評価、外部評価及び運営の状況に関する情報提供の実態調査（平成 21 年 3 月）［R/OL］.［2019 - 06 - 11］. http://www. mext. go. jp/a_menu/shougai/tosho/shiryo/1284904. htm.

④ 図書館の運営状況に関する評価の実施状況［EB/OL］.（2017 - 03 - 27）［2019 - 06 - 05］. https://www. e-stat. go. jp/stat-search/file-download?statInfId = 000031559138&fileKind = 0.

利用角度。

4.5.8　图书馆行业组织发挥积极作用

综上所见，在各国公共图书馆评估实践中，无论是政府绩效评估还是公共图书馆行业评估，也不论是自评估还是外部评估，图书馆行业组织始终发挥着举足轻重的作用。

一方面，图书馆行业组织长期致力于与公共图书馆评估有关的研究活动，不断推出各类评估标准、指南及实用工具，如美国公共图书馆协会的《公共图书馆服务产出测度》（*Output Measures for Public Libraries*，1982、1987）、《面向结果的规划》（*Planning for Results*，1998、2001、2008），美国图书馆协会的《基于成效的公共图书馆规划与评估五步走》（*Five Steps of Outcome-Based Planning and Evaluation for Public Libraries*，2016）；日本图书馆协会的《图书馆评估项目中间报告：公立图书馆自我评估手册》（図書館評価プロジェクト中間報告：公立図書館の自己点検評価のためのマニュアル，2011）；澳大利亚图书馆与信息协会的《超越优质服务：巩固社会结构——澳大利亚公共图书馆标准与指南》（*Beyond a Quality Service：Strengthening the Social Fabric Standards and Guidelines for Australian Public Libraries*，2011）、《澳大利亚公共图书馆指南、标准与成效指标》（*Guidelines，Standards and Outcome Measures for Australian Public Libraries*）等。它们不仅为公共图书馆行业开展评估实践活动提供了科学的理论、方法和技术支撑，同时也深刻影响了立法机关和图书馆管理部门对公共图书馆进行监督评估的理念与方法。

另一方面，图书馆行业组织在推动公共图书馆评估理论、方法、技术研究的过程中，还积极发挥其行业影响力，组织开展公共图书馆评估的大规模协同合作项目，典型的如美国公共图书馆协会组织实施的 Project Outcome 项目、澳大利亚公共图书馆联盟组织实施的公共图书馆评估网络计划等。通过这些项目，图书馆行业组织广泛联合研究和实践领域力量，共同推进有关研究成果在实践中的应用、验证与优化，同时为公共图书馆提供标准化评估工具，支持其更加高效便捷地组织和参与评估活动。

近年来，有关行业组织还围绕图书馆评估主题发起了一系列大型国际会议，其中影响较大的如作为国际图联世界图书馆和信息大会卫星会议的"国际图书馆与信息服务绩效评估会议"（International Conference on Performance Measuremnt in Library and Information Services）[1]，美国研究型图书馆协会发起的"图书馆评估会议"（Library Assessment Conference）[2]，以及国际科学技术进步协会（International Society for the Advancement of Science and Technology）发起的"图书馆定量与定性方法国际会议"（Qualitative and Quantitative Methods in Libraries International Conference）[3] 等。这些会议定期举行，吸引来自世界各国的图书馆员、专业研究者和其他专业从事图书馆评估工作的机构及其成员广泛参与交流与分享。历届会议讨论过的议题几乎全面覆盖了国际图书馆界关于评估理论、技术及方法工具的所有重要成果，极大促进了图书馆评估领域最新研究成果和实践经验的交流传播和创新发展。

---

① 1995 年开始，每两年举办一届。

② 2006 年开始，每两年举办一届。

③ 2009 年开始，每年举办一届；其中，2013 年停办一届。

5 以效能为导向的公共图书馆评估模型构建研究

"以效能为导向"完善公共文化服务评价机制，是党中央、国务院在 2015 年 1 月印发《关于加快构建现代公共文化服务体系的意见》中提出的明确要求①。2017 年实施的第六次公共图书馆评估定级工作将"服务效能"作为评估标准中的突出内容，已经在一定程度上体现了这一思想原则。为在公共图书馆评估实践中更好地贯彻这一要求，本章尝试从服务效能的内涵出发，对公共图书馆评估的基本要素及其相互关系进行系统分析和阐释，在此基础上探索构建以效能为导向的公共图书馆评估模型。

5.1 公共图书馆服务"效能"的内涵分析

"效能"一词的内涵，从字面上理解，主要包含两个方面：一是"效"，即绩效；二是"能"，即能力。本节将从"绩效"和"能力"两个方面，对公共图书馆服务的"效能"评估的基本维度进行分析。

5.1.1 公共图书馆绩效评估的基本维度

在国际标准中，图书馆的绩效是指其"提供服务的有效性（effectiveness）及提供服务过程中分配和使用资源的效率（efficiency）"（ISO 11620：2014

---

① 中共中央办公厅、国务院办公厅印发《关于加快构建现代公共文化服务体系的意见》（全文）[EB/OL]．（2015－01－14）[2020－04－16]．http://www.gov.cn/xinwen/2015－01/14/content_2804250.htm.

定义 2.38①）。就公共图书馆而言，基于其保障社会信息公平的核心价值理念，还需要同时兼顾"公平性"（equity）的要求。与此同时，从公共财政支出绩效的视角，还应当包含对其"经济性"（economy）维度的分析。在这四者当中，"有效性"是最为重要的部分，在缺乏有效性的情况下，效率与公平无从谈起，经济性也将失去意义。

5.1.1.1 有效性（effectiveness）

"有效性"是指公共图书馆建设、管理和服务所产生的结果，是公共图书馆作为公共产品和服务存在的正当性来源。自 20 世纪 30 年代以来，随着公共图书馆功能的不断拓展，人们对公共图书馆有效性的认识不断延伸和拓展。一方面，关于公共图书馆服务内容的要求日益丰富。例如，在美国图书馆协会 1933 年发布的《公共图书馆标准》中，除建筑、经费、人员等标准建议外，关于图书馆服务结果的指标仅包括"注册为图书馆读者的人口比例""人均借阅图书馆资料数量"两项②；而至 1943 年，该协会在《战后公共图书馆标准》中指出，"仅以流通量来评估图书馆的服务是不够的"，并因此在读者注册率和人均借阅量等定量指标的基础上，对公共图书馆参考咨询、阅读指导、成人教育、儿童及青少年服务等的评估提出了原则性建议③。

另一方面，对公共图书馆服务效果的认识也不断提高。早期各国用以支持和保障公共图书馆服务供给的标准主要侧重于从文献资源、设施设备、专业馆员等方面提出要求；自 20 世纪 70 年代末以来，这一情况逐渐发生了根本性的变革。1977 年，Lancaster 等在《图书馆服务的计量与评估》一书中指出，"服务的有效性必须以其满足用户需求的程度来衡量"④；1987 年，Charles R. McClure 等人在 ALA 出版的《公共图书馆规划与功能设定》一书

① Information and documentation—Library performance indicators：ISO 11620：2014 ［S/OL］. ［2022 – 03 –16］. https：//www. iso. org/obp/ui/#iso：std：iso：11620：ed-3：v1：en.

② The Council of the American Library Association. Standards for public libraries，1933 ［J］. Bulletin of the American Library Association，1933（11）：513 –514.

③ The Committee on Post-war Planning of the American Library Association. Post-war standards for public libraries ［M］. Chicago：American Library Association，1943：20 –32.

④ LANCASTER F W，JONICICH M J. The measurement and evaluation of library services ［M］. Washing，D. C. ：Information Research Press，1977：1.

中，明确将公共图书馆的计划目标与其功能定位紧密结合起来，并分别针对其"社区活动中心""社区信息中心""正式教育支持中心""独立学习中心""通俗资料图书馆""学前儿童进学之门""参考图书馆""研究型图书馆"等功能，推荐了若干服务产出（output）测度指标①；1998 年，美国图书馆协会出版了 Ethel Himmel 与 Wilson 的《面向结果的规划：公共图书馆的转型之路》（*Planning for Results：A Public Library Transformation Process*），进一步强调公共图书馆服务既要立足于"图书馆发展愿景"，同时也要着眼于"社区发展愿景"②，并从公共图书馆服务在"基本读写训练""公共空间""社区中介""文化意识""政府信息""信息素养""终身学习"等方面发挥的作用与价值出发，提出一系列有关公共图书馆服务成效（outcomes）的测度指标③。近年来新出版的国际标准，如《信息与文献 评价图书馆影响的方法与程序》④（ISO 16439：2014）、《信息与文献 国家图书馆质量评价》⑤（ISO 21248：2019）等，综合了已有研究中关于图书馆质量与价值的认识，将其概括为个人、社会、经济等方面，包括个人知识技能的提高，认识、态度、行为的改变，学习、工作、生活机会及环境的变化，社区声誉及其对优秀人才和商业投资的吸引力增强，以及社会文化教育的发展，乃至经济增长等。这意味着国际同行对图书馆服务有效性的认识已经形成比较完整的体系。

概括起来，对公共图书馆服务有效性的要求主要可以解析为以下两个层次：

一是有效供给，是指公共图书馆服务供给满足服务对象需求的程度，包

---

① MCCLURE C R，OWEN A，ZWEIZIG D L，et al. Planning and role setting for public libraries：a manual of options and procedures ［M］. Chicago：American Library Assocication，1987：32 – 39.

② HIMMEL E E，WILSON W J. Planning for results：a public library transformation process，the guidebook ［M］. American Library Association，1998：4.

③ HIMMEL E E，WILSON W J. Planning for results：a public library transformation process，the guidebook ［M］. American Library Association，1998：58 – 122.

④ Information and documentation—methods and procedures for assessing the impact of libraries：ISO 16439：2014 ［S/OL］. ［2022 – 03 –16］. https：//www. iso. org/obp/ui/#iso：std：iso：16439：ed-1：v1：en.

⑤ Information and documentation—Quality assessment for national libraries：ISO 21248：2019 ［S/OL］. ［2022 – 03 –16］. https：//www. iso. org/obp/ui/#iso：std：iso：21248：ed-1：v1：en.

括服务区域有效覆盖，场馆空间有效开放，文献信息有效提供，讲座、培训、展览、阅读推广等读者活动有效开展等。其中既要求服务达到一定规模，又强调在服务供给与服务对象实际需求之间建立有效连接，体现公共图书馆服务的数量与质量。

二是有效利用，是指公共图书馆服务被利用后产生的直接或间接效果，包括对用户个人的影响，以及对所在社区乃至整个经济社会发展的贡献等。其着眼点在于公共图书馆的社会功能及其实现，体现公共图书馆服务的价值。

5.1.1.2 效率（efficiency）

"效率"是对公共图书馆管理运行过程的要求，一般通过投入与产出之间的比率关系来衡量，通常包含两方面的意义：一是资源配置效率，即节约公共资源，在同等资源条件下尽可能争取最优结果，同时在保证实现目标的前提下尽可能降低投入成本；二是服务提供效率，即为用户节约时间，最大限度降低其获取图书馆服务的成本，如及时为用户提供新入藏文献信息，快速响应其借阅和参考咨询请求，以及帮助用户高效检索和利用图书馆的资源和服务等。

Lancaster 较早关注图书馆评估中的效率问题，他在 1971 年发表的《信息检索与传播系统的成本有效性分析》[①] 一文中提出，任何系统的评估都可以包含三个层次：有效性评估（effectiveness）、成本/有效性评估（cost-effectiveness）和成本/收益评估（cost-benefit）。其中，成本/有效性评估和成本/收益评估都是效率评估的视角。20 世纪 90 年代以后，随着替代产品价格、消费者时间成本换算、用户支付意愿或接受补偿意愿等经济学方法在公共图书馆经济价值研究领域的广泛应用，关于公共图书馆成本效率的分析逐步实现系统量化。而且其应用目的也已经不止局限于早期的成本效益分析，而是同时着眼于向政府部门及社会投资机构证明公共图书馆的投资回报（Return of Investment，ROI），从而持续获得经费预算等方面的支持。在此基础上，近年来不少研究者探索应用数据包络分析（Data Envelopment Analysis，DEA）等技术方法，对公共图书馆进行基于多投入、多产出指标的综合效率分析。

---

① LANCASTER F W. The cost-effectiveness analysis of information retrieval and dissemination systems [J]. Journal of the American Society for Information Sciences, 1971, 22（1）: 12 – 27.

应用这些新方法，不仅能够更加系统地反映公共图书馆的投入产出效率，同时可以在此基础上进一步揭示其中存在的问题及其原因，为公共资源的优化配置提供决策参考。例如，武汉大学国家文化发展研究院傅才武等基于其2017 年以来应用数据包络分析方法对我国公共图书馆投入产出效率进行的一系列研究[①]发现，"我国公共图书馆整体服务效率有待提高，并且近几年效率持续下降，主要原因是技术管理水平不足和资源配置拥挤"，并由此建议，公共图书馆领域的制度创新要尽快由传统的"投入驱动模式"转向"创新驱动模式"。

5.1.1.3　经济性（economy）

"经济性"的着眼点在于尽可能提高公共资金的使用效益，即以尽可能少的预算实现对公共图书馆的有效投入[②]。例如，东莞图书馆曾对其总分馆服务体系建设效能进行分析，发现同样在全市建设管理 27 家图书馆的情况下，总分馆模式的启动经费（一次性投入和首年运营经费）仅为单馆运作模式的1/6—1/4[③]，可见总分馆模式的经济性明显高于单馆运作模式。

"经济性"的要求与"效率"有很大的相似性，但其侧重点有所不同。"效率"比较的是投入与产出之间的比率关系，着眼于公共图书馆的内部管理运行效率；而"经济性"强调的是财政支出与有效投入之间的比率，着眼于政府管理部门的公共投资效率。例如，以同等标准建设两座 5 万平方米的图书馆，甲馆仅花费 5000 万元，而乙馆化费了 8000 万元，则甲馆的经济性明显高于乙馆；但从投入的角度来看，两馆在建筑设施这一项上所获得的实际投入是相同的，对其投入产出效率的分析应以其建成馆舍的实际价值而不是

---

① 傅才武，岳楠. 公共文化服务体系建设中财政增量投入的约束条件——以县级公共图书馆为中心的考察［J］. 中国图书馆学报，2018（4）：19-39；傅才武，张伟锋. 公共图书馆行业全要素生产率研究——基于省域面板数据的 DEA-Malmquist 模型分析［J］. 华中师范大学学报（人文社会科学版），2018（3）：81-89；傅才武，张伟锋. 基于 DEA 模型的我国县级公共图书馆服务效率研究［J］. 国家图书馆学刊，2018（2）：26-35；傅才武，张伟锋. 我国省域公共图书馆效率、规模收益及"拥挤"现象研究［J］. 中国软科学，2017（10）：72-81.

② 杨永恒. 公共文化服务效能评估：理论与方法［M］. 北京：科学出版社，2018：46.

③ 国家图书馆研究院. 公共图书馆服务体系的探索与实践——东莞调研报告［M］. 北京：国家图书馆出版社，2012：31.

其财政支付价格为基础进行计算。

5.1.1.4 公平性（equity）

"公平性"是指公共图书馆提供的设施、资源和服务平等满足不同用户群体需求的程度，包括投入的公平、过程的公平和结果的公平三个方面。其中，投入的公平性包括面向公共图书馆的公平性和面向公众的公平性两个维度。前者指馆与馆之间的公平，如按服务人口数量给予每馆基本均衡的经费、设施、人员和文献资源保障；后者指人与人之间的公平，如按区域人口数量、人口分布、环境和交通条件等因素合理设置公共图书馆设施网点，规划建设区域公共图书馆服务网络等。过程的公平性是指为公众/用户提供获取公共图书馆资源和服务的平等机会，主要表现在面向不同年龄、性别、种族、职业、文化背景、知识水平、经济地位、健康状况的个体或群体平等免费开放，并提供适合其不同特点和需求的资源与服务，同时为其提供必要的帮扶措施，如信息素养教育等，使其具备有效利用这些资源和服务的能力。

由于公众/用户所处信息环境和自身信息能力的不同，结果的公平在客观上难以实现，但仍然是公共图书馆服务努力追求的目标。一般可通过对公共图书馆不同用户群体利用公共图书馆资源和服务的数据进行分层分析，发现其公平利用方面存在的问题，并反过来通过提高投入和过程的公平性来加以调节。其中，投入的公平主要是为了实现信息环境的公平，而过程的公平主要着眼于帮助公众/用户尽可能在信息能力方面接近平等。

5.1.2 公共图书馆能力评估的主要内容

公共图书馆的服务能力是指其"所具备的用于提供其所承诺的或用户所需求的各项服务的基本条件"[①]，是影响公共图书馆绩效目标实现的关键因素，包括资源保障能力、制度供给能力、组织管理能力和专业技术能力等。其中，资源保障能力和制度供给能力的建设主要是政府管理部门的责任；组织管理能力和专业技术能力的建设则更多依赖公共图书馆自身努力。

---

① 李丹，申晓娟.《中华人民共和国公共图书馆法》立法侧记（下）[J]. 图书馆建设，2018（2）：4 – 16，28.

5.1.2.1 资源保障能力

公共图书馆管理运行和提供服务所需的资源条件主要包括经费、建筑、设备、人员及文献信息等方面。对公共图书馆资源保障能力的要求一般应包含规模和质量两个层面。规模如财政拨款总额、建筑面积、阅览座席、计算机终端和网络节点数量、各类文献信息馆藏量、工作人员数量等内容；质量包括经费结构、建筑功能适用性、工作人员学历和职称比例等方面。此外，公共图书馆资源保障的规模和质量都应当突出公平性的要求。

5.1.2.2 制度供给能力

联合国教科文组织和国际图联在《公共图书馆宣言》中强调，"建立公共图书馆是国家和地方政府的责任。必须专门立法维持公共图书馆，并由国家和地方政府财政拨款"[①]。其中提出了政府承担公共图书馆建设管理职责的两个主要途径，除直接的经费资助外，还包括通过"具体的法规"为公共图书馆的建设与发展提供政策支持。从本质上讲，公共政策是用于协调公共资源有序配置的工具手段，是实现公共图书馆资源保障制度化、法治化的基础。

近年来，我国公共文化场馆免费开放、公共文化服务体系示范区创建、县域总分馆制建设、政府购买公共文化服务，以及各地全民阅读促进条例等一系列重大政策制度的制定实施，引起研究和实践领域的广泛关注，政府制度供给能力对公共图书馆事业发展的影响日益凸显。一方面，公共图书馆的建筑、设备、人员、文献信息等方面能力建设，都需要相应政策保障，如人才队伍建设受到各地高端人才引进政策、毕业生落户政策、专业技术人员职称评审制度等的激励或限制，建筑新建及改扩建受到城乡规划和国土资源规划管理政策的影响，项目建设及设备采购受到政府招投标管理制度等的制约，文献资源建设受政府采购政策、图书进出口政策、知识产权保护政策等的影响，等等；另一方面，社会力量为公共图书馆提供经费、设备、文献及志愿服务等方面支持，也需要公共政策的支持和引导。

好的政策有助于提升公共图书馆的服务能力，而不合理的政策则有可能对公共图书馆的建设和发展产生负面影响。为此，在公共图书馆评估中对有关公共政策制定与实施情况的分析和评价，不仅意味着对公共图书馆贯彻落

---

① 吴慰慈，董焱. 图书馆学概论［M］. 4 版. 北京：国家图书馆出版社，2019：311.

实政策要求的监督和检查，同时还需要对政府管理部门制定公共政策的科学性和适用性进行监测与评估，确保政策资源符合公共图书馆事业发展需要。

5.1.2.3　组织管理能力

1988 年，黄宗忠在刘国钧图书馆学"五要素"的基础上增加了"管理"要素，提出"六要素"说，并且强调，"管理是一种生产力，图书馆没有管理，就不能构成一个有机的整体"①。公共图书馆的组织管理能力包括计划控制能力、统筹协调能力、团队管理能力、信息沟通能力、社会合作能力、安全保卫能力、应急处置能力、改革创新能力等多方面内容，建设途径包括建立组织章程、完善组织结构、优化业务流程、规范业务程序、加强业务检查与监督等多种方式。

对公共图书馆组织管理能力的评估通常围绕其管理制度的制定和实施展开，主要包括以下几个方面：①检查其管理制度的完备性。管理制度健全是公共图书馆组织管理能力建设的前提和基础。②分析其管理制度的先进性。与政府管理部门提供的公共政策类似，组织管理制度对公共图书馆建设和发展的影响也具有两面性，先进的管理制度能够提升公共图书馆的管理和服务能力，而落后的管理制度则有可能破坏公共图书馆的团结协作氛围，阻碍其创新发展。③调查其管理制度的有效性。制度的生命力在于执行，公共图书馆管理目标的实现必须建立在各领域管理制度获得其全体成员普遍认同并一致遵行的基础之上。

在现代公共文化服务体系建设背景下，公共图书馆组织管理能力建设的内涵进一步拓展。其组织管理范围由一馆内部延伸至区域公共图书馆服务体系，组织管理的内容越来越突出馆际协调与区域合作；其组织管理形式也由政府传统的内部科层制管理逐渐向以理事会为核心，广泛吸收有关方面代表、专业人士和社会公众参与的法人治理转型。对公共图书馆组织管理能力的评估也需要适应其管理运行机制的变革发展要求。

5.1.2.4　专业技术能力

专业技术能力是公共图书馆能力建设中最为核心的部分，是与公共图书

---

① 黄宗忠. 图书馆学导论 [M]. 武汉：武汉大学出版社，1988：122.

馆的核心业务密切关联的专业技能，包括文献资源的采选、加工、组织和管理能力，文化遗产的保护传承能力，知识信息的传播服务能力，读者活动的策划实施能力等。公共图书馆专业技术能力主要体现在公共图书馆业务和服务活动的规范性、现代性及创新性等方面。其中规范性要求通常需要以公认的专业技术标准为依据进行比较，以往评估定级应用中，比较典型地体现了业务规范性要求的指标如文献编目标准化、采用规范控制数据等；现代性是指公共图书馆业务及服务活动的方式方法符合现代技术发展的主流趋势，当前阶段主要是指符合数字化、网络化的要求；创新性则是指公共图书馆的业务技术和服务手段体现行业前瞻发展方向。在现代公共文化服务体系建设背景下，对公共图书馆专业技术能力的评估还应当着重突出其协同性要求，即公共图书馆与其他图书馆之间开展业务合作与协同发展的能力，如组织或参与联合编目、馆际互借与文献传递、数字资源共建共享，以及馆际合作项目等。

对公共图书馆专业技术能力的评估，除着眼于其业务及服务活动的方式方法以外，通常还包括对公共图书馆从业人员的专业技术水平及其持续发展能力的要求，如员工参与岗位培训、继续教育、专业研究、业务及学术交流等。

5.2 公共图书馆效能评估模型的逻辑结构

根据以上对公共图书馆服务"效能"的内涵分析，笔者绘制了以效能为导向的公共图书馆评估模型，如图 5-1 所示。

5.2.1 绩效评估与能力评估相结合，突出"效""能"之间的联系与区别

在以效能为导向的公共图书馆评估中，"效"是目的，是公共图书馆建设、管理与服务所追求的结果；"能"是依托，能力建设是公共图书馆实现绩效目标的过程和基础。其中，对绩效的评估主要着眼于对公共图书馆绩效高低的价值判断，是关于公共图书馆"好"与"不好"，或"有多好"的检查和报告；而对能力的评估，则是以一种更深刻的审视态度，反向追溯公共图

书馆及其主管部门为实现绩效目标所付出的努力是否充分、有效，是对公共图书馆"为什么好"或"为什么不好"的诊断与分析。

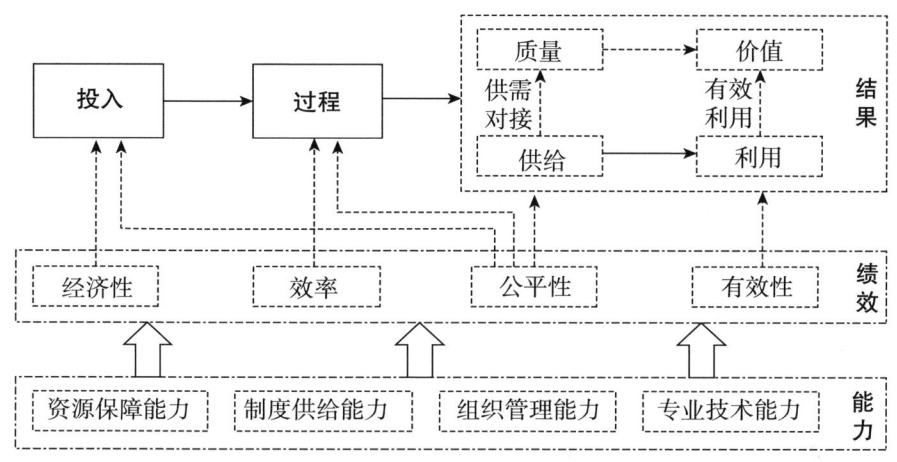

图 5 - 1 以效能为导向的公共图书馆评估模型

以往公共图书馆评估定级工作中，一直将绩效评估与能力评估混杂在一起。本书认为，应尽快改变这一做法。一方面要突出公共图书馆绩效评估与能力评估在评估内容和评估目的等方面的差异，分别以不同形式展现两者的不同结果，以形成对公共图书馆绩效水平更清晰的认识；另一方面也要重视公共图书馆绩效评估与能力评估的内在关联，以绩效评估的结果为中心，建立公共图书馆经济性、效率性、公平性、有效性等绩效目标与公共图书馆资源保障能力、制度供给能力、组织管理能力和专业技术能力之间的因果联系，通过对不同图书馆之间绩效与能力的交叉分析和比较，识别绩优图书馆的关键成功因素，发现绩效欠优图书馆的主要缺陷及不足，以形成更加完整系统的效能评估结果。根据这样的评估结果，不仅可以提出公共图书馆的绩效改进目标，还可以进一步围绕绩效改进目标，规划公共图书馆能力提升的实现路径。

5.2.2 投入、过程、结果评估相结合，强化公共图书馆的成本效益观念

以效能为导向的公共图书馆评估是投入、过程、结果相结合的评估，既要以服务供给和利用的有效性为中心，同时又要重视过程的投入产出效率，强化公共图书馆建设、管理与服务的成本效益观念。

在公共图书馆评估中突出成本效益观念，体现了对公共图书馆主观努力的重视，既有利于发现在艰苦条件下取得突出成绩的公共图书馆，有效总结和推广其成功经验，又能够精准发现某些地区公共图书馆资源闲置浪费的问题，及时优化调整资源配置，指导其加强管理，提升效能。

在公共图书馆评估中突出成本效益观念，也体现了公共图书馆不断满足公众日益增长的知识信息需求的职业追求。从理论上讲，公众对图书馆的知识信息需求是无限的，而公共图书馆在一定时期内可以获取的公共资源却始终是有限的。这就需要引导公共图书馆积极发挥主观能动性，不断提升其建设、管理与服务水平，尽可能在有限的资源条件下创造更大的服务价值。

在公共图书馆评估中突出成本效益观念，还有助于公共图书馆选择更有效率的管理运营方式，在坚持政府主导原则的基础上，广泛吸纳社会力量共同参与。一方面，通过成本效益分析，可以更直观地展现公共图书馆的投资价值，为其树立良好社会形象，赢得投资者及潜在的社会合作者更广泛的信任与支持；另一方面，通过成本效益分析，也可以帮助政府管理部门在向社会力量购买公共图书馆服务时做出更加明智的选择，帮助公共图书馆在开展业务外包过程中做出更加科学的决策。

需要强调的一点是，对公共图书馆成本效益的追求，必须建立在坚持公平、公益原则的基础之上，特别是在吸纳社会力量参与公共图书馆建设、管理与服务的过程中，不能盲目追求低成本而损害公益服务质量。

5.2.3 不同利益相关者视角下的公共图书馆评估模型

目前，我国公共图书馆评估定级活动主要由政府主管部门组织开展，但在其组织实施过程中，参与评估的还有其他多方面利益主体，包括图书馆行业组织、业界专家、社会公众、第三方评估机构以及公共图书馆自身。不同主体与公共图书馆之间的利益关系不同，他们在评估活动中的立场和关注焦点也存在明显差异。如果不能准确把握这种差异，就很容易导致评估工作中不同主体间的角色错位，从而影响评估工作的有序组织和评估结果的有效利用。为此，本节在图 5-1 的基础上，加入了利益相关者的视角，如图 5-2 所示。

对于公共图书馆的利用者来说，他们主要关心公共图书馆服务供给的规模、质量与价值，而不需要了解公共图书馆的投资来源和内部管理运行方式；而公共图书馆的管理者不仅致力于提供充足、优质和有价值的服务，同时还追求以成本效率最优的方式提供服务；在此基础上，以政府管理部门为代表的公共图书馆投资者，还需要尽可能保证其资金使用符合经济性的要求。

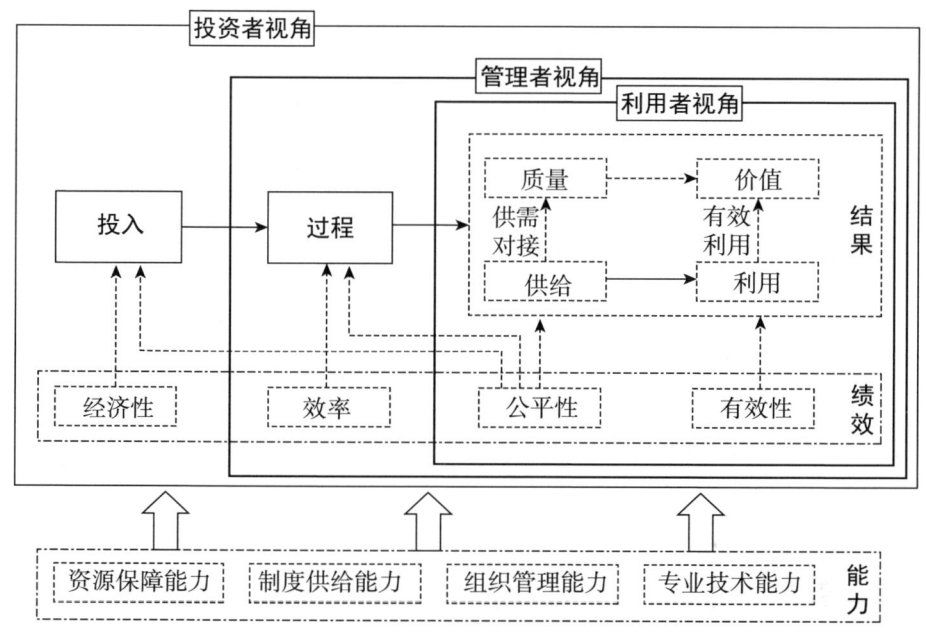

图5-2　不同利益相关者视角下的公共图书馆评估模型

其中需要强调几个方面的问题：第一，对管理运行者的评估不应包含对其获得资金投入或其他资源保障的要求。对他们而言，政府管理部门向其交付一座5万平方米的图书馆，这是他们实际可以掌握的资源，其职责是利用这一资源，优质高效地提供公众所需要的服务，而政府管理部门为此无论是花费了5000万元还是8000万元，都不在其管理和控制的范围之内。第二，无论从哪一类利益主体的视角进行绩效评估，都有必要由其评估结果反向追溯到对公共图书馆能力建设水平的评估。缺乏从资源保障、制度供给、组织管理和专业技术等方面进行诊断和分析的评估结果，就不可能实现"以评促建、以评促管、以评促用"的目的。第三，"公众"与"利用者"的概念存在差异。一方面，公众不仅是公共图书馆的利用者，同时也作为纳税人兼有间接的投资者角色，从这个意义上讲，公共财政面向公共图书馆投资的经济性及其使用效率，与公众也有着间接的利益相关性，其评估结果应该使公众知晓。另一方面，公共图书馆的利用者不仅包括公众，同时也包括由公众组成的机构、团体、法人等组织。因此，在公共图书馆评估过程中引入利用者视角时，应当综合考虑不同类型利用者的需求。

除图 5 - 2 中所示三类主要利益相关者以外，在全国县级以上公共图书馆评估定级工作中，实际参与评估定级工作的主体还包括中国图书馆学会、专业咨询公司，以及组成评估小组的大量图书馆业界专家。这几类评估者都属于接受政府管理部门委托参与评估定级工作的第三方，在评估过程中应当根据委托方的目的和要求选择合适的立场。例如，当评估工作是以检查政府管理部门公共服务绩效为主要目的时，受委托方应以对投资者的评估视角参与评估；当评估工作以规范指导公共图书馆的管理运行和服务提供为主要目的时，受委托方应以对管理者的评估视角参与评估；而受委托开展群众满意度调查的第三方咨询公司，则应以利用者的视角参与评估，包括从利用者的评估需求出发设计调查问卷、出具调查结果等。

5.3 公共图书馆效能评估模型中指标取舍的 SMART 原则

SMART 来源于组织管理领域的目标管理原则，被称为目标管理的"黄金准则"，在很多领域得到应用。其中五个字母分别代表五个原则，即：S 代表明确性（specific），M 代表可测性（measurable），A 代表可达成性（attainable）或可接受性（acceptable），R 代表相关性（relevance）或现实可行性（realistic），T 代表时限性（time-bounded）或可追踪性（trackable）[①]。本节根据公共图书馆评估工作的特点，对上述内容进行了适应性调整。

---

① 李宇庆 . SMART 原则及其与绩效管理关系研究 [J]. 商场现代化，2007（19）：148 - 149.

5.3.1 明确性（specific）

评估指标应当是指向明确的，有清晰可辨识的语义，能够为评估者和被评估者准确理解和把握；应避免使用语义模糊，或尚未在行业内形成共识的指标。第六次评估标准在指标的明确性方面较前几次评估做了明显的改进，但仍然有部分指标存在指向不明的问题。例如，"未成年人及其他特殊群体服务"指标中的"服务效果""活动影响"，"阅读指导"指标中的"阅读指导效果"，"普通参考咨询服务"指标中的"咨询质量"，"图书馆网站"指标中的"网站结构""网站内容""网站美化""网站维护""管理与更新"等，都缺乏明确定义。相应地，不同评估者对这些指标进行评分时，只能依据其个人经验进行主观判断，带有很强的主观随意性，其评估结果也因此缺乏实际意义。

指标明确性原则同时还意味着，对存在不同统计口径或计算方法的指标，在评估时应对其定义和方法予以统一。典型如电子图书藏量是否包含全国或地区授权资源，网站访问量是按 PV（页次）计算还是按 UV（人次）计算等。

5.3.2 可测性（measurable）

指标具有可测性，是指其对应的评估方法是可靠的，能够通过严谨科学的统计、调查、比较、排序等方式得到相对客观准确的评估结果，而不是仅仅靠听汇报、看材料等方式进行大略的"估计"或"酌情打分"。同时，可测性还要求充分考虑指标评测的实施难度。有些指标虽然从理论上讲具备可测性，但在某些评估场景中实际操作的困难很大，也需要尽量避免。典型如开架书刊排架正确率、分类编目数据正确率、多卷书入藏完整性等，一般需要通过抽查方式进行评估。我国现行评估标准也规定了一些指标的抽查方法，并对抽查时间、样本范围等方面提出明确要求。但在实践过程中，由于评估时间有限等原因，这些要求的现实可操作性并不强，因而往往没有有效执行。为此，今后还需要对这些指标的评估方法进行必要的调整。在条件允许的情况下，也可以考虑将这类型指标交予第三方机构单独进行随机抽检。

指标可测性原则同时还要求指标评估结果在不同图书馆之间具有明确可

比性，这也意味着指标测评结果具有可重复性，不同评估者，或同一评估者在评估期内的不同时间对同一图书馆进行测评，得出的结论应当基本一致。

5.3.3 评估资源可得性（available）

评估资源可得，是指对特定指标进行评估时，所需要的统计数据、信息资料可以获取，其真实性、完整性能够得到保障。为此，历次公共图书馆评估标准都设置了"统计分析"和"档案管理"的指标，对公共图书馆各类数据、档案资料的规范性、延续性等提出了明确要求，对引导公共图书馆加强有关方面工作起到了一定的促进作用。但即使如此，仍然需要重视这些统计数据和档案资料在评估过程中的实际可得性，即：所需的这些数据资料应当在大多数图书馆中真实存在。有公共图书馆工作人员以亲身经历指出，各馆在评估档案的准备过程中，存在"创造"甚至"伪造"档案的现象①。这说明公共图书馆当前数据统计和档案管理的现实情况与评估标准中对某些指标的数据资料要求之间仍然存在距离。今后在对公共图书馆评估标准进行修订时，在继续完善对"统计分析"和"档案管理"指标的评估要求的基础上，也需要从可操作性的角度，舍弃当前无法得到有效数据资料支撑的指标，避免因不合理的数据资料要求给参评图书馆增加额外负担，或因数据质量问题对评估结果的可靠性造成影响。

5.3.4 目标相关性（relevance）

目标相关性原则也可以称为目的性原则或必要性原则，是指评估指标的设置应当服务于评估目标，指标内容与评估目标之间存在必然的联系。以效能为导向的公共图书馆评估，也应当紧密围绕其绩效目标及相关的能力建设目标进行指标设置，一方面确保在各目标方向都设置了可有效测度的指标，另一方面尽可能排除与目标无关或背离目标方向的指标。

为保证评估指标与评估目标之间的关联，可借鉴层次分析法中的层次模型构建方法，通过"评估目标—评估维度—评估指标"的分层结构（见图5-3），将公共图书馆评估中的绩效目标和能力建设目标逐级落实为明确、可测的评

---

① 沈丹凤. 对公共图书馆评估档案的认识［J］. 科技情报开发与经济，2011（11）：96-98.

估指标。

目标相关性原则是双向的，不仅包含"指标—目标"的向度，同时也包括"目标—指标"的向度。也就是说，在评估指标体系构建的过程中，不仅需要保证每一个指标与其对应目标之间存在必要关联，同时还需要从目标出发，从多个可能与其相关的指标中选择相关度更高的指标。例如，英国文化传媒与体育部在 2004 年对其公共图书馆服务标准进行修订时，将原标准中"成功从图书馆获取所需图书的用户比例""成功通过图书馆检索、查询到所需信息的用户比例""认为图书馆员工知识水平高或很高的用户比例""认为图书馆员工提供了好或者很好的帮助的用户比例"等 4 项指标整合为"认为图书馆提供的服务好或非常好的用户比例"1 项（后来的修改中，该指标被细分为 16 岁以下用户评价和 16 岁及以上用户评价两项），删除对成人小说、成人非小说、儿童资料、参考资料、大开本图书、磁带书等不同类型馆藏每千人年新增量的规定等①，就是从目标相关性角度所做的指标取舍。

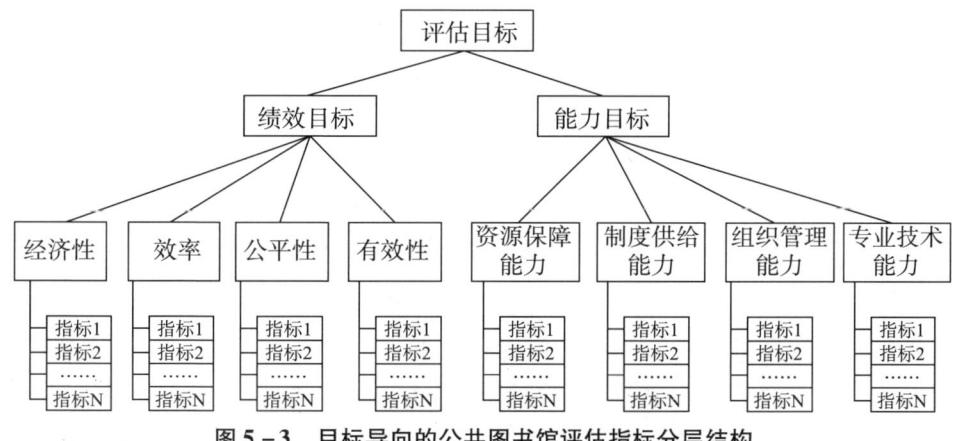

图 5 – 3　目标导向的公共图书馆评估指标分层结构

除此之外，在根据图 5 – 3 设置评估指标时，还需要注意公共图书馆能力

①　DCMS. Consultation on the Public Library Service Stansards ［EB/OL］. （2004 – 04 – 29）［2020 – 04 – 11］. http://webarchive. nationalarchives. gov. uk/20050302032623/http://www. culture. gov. uk/NR/rdonlyres/51077F04-4DC6-44BE-866B-049A05A5B9B8/0/Service Standardsconsultationlet. pdf.

目标与绩效目标之间的相关性。也就是说，应当从提升公共图书馆的经济性、效率性、公平性和有效性等绩效表现的目标出发，研究和分析加强公共图书馆资源保障、制度供给、组织管理、专业技术等各方面能力建设的需求，并以此作为设置公共图书馆能力评估指标的依据。

目标相关性原则还要求评估指标具有价值判断功能，而不止于对事实的描述，这也是评估指标与统计指标和业务档案的本质区别。例如，"每周开放时间"就属于事实描述性的指标，它是中立的，无关图书馆是"好"或者"不好"的倾向；而"开放时间合理性"则是具有价值判断功能，更能体现评估目标的指标。Nancy A. Van House 和 Thomas A. Childers 在美国图书馆协会 1993 年出版的《公共图书馆有效性研究》一书中指出，"指标（indicators）告诉我们评估时需要关注的方面，而量度（measures）则提供了对这些方面进行评估的具体方法"[①]。在此例中，"开放时间合理性"是评估指标，"每周开放时间"是它的一个量度，该指标的量度还包括"周六日是否开放""公休日是否有开放时间"，以及"用户对开放时间的满意率"等其他方面，它们分别从定量和定性的维度，共同定义了指标的评估内容和方法。

5.3.5 时效性（timeliness）

时效性原则是指评估指标应当根据公共图书馆事业发展的需求进行动态更新，因而也可以称为指标的动态性原则。随着公共图书馆事业的不断发展进步，人们对公共图书馆事业发展的目标要求也不断变化更新，应及时删除过时或失效的指标，同时根据新发展目标的评估需求进行指标增补。例如，目前我国公共图书馆设施建设已基本完成"县县有图书馆"的全设置目标，并进一步提出"建立覆盖城乡、便捷实用的公共图书馆服务网络"的要求，与之相适应，公共图书馆评估标准也需要围绕公共图书馆设施网络的"覆盖率""便捷性""实用性"等要求设置新的指标。又如，《公共图书馆法》指出，公共图书馆"应当将推动、引导、服务全民阅读作为重

---

① VAN HOUSE N A, CHILDERS T A. The public library effectiveness study：the complete report [M]. Chicago：American Library Association, 1993：3.

要任务"，这一功能定位也要求我们围绕公共图书馆阅读服务的内容和方法进行深入研究和思考，提出新的、能够反映其绩效目标及能力建设要求的评估指标。

5.3.6 各原则之间的关系

总体而言，上述五个原则之间没有严格界限，而是彼此联系，相互影响，如图 5 - 4 所示。目标相关性是其中最为核心的内容，是明确指标语义的来源；明确的指标语义包含对评估所需统计数据及信息资料的要求，从而为评估资源的可得性提供指导；评估资源的可得性与指标的明确性共同构成指标可测性的基础；与此同时，指标的时效性代表了目标相关性的一个侧面，也对指标语义的可测性、评估资源的可得性和指标的可测性等构成重要影响；而评估指标与评估目标之间的相关性，最终通过指标的有效测度得以实现。

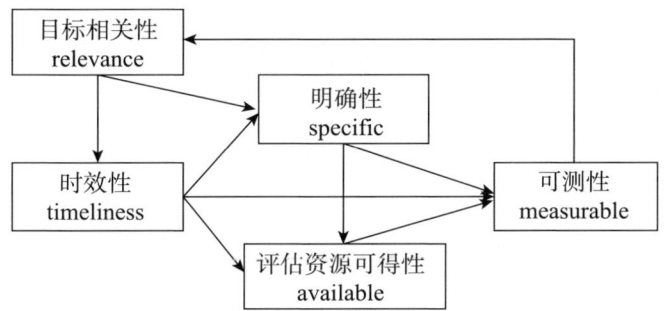

图 5 - 4　公共图书馆评估指标设置原则及其相互关联

值得注意的是，一次评估活动中往往需要同时应用多个评估指标，特别是在类似全国县级以上公共图书馆评估定级这样的大规模综合性评估中，所用指标数量可能多达数十甚至数百个，在评估方案的设计过程中临时对大量指标的科学性进行全面研究论证是不现实的。为此，有必要在继续加强对评估指标体系整体性研究的基础上，积极引导研究人员围绕公共图书馆的效能目标，对反映其效能水平的各具体指标开展持续跟踪研究，为新增指标的实践应用和失效指标的有序退出提供可靠的参考依据。

5.4 公共图书馆效能评估模型中的评估方法应用

评估指标最终应用于评估实践，还需要有可操作的评估方法。综合国内外已有的研究成果和实践经验，常用的评估方法主要包括定量评估方法、定性评估方法和多指标综合评估方法三种。

5.4.1 定量评估方法

定量评估方法的实质是统计和比较，其关键在于设置合理的评估标杆。国外公共图书馆评估标准中定量指标的标杆设置，多强调对调查统计数据的科学应用。例如，澳大利亚公共图书馆标准指南中 12 项定量指标（2016 年修订版增加到 15 项）的基准值（baseline target）和增强值（enhanced target），均以大洋洲国家和州立图书馆网络（National and State Libraries Australasia，NSLA）的年度统计数据为依据进行设定与更新，其中，基准值为全国平均值，增强值为国内排名前三个州的平均值[1]；英国公共图书馆服务标准基于相关统计数据的上四分位数（the upper quartile）[2] 对定量指标的目标值进行动态更新，如"16 岁以下少年儿童用户对图书馆服务的满意率"一项，2004 年

---

① QUINN S, MCCALLUM I. Continuous improvement：national standards and guidelines for Australia's public libraries［J/OL］. Australasian Public Libraries and Information Services，2011，24（3）：101 – 106［2019 – 07 – 28］. https：//search. proquest. com/docview/912678186? accountid = 13151；Australian Library and Information Association，the ALIA Public Libraries Advisory Committee. Beyond a quality service：strengthening the social fabric standards and guidelines for Australian public libraries，1st ed. ，2011［EB/OL］. ［2019 – 07 – 22］. http：//www. rhcs. com. au/wp-content/uploads/2011/05/National-Public-Library-Standards. pdf；Australian Library and Information Association. Guidelines，standards and outcome measures for Australian public libraries［EB/OL］. ［2019 – 07 – 22］. https：//www. alia. org. au/sites/default/files/20160714% 20Guidelines% 20Standards% 20and% 20Outcome% 20Measures% 20for% 20Australian% 20Public% 20Libraries% 20-% 20MANUS CRIPT% 20VERSION_0. pdf.

② 四分位数，是统计学中分位数的一种，即把所有数据由小到大排列，并分成四等份，处于第三份和第四份之间分割点位置的数据就是"上四分位数"。

首次使用时建议的达标值为 77%，2007 年 12 月根据抽样调查结果调整为样本的上四分位数——90%；2008 年 4 月又根据 2007—2008 年度各地方图书馆当局报告的数据调整为 87%①。

上述案例遵循了相同的发展思路，即根据公共图书馆事业发展的客观统计数据区间分布设定行业标杆，引导处于行业低水平或中低水平的图书馆不断向处于行业中、高水平的图书馆看齐。这一做法为定量指标的标杆取值确立了易于理解和操作的基本原则，突出了通过同行之间的相互比较和持续竞争推动全行业整体向前发展的要求，使评估标准既来源于现实，又能够保持动态更新，具有很好的发展性。在美国星级图书馆评估等以行业排名为目的的评估项目中，将这种同行比较方法应用得更为极致。这些项目往往并不预设标杆，而是将所有图书馆的数据在全行业范围内进行比较和综合排序，其优势在于高度计算机化，简单易行，仅以一两人进行日常维护，便能实现对数千家公共图书馆的年度排名。

相比较而言，我国公共图书馆评估标准中定量指标的标杆（"指标值"）设置还不够科学严谨。有必要借鉴国际同行的成功经验，以充分的调查统计数据为基础，明确定量指标取值和分档的方法准则，建立指标取值的动态更新机制，使其更贴合我国公共图书馆事业发展实际，更好地发挥评估工作对事业发展的促进作用。在对公共图书馆进行等级评定时，也可以借鉴美国星级图书馆评估的方法，更加突出核心定量数据在全行业的横向比较。

5.4.2　定性评估方法

在评估实践中，并非所有指标都可以基于调查统计数据实现充分量化，必然存在大量无法量化的内容，需要应用定性方法进行评估。据笔者统计，在第六次全国县级以上公共图书馆评估定级工作中，定性指标数量在全部指

① Public library standards in England ［EB/OL］．［2019-05-02］．https://www.public librariesnews.com/useful/documents/public-library-standards-in-england；Department for Culture, Media and Sport. Consultation on the public library service stansards ［EB/OL］．(2004-04-29)［2018-05-01］．http://webarchive.nationalarchives.gov.uk/20050302032623/http://www.culture.gov. uk/NR/rdonlyres/51077F04-4DC6-44BE-866B-049A05A5B9B8/0/ServiceStand ardsconsultationlet.pdf.

标总数中占比超过三分之二。与定量指标相比，定性指标的评分更依赖评估者的主观判断。如何对指标评分方法进行定义和描述，提高其评估过程和结果的确定性和可靠性，是各类评估实践中必须要解决的问题。综合国内外已有评估研究和实践，常见可用的定性评估方法主要包括以下几种类型：

5.4.2.1 基于客观事实的是非判断

是非判断性指标常见于资格认定或水平达标类评估中，表现为对图书馆某一方面特征、状态的客观描述，如馆长是否接受过图书馆学专业的系统培训，图书馆是否是全国联合编目中心成员馆，是否开展跨系统的馆际互借和文献传递等。对这类指标，可以参考美国各州图书馆标准的做法，建立指标检查清单（checklist），以便于图书馆一一对照检查。建立检查清单的过程，也可以帮助标准制定者进一步审视评估指标的语义表达是否清晰，是否存在可能影响评估者和被评估者准确理解的问题，并及时对其进行修正。

5.4.2.2 基于同行比较的水平判断

在多数情况下，人们对事物的价值判断建立在自觉或不自觉的比较基础之上。在定量评估过程中，这种比较显而易见；而定性评估也有必要充分应用比较的方法。将评估者的主观判断尽可能放置到相对客观的参照体系中，帮助评估者从全局视角理解和把握评估的范围和尺度，有利于减少由于评估者认识局限性带来的评估偏差。例如，辽宁省文化厅1988年组织开展图书馆科学评估时，对定性指标的评分方法就体现了这种同行比较的思想。根据该厅印发的《指标评估方法》①，其评估所用定性指标的评分标准一般分为五等：达到全国同类馆最高水平的，为"优"（9—10分）；超过全国或全省同类馆平均水平的，为"好"（7—8分）；达到全省同类馆平均水平或超过地区同类馆最高水平的，为"中上"（5—6分）；达到地区同类馆平均水平的，为"中"（2—4分）；在地区同类馆平均水平以下的，为"下"（1分）；未开展此项工作的，不得分。上述评分方法虽然并不完善，对评估者的研究视野存在过高要求（需要具备准确判断一馆工作在全省乃至全国同行中所处位置的能力），但这种为定性指标建立同行参照体系，确定统一评分原则的结构化评

---

① 内部资料，由原辽宁省文化厅图书馆处干部、现东莞图书馆馆长李东来整理提供。

估思路仍然值得继承和发展。

5.4.2.3 基于成熟度模型的分层判断

成熟度模型又可以称为成长阶段模型，它是将事物趋向预期目标不断发展成熟的完整路径划分为若干层级/阶段，分别对每一层级/阶段的发展特征进行定义和描述，并将其应用于事物发展成熟度判断的方法模型。目前，在一些国家和地区的公共图书馆评估实践中，已经出现了体现其思想原则的评估方法。典型如我国台湾地区公共图书馆营运绩效评量，其中对各评估指标采取层级达标评分的方式，将每一指标划分为 5 个层级，并对每一层级提出累进式的得分要求，即每一层级得分要求都在达成上一层级要求的基础上增加新的内容。表 5 - 1 展示了营运规划项目下设的一个层级评分指标实例。

这种评估方式能够较好地引导图书馆循序渐进改进工作，其指标分层描述大多为基于客观事实的是非判断，可操作性和评估结果的确定性程度都比较高。但这种方法需要结合特定时期公共图书馆事业发展的目标需求，针对每一指标的层级结构进行比较精细化的研究，因而对评估标准制定者的要求也相对较高。

表5-1　我国台湾地区公共图书馆评量指标评分方式示例（2013 年，乡镇级）①

	示例一：图书资料分类编目	示例二：营运计划之订立与推动
5 分	符合 4 分标准，且电子书、电子资源能予以分类及编目	符合 4 分标准，且年度工作计划能与县市图书馆之策略计划、中长程发展计划相结合
4 分	符合 3 分标准，且资料分类编目正确，并能于线上目录查询系统中查得	符合 3 分标准，且年度工作计划能与图书馆本身之策略计划、中长程发展计划相结合
3 分	符合 2 分标准，且视听资料皆已分类及编目	符合 2 分标准，且能定期检讨执行情形及进度

---

① 转引自：吕明珠. 我国公共图书馆评鉴之发展与建议［J］. 图书与资讯学刊，2014（2）：22－38.

续表

	示例一：图书资料分类编目	示例二：营运计划之订立与推动
2 分	符合 1 分标准，且期刊资料皆已分类及编目	符合 1 分标准，且能依计划进度执行
1 分	一般图书（图书及参考工具书）皆已分类编目	订有图书馆年度工作计划

5.4.3　多指标综合评估体系中的指标赋权方法

多指标综合评估体系中，指标赋权的科学性对评估结果影响重大，因而也常常为人们所关注。在历次评估定级工作中，标准研制团队都十分重视对指标权重的调整，以反映评估导向的变化；研究文献也倾向于通过指标权重的变化，对国家政策的走向进行分析和解读。

现行公共图书馆评估标准的指标赋权方法也存在许多问题。从目前所掌握的材料来看，历次评估标准修订过程中，指标赋权过程都处于不透明的状态，参与赋权的专家的权威性和代表性没有经过同行确认，赋权结果也未经广泛交流和讨论。与此同时，随着指标体系内容的不断拓展，指标赋权的复杂性不断增加，对指标赋权方法进行优化调整的需求也日益迫切。为此，有必要提高指标赋权过程的透明度，对参与赋权的专家权威性进行控制。可参考王素芳等人提出的专家权威程度量表[①]，从专家对指标的熟悉程度及其在赋权时的判断依据等方面进行综合分析。与指标评分一样，指标赋权也是价值判断过程，对参与赋权专家的选择，体现了评估工作的价值导向。在多元参与的评估体系建设中，也包括指标赋权过程的多元参与，应当积极吸纳包括图书馆研究领域专家、公共图书馆从业人员、政府管理人员和公众/用户代表等多元主体共同参与指标赋权，为评估工作提供不同视角。此外，指标赋权的方法也需要进一步完善，建议采用层次分析方法，根据"目标—维度—指标—量度"的分层结构，对指标体系进行逐级分组赋权，将同组比较的指标

---

① 王素芳，孙云倩，王波. 图书馆儿童阅读推广活动评估指标体系构建研究［J］. 中国图书馆学报，2013（6）：41–52.

数量控制在合理范围内，降低赋权过程的复杂性。

值得注意的是，自 2010 年 Thomas J. Hennen，Jr. 发起的亨氏美国公共图书馆评级项目停止更新以后，世界各国公共图书馆评估实践中，已鲜有采用加权算法的实例。Keith Curry Lance 和 Ray Lyons 认为已有的加权算法应用带有明显的主观随意性，因而在开发美国星级图书馆评估工具时，一早就摒弃了对指标进行赋权的做法①。这一趋势值得国内同行关注。一方面，需要对评分与评估的关系进行反思，在评估分数和评定等级以外，更加突出以评估标准为依据对公共图书馆效能水平的系统分析和诊断；另一方面，建议在加权算法之外，积极探索其他适用于多指标综合评估体系的替代算法，包括前文述及的数据包络分析方法、Lance 与 Lyons 等人在美国星级图书馆评估中应用的标准分计算方法，以及研究领域不断涌现出的其他各类技术方法等。

---

① The LJ Index：Frequently asked questions（FAQ）［EB/OL］.［2020 – 03 –12］. http://lj. libraryjournal. com/stars-faq/.

6　我国公共图书馆评估工作机制改革研究

　　评估定级制度是改革开放以来我国公共图书馆制度体系的重要内容。这一制度迄今已运行近三十年，除评估标准经过多次修订调整以外，评估工作机制也在持续改进。特别是在"十二五"以来，在政府管理部门与研究和实践领域的共同努力下，全国县级以上公共图书馆评估定级工作在规划部署、培训指导、媒体监督、社会宣传等方面都实现了比较重要的创新突破。与此同时，在当前文化体制改革全面深化和现代公共文化服务体系日益完善的时代背景下，其中一些深层次的矛盾和问题逐步凸显，关于这项工作组织实施方式的研究和反思仍在继续深入。本章借鉴国际同行在公共图书馆评估制度建设方面积累的成功经验，针对这些问题作进一步研究分析，提出完善我国公共图书馆评估工作机制的意见建议。

6.1　推动公共图书馆评估纳入政府绩效考核

　　现行公共图书馆评估指标体系中，包含许多原应由政府管理部门承担的职责内容，典型如财政拨款总额、新增藏量购置费、人员编制等指标。这在很大程度上导致政府与图书馆之间权责界限不明，评估结果对政府管理部门无法形成有效约束，在研究和实践领域一直广受诟病。第六次全国县级以上公共图书馆评估定级工作中，评估标准研制团队注意到这一问题，并为此调整评估指标体系，将"保障条件"与"服务效能""业务建设"区分开来，形成独立部分，并言明"保障条件"部分指标主要"评估政府的保障能力和保障状况"①。然而，事实上此次评估定级的对象仍然是各级公共图书馆，对评估指标体系内容结构的调整，并未能有效解决评估工作中对政府职能缺乏监管的问题。为此，有必要尽快推动建立直接以各级政府部门为评估对象的政府绩效评估制度，与以各级公共图书馆为评估对象的行业评估形成相互独立、互为补充的评估体系。

6.1.1　推进依法治理，健全对政府部门支持和保障公共图书馆事业发展的履职问责机制

2014 年 10 月，党的十八届四中全会首次专题讨论依法治国问题，审议通过《中共中央关于全面推进依法治国若干重大问题的决定》，要求"坚持依法治国、依法执政、依法行政共同推进，坚持法治国家、法治政府、法治社会一体建设，实现科学立法、严格执法、公正司法、全民守法，促进国家治理体系和治理能力现代化"②。依法治理成为推进国家治理能力和治理体系现代化的核心内容，不仅要求通过立法明确有关部门、机构、组织和个人在国家治理中的责任，实现"有法可依"，更重要的是需要通过立法建立配套管理制度，敦促各方面依法履职尽责，达到"有法必依"的治理效果。

近年来，我国公共图书馆事业的法律规范体系不断健全。特别是 2017 年11 月，《公共图书馆法》颁布，在推动公共图书馆事业依法治理方面实现了历史性的重大突破。但是，法律虽然明确了各级政府部门在建设和发展公共图书馆事业中分别承担的责任与义务，却没有针对其履职尽责的能力和水平建立相应的监督评价制度。相比较而言，英美等国家在其图书馆立法中对政府责任的规定更加完整，不仅规定政府管理部门有对公共图书馆进行监督评价的职责，同时也普遍强调，应对各级政府管理部门在支持、引导、推动公共图书馆事业发展方面履职情况进行检查和评估。如美国《图书馆服务与技术法》（1996）一方面规定各州/领土区图书馆管理局以五年为期对其图书馆事业发展计划进行自我评估，另一方面要求美国博物馆与图书馆服务署从国

---

① 邹金汇，柯平. 公共图书馆评估指标体系创新探讨［J］. 图书馆建设，2016（12）：8-14.
② 中共中央关于全面推进依法治国若干重大问题的决定［EB/OL］.（2014-10-28）［2020-04-23］. http://www.gov.cn/zhengce/2014-10/28/content_2771946.htm.

家层面"评估并报告博物馆、图书馆及信息服务在美国各方面的影响和成效";英国《公共图书馆与博物馆法》(1964)赋予文化传媒与体育部国务大臣对英格兰和威尔士地方政府依法履行图书馆主管机构职能进行调查的权力,同时要求国务大臣每年向议会两院递交调查报告;等等。

《公共图书馆法》颁布以来,有关这部法律的修订调整及配套制度研究逐渐提上日程,各地方的公共图书馆立法工作也正在加快推进。笔者认为,有必要借鉴英美等国家立法经验,补齐我国公共图书馆领域国家和地方立法中政府履职问责制度的空白,明确各级人民政府在公共图书馆建设、管理与服务方面接受上级检查和社会监督的义务。事实上,在我国现行法律体系中,也不乏可以参考借鉴的文本。如《中华人民共和国教育法》第十六条规定,"国务院和县级以上地方各级人民政府应当向本级人民代表大会或者其常务委员会报告教育工作和教育经费预算、决算情况,接受监督"①。政府部门在教育领域依法执政、依法行政的情况被纳入各级人民代表大会及其常务委员会的监督范围,尤见其受重视程度。公共图书馆事业与教育事业具有同等重要的公共、公益性质,教育立法在建立政府履职能力监督制度方面的经验,也从一个侧面体现了在同类公共事业立法中完善相应制度建设的必要与可能。

6.1.2 坚持权责统一,完善政府绩效考核中的公共图书馆建设内容

近年来,公共图书馆评估上等级要求先后被纳入全国文明城市评选、国家级公共文化服务体系示范区创建等城市综合评估指标体系,客观上提高了参评地区政府部门对公共图书馆评估定级工作的重视程度。其经验证实了将公共图书馆评估结果纳入政府绩效考核范围对公共图书馆事业发展的促进作用。但总的来说,参与这类评比创建活动的多为经济社会发展条件相对较好的地区,范围还非常有限。为充分发挥评估定级工作在促进地方政府支持和保障公共图书馆事业发展方面的作用,有必要将建设和发展地区公共图书馆事业的要求更普遍地纳入地方政府日常绩效管理与考核内容。

---

① 中华人民共和国教育法 [EB/OL]. (2015-12-28) [2020-04-23]. http://www.moe. gov.cn/s78/A02/zfs__left/s5911/moe_619/201512/t20151228_226193.html.

除此之外，仍需进一步厘清政府与公共图书馆之间的职权分工，建立相互独立、互为补充的评估指标体系。如前所述，在公共图书馆事业发展中，政府和图书馆各有司职。其中，人、财、物等资源的有效保障，公共图书馆事业的统筹规划与协调部署，以及这些工作中所需各类政策制度的制定，均属中央及各地方政府职责；公共图书馆在政府部门确定的制度框架下，利用政府部门提供的资源条件管理运行、提供服务。评估时应明确区分责任主体，分别对不同评估对象提出有针对性的评估要求。

对政府管理部门的评估，可包含其自我检查和报告的部分，但同时更应突出其接受上级检查和社会监督的要求。应当特别强调的是，地方政府建设和管理公共图书馆事业的职责，并非由文化行政部门独立承担，因此其绩效管理与考核对象，还应当包括财政、人事、国土、城乡规划等其他政府部门；应建立跨部门的统筹协调机制，根据各部门职责分工，按照权责统一的要求，有针对性地落实各部门绩效目标及考核要求。

6.2　建立健全公共图书馆的多元评估体系

全国县级以上公共图书馆评估定级工作大约每四年组织实施一次，规模浩大，影响深远，但周期间隔较长，对公共图书馆事业发展的日常监督、控制与反馈功能相对较弱；与此同时，作为一项全国统一的综合性评估活动，其评估内容侧重于对公共图书馆常规工作及成熟业务的达标检查和规范指导，难以及时有效地反映各地区、各级公共图书馆立足本地、本馆实际开展的专项工作实施成效。为此，有必要在继续完善现行公共图书馆评估定级制度的基础上，积极推动建立长周期一次性评估与日常动态评估相结合、综合评估与专项评估相结合、达标评估与竞争性评估相结合的多元评估体系。

6.2.1　建立日常动态评估机制

近年来，许多研究者对现行公共图书馆评估定级制度中的评估周期安排提出异议，认为应当缩短评估周期①。但笔者认为，不同评估周期各有利弊，应结合评估实践的不同目的和需求有所选择。长周期综合评估有利于公共图书馆以评估标准为指导，立足本馆发展实际，针对公共图书馆事业发展的薄弱环节和瓶颈问题制订整改方案，明确发展计划，利用相对较长的时间逐步落实到位；而一年期或半年期甚至更短周期的动态评估，则更便于公共图书馆随时跟踪采集本馆核心业务及服务数据，分析其发展特点及变化趋势，并据此实时调整优化业务及服务策略，更好地适应外部环境及用户需求的变化。以美国为例，其公共图书馆评估方式多元，既有五年期的州计划评估，又有一年期的联邦拨款项目评估；既有按年度开展的公共图书馆数据普查，也有由公共图书馆通过 Project Outcome 项目随时自主组织开展的用户调查。

当前，我国每四年开展一次公共图书馆评估定级工作的制度已相对比较成熟稳定，在"以评促建、以评促管、以评促用"方面发挥了积极作用；应在此基础上进一步完善公共图书馆的日常动态评估机制，增强评估工作的灵活性。首先，可积极推动评估工作与公共图书馆信息公告和年度报告等制度相结合。根据《公共文化服务保障法》的要求，公共文化设施管理单位应建立公共文化服务开展情况的年报制度（第二十一条）；《公共图书馆法》也要求公共图书馆定期公告服务开展情况（第四十二条）。2018 年 12 月，为依法建立完善公共图书馆年报制度，文化和旅游部委托国家图书馆研究院和广州市图书馆学会等单位，就公共图书馆年报编制的内容、方法、程序等问题开展调查研究，并在此基础上于次年 4 月申请立项研制文化行业标准《公共图书馆年度报告编制指南》。该指南已于 2022 年 1 月正式发布②，对公共图书馆日常业务及服务数据的持续动态跟踪和定期分析研究提出了一系列规范建议，有助于为公共图书馆评估工作的常态化、制度化发展奠定基础。

---

① 吴正荆，孙顗，吕少妮．美国公共图书馆评价方法在我国区域图书馆评价中的应用 [J]．中国图书馆学报，2013（4）：74－82；李建霞．基于 HAPLR 的我国省域公共图书馆评价及改进研究 [J]．图书情报工作，2014（15）：70－78，105；黄如花，苗淼．中美公共图书馆评估异同研究 [J]．图书馆建设，2017（5）：73－78，86.

② 全国图书馆标准化技术委员会．公共图书馆年度报告编制指南：WH/T 96—2022 [S/OL]．（2022－01－29）．[2022－03－16]．http://zwgk.mct.gov.cn/zfxxgkml/hybz/202202/W020220208588675269226.pdf.

其次，可借鉴 ISO 9000 全面质量管理认证体系、卓越绩效管理认证体系经验，探索建立公共图书馆达标认证机制。近年来，浙江杭州图书馆①、天津泰达图书馆②等已在全面质量管理认证方面进行了成功探索，广东东莞图书馆③和深圳龙岗图书馆④先后于 2012 年和 2013 年荣获"东莞市政府质量奖"和"龙岗区第二届区长公共服务质量奖"。但这些评估认证活动所用的都是各行业绩效管理的通用标准，目前还没有专门适用于图书馆行业的质量认证体系。建议以现行公共图书馆评估定级标准为基础，研究提出一、二、三级公共图书馆达标认定条件，指导各级图书馆根据上述达标认定条件自主制订达标创建计划，循序渐进开展达标创建工作，并根据达标创建进度选择合适时间提出达标认证申请，接受管理机构的评估认定。这样一方面可使评估定级工作的周期更加灵活，能够更贴近地反映公共图书馆当前建设和发展水平；另一方面也可将对数千家公共图书馆同时进行评估定级的压力分散至不同时间，以集中评估力量，长期可持续地为各级公共图书馆参与达标创建和评估认证提供指导与服务，从而为建立专门评估管理机构、培育专业评估队伍，不断提高评估定级工作的专业化、规范化程度创造更有利的条件。

6.2.2 开展面向重要政策、重大项目的专项评估

公共图书馆事业的发展是一个累进的过程，不同时期有不同时期的建设重点。国家宏观管理层面，主要是通过各阶段制度实施不同的政策制度对其加以规划和引导。最近二十余年来，部署实施国家重点文化工程项目也日益成为党和国家统筹协调各方面资源、推动公共图书馆事业发展关键领域整体

---

① 胡芳，粟慧. 杭州图书馆 ISO 9000 质量管理体系认证实践及启示 [J]. 图书馆学研究，2012 (24)：32－34，37.

② 吴营，季晓林. 浅议图书情报档案一体化质量管理与创新——以泰达图书馆档案馆实施 ISO9000 质量管理为例 [J]. 图书馆工作与研究，2013 (11)：61－63.

③ 李东来，奚惠娟. 卓越绩效管理模式——公共图书馆发展的现实选择 [J]. 图书馆论坛，2015 (8)：37－43.

④ 卢向东，陈鹏飞，潘金辉. 公共图书馆卓越绩效管理——以深圳龙岗图书馆为例 [M]. 武汉：武汉大学出版社，2015：8.

发展的重要政策手段。历次全国县级以上公共图书馆评估定级工作都对这些政策制度和工程项目的实施给予了必要关注，不断将新的政策制度要求及工程项目督导内容纳入评估标准，使评估工作与公共图书馆事业政策保障体系不断健全完善的进程保持了较好的同步更新，从而实现对公共图书馆事业建设和发展水平的全面检查与综合评定。

但与此同时，在全国县级以上公共图书馆评估定级工作的综合体系中，这些政策制度要求和工程项目督导内容与公共图书馆其他常规工作的规范要求处于平行位置，其评估内容的设置侧重于全面、系统，而难以做到精准、细致；特别是对于特定时期针对特定问题制定的专门政策和开展的专项工作而言，目前的综合性评估很难突出这些专门政策和专项工作的时代性特征与要求。为此，有必要根据这些政策制度和工程项目的实施需求，有针对性地组织开展专项评估。在这方面，各级政府主管部门已经进行了一些成功探索。例如，根据文化部、财政部 2011 年联合印发的《关于推进全国美术馆、公共图书馆、文化馆（站）免费开放工作的意见》，两部委于 2012 年 3—5 月组织对各地区贯彻落实免费开放要求的情况进行督查，取得了积极成效①；除此外，2011 年以来开展的国家公共文化服务体系示范区创建工作，以及公共数字文化建设工程等，也都建立了相应的督导评估机制。近年来，各级政府部门围绕现代公共文化服务体系建设，陆续制定发布了系列重要政策文件，公共图书馆管理体制和运行机制的改革创新是其中的重要内容。为此，有必要加强对上述政策、项目督导评估经验的总结、推广，建立完善对重要政策制度和重大工程项目的常态化、制度化评估督导机制，充分发挥评估工作对事业发展的引导和促进作用。

另外，现行评估定级工作的主要目的在于对公共图书馆建设、管理及服务水平进行检查和督导，纳入其中的政策制度和工程项目内容也主要侧重于检查这些政策制度和工程项目既定目标任务的贯彻落实情况，缺乏对政策、项目本身的科学性、合理性和可持续性的必要审视与反思。当政策制度和工程项目的规划设计符合公共图书馆事业发展需要时，通过评估监督其实施，

---

① 文化部关于三馆一站免费开放督查工作情况的通报［EB/OL］.（2012 – 10 – 11）［2020 – 04 – 25］. http://www. gov. cn/gzdt/2012 – 10/11/content_2241485. htm.

可以有效促进事业发展；反之，当政策制度和工程项目的规划设计有违事业发展规律时，通过评估强化其错误导向，则将对事业发展造成更广泛深远的负面影响。一个比较典型的例子是第一、第二次评估工作中关于公共图书馆有偿服务的指标设置。根据 1987 年《关于改进和加强图书馆工作的报告》①中对图书馆开展有偿专业服务的要求，这一时期的公共图书馆评估标准专门设置了"创收纯收入""创收补充事业经费占创收纯收入"等指标，其中对"创收纯收入"指标的定量要求达到"总经费额度"指标定量要求的 20%。各级图书馆因此投入大量精力从事经营创收活动，甚至将基本的文献借阅、参考咨询等服务列为收费项目，严重背离了公共图书馆的公益性、均等性服务理念。此举不仅阻碍了图书馆正常业务的开展，同时也极大损害了公共图书馆的社会形象。为此，在现行公共图书馆评估定级工作的综合评估体系之外，建立专门面向有关政策、项目的评估机制，还可以进一步完善我国公共图书馆事业有关政策过程的科学管理，以形成涵盖政策酝酿、政策制定、政策执行、政策评估、政策调整与终止等过程的完整闭环②。

6.2.3 发展基于同行比较的竞争性评估

全国县级以上公共图书馆评估定级呈现出一定的"竞争性评价"特征③，包括根据评估分数排名，结合"定级必备条件"对参评图书馆进行等级评定等。但从历次评估定级结果来看，作为各等级图书馆底线标准要求的"定级必备条件"在这一过程中发挥着主导作用，其本质上仍然是以"达标"为目的的评估。这种评估方法对标准值设定的科学性有较高要求，在掌握基础数据不够全面及时的情况下，很容易出现标准值偏离事业发展现实水平的问题。同时，由于其标准值相对固定，达到标准值要求的图书馆在评估中获得相同的分数，无法体现差异性，也不利于激发达标图书馆继续进步的动力。为克

---

① 中共中央宣传部，文化部，国家教育委员会，等. 中央四部委院关于改进和加强图书馆工作的报告 [J]. 图书馆工作与研究，1988（S1）：1 - 4.

② 申晓娟. 面向公共图书馆服务体系建设的图书馆事业政策研究 [D]. 武汉：武汉大学，2013：134 - 135.

③ 李丹. 美国两类主要公共图书馆等级评价活动研究 [J]. 中国图书馆学报，2018（2）：97 - 112.

服上述问题与不足，需要对现行公共图书馆评估定级工作的形式与方法进行创新，在继续完善达标评估的基础上，积极发展基于同行比较的竞争性评估。

比较简单的方法是在全国县级以上公共图书馆评估定级工作中评定一、二、三级达标图书馆的基础上，根据达标图书馆的评估得分，按一定比例优选示范图书馆（或类似称号）。在此方面，上海市街镇图书馆考核定级的经验值得借鉴。历次考核定级工作中，上海市在评定一、二、三级图书馆的基础上分别设置"特级图书馆""示范图书馆""优秀图书馆"，以及"十大最具影响力图书馆""十大最有人气图书馆"等优中选优的荣誉激励，突出了通过考核定级树立典型、鼓励各街镇图书馆争先创优的导向作用①。除此之外，也可从评估指标体系中提取部分重点主题内容，分别评选不同主题的示范图书馆，如"阅读推广示范馆""新媒体服务示范馆""空间创新示范馆"等。

在上述改良方法的基础上，也可以借鉴亨氏美国公共图书馆评级、美国星级图书馆评估、德国公共图书馆绩效评估等评估项目经验，进一步探索建立独立于现行公共图书馆评估定级工作制度的竞争性评估机制。上述评估项目的相通之处在于它们都是基于各参评馆指标数据的行业排名进行评分或评级。其中又包括基于单一指标排名的简单评级方法和基于多指标综合排名的复杂评级方法。前者如德国公共图书馆绩效评估，通过对同组图书馆各单项指标的比较，求得其在服务、使用、效率和发展等四个构面上的指标百分位排名总和，并将其进一步分为上、中、下三个等级，分别给予1星、0.5星和

---

① 黄恩祝．在提高中创特色在创特色中提高——上海市街道、乡镇图书馆新貌［J］．图书馆，1996（4）：32-34；上海市人民政府．全市街道（乡镇）图书馆评估定级［EB/OL］.（2004-05-27）［2019-03-12］．http://www.shanghai.gov.cn/nw2/nw2314/nw24651/nw13107/nw13597/u21aw86681.html；起众．上海市文广局召开街道乡镇图书馆等级评定总结交流会［J］.图书馆杂志，2003（2）：24；关于开展浦东新区区县级公共图书馆评估定级和街道（乡镇）图书馆等级复评工作的通知［EB/OL］.（2009-08-18）［2019-03-12］．http://www.pudong.gov.cn/shpd/InfoOpen/Detail.aspx?Id=873353；金荣彪．市文广局开展第五轮全市街道（乡镇）图书馆等级评定工作［M］//屠光绍．上海文化年鉴2012．上海：《上海文化年鉴》编辑部，2012：294-295；上海市人民政府．上海市第六轮街道（乡镇）图书馆评估初步结果名单公示［EB/OL］.（2017-01-04）［2019-03-09］．http://www.shanghai.gov.cn/nw2/nw2314/nw2315/nw31406/u21aw1188091.html.

0 星，以其四个构面所得星级总和为其最终星级评定结果；后者如亨氏美国公共图书馆评级和美国星级图书馆评估，在对各指标分别进行比较、排序的基础上，进一步应用标准差和标准分等统计分析方法对其进行综合评分和排序，最后得到各馆优胜或星级评定结果。除此之外，郑振敏等人在对城市环境质量评估进行研究时提出的"虚拟最优参照"模型①也值得参考，其基本方法为：在指标集的取值范围内选取各参评对象的最优值，创建虚拟最优参照矩阵，分别以各参评对象的指标值矩阵与该最优参照矩阵进行比对，计算其"优越指数"并实现综合排序。

6.3 完善评估过程的公众参与机制

现代公共文化服务体系建设要求建立公众参与的评价反馈机制。2015 年，中共中央办公厅、国务院办公厅联合印发《关于加快构建现代公共文化服务体系的意见》，提出要"研究制定公众满意度指标，建立群众评价和反馈机制"②；2016 年颁布的《公共文化服务保障法》要求各级人民政府"建立反映公众文化需求的征询反馈制度和有公众参与的公共文化服务考核评价制度"（第二十三条）；2017 年颁布的《公共图书馆法》规定，国务院和省级人民政府文化主管部门对公共图书馆服务质量和水平进行的考核"应当吸收社会公众参与"（第四十七条）。根据上述政策文件及国家法律的要求，我国公共图书馆评估定级工作，以及各地开展的其他各类公共图书馆评估活动中，都已经通过问卷调查等方式，吸纳读者参与。但要更好地发挥公众在公共图书馆评估工作中的主体作用，仍需要在制度设计方面作进一步优化。

---

① 郑振敏，管河山，姜青山. 城市环境质量的竞争性评价模型［J］. 环境科学与管理，2008（10）：17－20.

② 中共中央办公厅、国务院办公厅印发《关于加快构建现代公共文化服务体系的意见》（全文）［EB/OL］.（2015－01－14）［2020－03－20］. http://www. gov. cn/xinwen/2015－01/14/content_2804250. htm.

6.3.1 提高满意度调查样本的广泛代表性

公共图书馆的服务对象是全体社会公众，服务过程中应当接受全体社会公众的监督，广泛听取公众意见。为此，需采取有效措施，扩大参与公共图书馆评估定级工作中满意度调查的群体范围，使其在公共图书馆所服务的社会公众中具有更广泛的代表性。

一是改"读者满意率"调查为"公众满意率"调查。我国公共图书馆服务还远未实现对全体社会公众的全面覆盖。截至 2020 年底，县级以上公共图书馆有效持证读者仅占全国总人口的 7.3%，大部分公众还没有成为公共图书馆的用户。了解这一规模庞大的"非用户"群体不能或不愿意使用图书馆的原因，对于图书馆改进服务，实现普惠均等服务目标具有重要意义。应当将这一群体纳入调查范围，深入了解他们对公共图书馆服务的需求与期待，征求其意见建议，为公共图书馆优化调整有关业务及服务策略提供参考。

二是加强对调查样本的科学控制。要实现这一目的，一个方法是应用概率抽样，其基本观念是："要对总体进行有用的描述，从该总体中抽样出来的样本必须包含总体的各种差异特征。"[1] 对于公共图书馆而言，影响其服务满意率反馈的用户群体差异主要包括性别、年龄、学历水平、经济条件，以及利用公共图书馆服务的频度等。不同特征用户群体对公共图书馆的需求和期待往往存在差异。在可能的情况下，应对各类用户群体进行等比例抽样，若条件受限只能进行随机抽样，则需要对抽样调查结果进行按比例加权校正。

除以上两点外，对调查方式和调查时间的控制也有助于提高样本的代表性。现场发放调查问卷的方式往往使调查对象局限于到馆读者，线上调查方法客观上又将不习惯使用网络的一部分用户排除在外。理想的调查方法应当综合应用线上、线下各种手段。线下调查尽可能覆盖到不同服务窗口和服务网点，线上调查应争取嵌入用户能够赖以获取公共图书馆服务的不同服务平台及界面，从而使调查范围有效覆盖通过各种渠道利用公共图书馆资源和服务的用户。同时，不同群体因其职业特征、作息习惯等的不同，利用公共图

---

① 巴比. 社会研究方法 [M]. 邱泽奇，译. 11 版. 北京：华夏出版社，2009：188.

书馆的时间存在差异，集中于较短时间内开展的调查活动往往容易造成对部分群体的代表性不足，例如，工作日开展的调查可能遗漏大部分上班族的意见，学期内开展的调查不如寒暑假调查更能反映中小学生对公共图书馆的利用情况，等等。为此，应当适当延长满意率调查的实施时间，使其能够有效覆盖不同的用户群体。

6.3.2 拓展面向公众的调查评估内容

现行公共图书馆评估定级工作在开展用户调查时，仅调查用户对公共图书馆设施、资源及服务的满意率，调查内容比较单一，调查结果对公共图书馆的最终评估得分影响较弱。应借鉴其他国家和地区开展公共图书馆用户/公众调查的方法，进一步拓展面向公众的调查评估内容。

一方面，应将满意率调查作为各相关指标的度量方法之一，更好地融入评估指标体系当中，与数据统计、专业评估等方法结合起来，构成对相应指标的多维评价。本书前述章节（5.3.4）曾以"开放时间的合理性"举例，说明"用户对开放时间的满意率"应作为该指标的量度之一，与"每周开放时间""周六日是否开放""公休日是否有开放时间"等量度一起，共同形成对该指标的评估结论；除此外，在现行评估标准中，未成年人及其他特殊群体服务的效果和影响，参考咨询服务质量，图书馆网站内容、结构、美化等方面的优劣，诸如此类指标，都应当将用户满意率作为其基本量度。以往评估定级以手工方式进行数据采集和统计分析，对满意率调查结果进行这样的分析并不容易；而第六次评估定级工作建立的评估信息化管理服务平台，为调查结果自动适配不同指标评估要求提供了新的可能。可在评估指标体系设计过程中，综合考虑各部分需要通过用户满意率调查进行评估的指标，将调查问题整合到统一的用户满意率调查问卷中；调查结果返回后，通过评估信息化管理服务平台，根据各指标评估需求分别调用。

另一方面，需要在满意率调查的基础上，增加关于公众对公共图书馆的认识、需求、期待以及相关批评建议的调查，以丰富评估结果，为公共图书馆以公众需求为导向改进服务策略、提高服务质量提供决策依据。进入 21 世纪以来，国内外同行应用组织管理和工商业领域用户调查工具，不断丰富图书馆服务质量的用户评价方法，为我们提供了可资借鉴的成功经验。例如，

Colleen Cook、Fred Heath 等人在 ServQUAL 基础上研发 LibQUAL 工具，从用户满意、用户期待、用户容忍三个维度对图书馆服务质量进行用户测评，根据用户在三个维度上的反馈差异，分析判断图书馆服务质量与用户需求之间的差距，以指导图书馆有针对性地改进服务，同时对有关服务资源进行优化配置①。日本国立国会图书馆在对"用户满意"进行调查的基础上，加入对其"改进期望"的调查，构建图书馆服务质量的四象限分析模型（如图6－1所示），通过对两者相关关系的综合分析决定各服务领域质量改进的优先策略，即："高满意—高期望"领域重点保障；"高满意—低期望"领域保持现状；"低满意—高期望"领域优先改进；"低满意—低期望"领域重新审定。

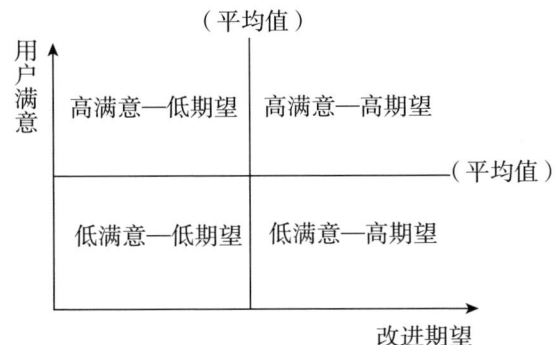

图 6－1　日本国立国会图书馆基于用户调查的服务质量分析模型②

6.3.3　丰富公众参与评估的形式

　　如前所述，问卷调查方法可以帮助评估者获取公众关于公共图书馆服务质量的满意度信息，并在此基础上分析公众期待图书馆改进的方向，但据此得出的调查结论通常被抽象为"满意"或"不满意"、"期待"或"不期待"等概念化陈述，难以客观呈现公众对公共图书馆服务更具体的意见建议。为

---

　　① Survey FAQs［EB/OL］.［2020－03－16］. http://www. libqual. org/about/about_survey/faq_survey；NITECKI D A. Changing the concept and measure of service quality in academic libraries［J］. Journal of Academic Librarianship, 1996, 22（3）：181－190.

　　② 国立国会図書館. 来館利用者アンケートにおける満足度・改善要望度について［EB/OL］.［2019－09－09］. http://www. ndl. go. jp/jp/aboutus/enquete/analysis_on. html.

此，有必要综合应用其他多种用户沟通方式，使用户意见得以更充分表达。
2014 年，Peter Hernon 等人在美国图书馆协会出版的《评估入门》一书中归
纳了获取用户满意度信息的多种不同方法，除问卷调查外，还包括个别访谈、
焦点小组、抱怨与评论分析等①。

　　为全面获取用户反馈信息，LibQUAL 等常用调查工具在结构化选项的基
础上设置开放问答内容，允许被调查者自由发表评论意见；我国公共图书馆
评估定级工作所用调查问卷也包含类似的问题。但在评估实践中，对这类开
放性问题的内容分析仍然是一大难题。LibQUAL 虽然强调了对上述评论意见
进行分析的重要性，但其提供给图书馆的调查分析报告中并未包含这部分内
容，而是将在线调查系统中采集的文本信息反馈给图书馆自行处理；我国评
估定级工作对此尚未提出明确要求，也鲜有图书馆对其进行采集、分析和研
究。近年来，一些研究者应用文本数据挖掘与语义分析技术，提出了解决这
一问题的新思路。例如，Michael Thomas Moore 基于 LibQUAL + 用户评论意
见构建情绪分析模型②，通过机器学习自动识别用户对图书馆服务的正面和
负面情绪，能够直接从非结构化的自然语言表达中获取被调查者对图书馆
服务质量的真实反应。这一方法也可以拓展应用到对公共图书馆日常读者
意见的采集、整理与分析中，实现从用户视角对图书馆服务质量更加全面、
客观的评价与反馈。

　　在上述调查和反馈过程中，公众主要以被调查者的身份被动参与图书馆
评估工作。对此，周文超等人进一步主张，"应从评估指标体系构建主体入
手，让读者参与到评估指标体系制定与标准细节说明等环节中，从评估工作
的源头上强调读者的地位和作用"③，其文中提出的专家与读者角色互换等方
式值得参考。

---

　　① HERNON P，DUGAN R E，MATHEWS J R. Getting started with evaluation ［M］.
Chicago：American Library Association，2014：105.

　　② MOORE M T. Constructing a sentiment analysis model for LibQUAL + comments ［J］.
Performance Measurement and Metrics，2017，18（1）：78 - 87.

　　③ 周文超，刘丽斌. 公共图书馆评估指标构建主体的研究 ［J］. 农业图书情报学刊，2014
（8）：68 - 70.

6.4　合理有序吸纳第三方参与公共图书馆评估

第三方评估首先源自公共政策领域。其中，第一方评估指政府内部的自评估；第二方评估指上级政府部门对下级政府部门或下辖机构开展的评估；除此之外统称第三方评估。公共图书馆不属于政府部门，但因为其事务具有公共服务性质，在公共图书馆领域引入第三方评估概念，通常指在政府主管部门评估和图书馆自评估之外，其他组织机构、团体或个人对公共图书馆开展的评估活动。根据授权方式的不同，第三方评估可分为委托第三方评估和独立第三方评估，前者如美国各州图书馆管理局委托外部专家或专家团队对其五年计划进行的评估；后者如美国《图书馆杂志》开展的美国星级图书馆评估、德国图书馆协会组织的德国公共图书馆绩效评估等。现代公共文化服务体系建设明确要求建立第三方评价机制，以"增强公共文化服务评价的客观性和科学性"[①]。应当积极吸纳第三方机构参与公共图书馆评估，使其成为政府主管部门评估和公共图书馆自评估的有益补充。在公共图书馆领域引入第三方评估应做到几下几点：

一是应突出对第三方评估主体的专业性要求。美国博物馆与图书馆服务署在其《五年评估指南》中指出，评估者应当具备严格执行评估活动所必需的专业能力，包括统计与定量研究方法的应用能力等[②]。具体而言，基于不同目的的评估，对评估者专业能力的要求也存在差异。例如，以向社会公众和外部利益相关者展示公共图书馆经济价值和社会影响为目的的评估活动，对统计学、经济学、社会学等领域专业调查工具和方法的应用要求较高；而对公共图书馆内部业务建设质量与效率的评估，则需要评估者对公共图书馆事

---

① 中共中央办公厅、国务院办公厅印发《关于加快构建现代公共文化服务体系的意见》（全文）[EB/OL]．（2015－01－14）[2020－03－21]．http：//www. gov. cn/xinwen/2015－01/14/content_2804250. htm.

② IMLS. Guidelines for Five-Year Evaluation [EB/OL]．[2016－10－10]．https：//www. imls. gov/sites/default/files/legacy/assets/1/AssetManager/2008－2012_Five-Year_Evaluation_Guidance_SLAA. pdf.

业发展规律有比较专业的认识和理解。

二是应维护第三方评估主体的独立性优势。第三方评估的独立性包括第三方评估主体的独立性和评估程序的独立性两个方面①。第三方评估主体的独立性主要通过规范的招投标程序予以保障，应确保评估主体具有独立的机构和人员，能够独立承担法律责任。评估程序的独立性要求避免主管部门、公共图书馆及其他利益相关者对评估过程和评估结果的不正当干涉，应于评估实施前订立委托合同，明晰双方责任义务，明确评估目的、评估方案及评估标准，并予以公示，接受媒体及公众监督；同时还需要加强对公共图书馆评估内容、方法及程序的制度规范，形成行业共识乃至社会共识。

三是应为第三方评估主体提供必要的制度支持和保障。德国评估学家赖因哈德·施托克曼等人指出，"外部评估有时也会面临一些问题，它会给被评估者带来恐惧感从而引起抗拒反应。如果它不能为相关人员接受，在今后评估结果的转化和应用时就会出现问题"②。为此，应加强对第三方评估工作的宣传引导，以获得利益相关方的理解与配合，确保第三方机构在评估过程中能够及时全面地获取必要的数据信息与档案资料，能够根据评估需要独立开展面向公共图书馆各利益相关方的调查访问；同时需要完善公共图书馆的信息公开制度，依法建立公共文化服务开展情况的年报制度（《公共文化服务保障法》第二十一条），为第三方评估的顺利开展提供信息基础。

四是要大力支持和引导图书馆专业评估机构的建设与发展。目前我国公共图书馆评估实践并未充分展开，除了全国统一组织的县级以上公共图书馆评估定级以外，各地区和各级图书馆自主开展的评估活动还比较少；与之相对应，市场上面向公共图书馆提供评估服务的组织机构和专家团队也不成熟。要改变这种状况，一方面有赖于各级公共图书馆管理者和从业人员评估理念的进一步发展，以不断扩大的评估需求反向刺激市场供给的兴旺；另一方面也需要加强对第三方专业机构的引导和规范，有关评估教育、培训及学术交流、研讨等活动，都应进一步面向各类潜在的外部评估者开放。与此同时，还应加快建立对评估机构和评估人员的专业认证机制，帮助公共图

---

① 程燕林. 理性看待第三方评估［N］. 经济日报，2017-04-17（13）.
② 施托克曼，梅耶. 评估学［M］. 唐以志，译. 北京：人民出版社，2012：89.

书馆根据其专业性（是否具备参与评估所需的专业技能）、公正性（是否与评估主体或评估客体之间存在直接利益关系），以及时间、成本等因素做出合理选择。

需要强调的是，引入第三方评估并不能替代政府主管部门和公共图书馆自行组织开展的内部评估。美国博物馆与图书馆服务署指出，内部评估和外部评估各有其优势与不足：内部评估者对图书馆的员工、社区、问题及资源等情况更为熟悉，在与各方面沟通合作、及时有效地获取评估所需信息方面占据优势；而外部评估者能够更好地从用户视角对图书馆服务进行客观审视，而且通常掌握更多内部评估者所不具备的评估研究能力、方法，拥有更多评估实践经验，对外部利益相关者而言更具有公信力①。但是，上述区别也并非完全一成不变。施托克曼等人指出，当组织内部建立了独立的评估部门并由合格的专家负责时，内部评估的专业性、独立性将得到有效保障；而当外部第三方组织长期就同一评估任务服务于固定机构时，其独立性和可靠性也可能因为对委托方的依赖而受损②。因此，在评估主体的选择过程中，还需要结合实际情况进行科学决策。

就全国县级以上公共图书馆评估定级工作而言，当前可着重在以下领域考虑引入外部第三方评估：一是评估定级过程中技术含量较低但需要耗费大量时间和人力成本的环节，如对各馆提交数据资料的合规验证及对标检查等，以往多由评估专家承担，造成专家资源的浪费，可考虑交由第三方机构完成；二是对专业评估方法和技术应用有较高要求的评估内容，如面向用户、公众及其他相关群体开展的公共图书馆服务质量、价值、影响等方面社会调查，为确保其样本结构、发放范围、发放时间等方面的科学性，一般应委托专业调查机构组织实施。此外，从国外同行经验来看，委托专业咨询公司研制公共图书馆评估的技术工具，开发、管理和维护公共图书馆评估的信息化管理系统等，也是吸纳第三方参与评估的重要趋势。

---

① IMLS. Guidelines for Five-Year Evaluation [EB/OL]. [2016 – 10 – 10]. https://www. imls. gov/sites/default/files/legacy/assets/1/AssetManager/2008 – 2012 _ Five-Year _ Evaluation _ Guidance_SLAA. pdf.

② 施托克曼，梅耶. 评估学 [M]. 唐以志，译. 北京：人民出版社，2012：91.

6.5　加强对公共图书馆评估过程的规范管理

在推动我国公共图书馆评估制度体系不断健全完善的同时，还需要特别重视专业化评估组织的建设与发展，重视为每一次具体的评估实践制订有针对性的评估工作方案，以加强对评估过程的规范管理，确保已有各项评估制度能够发挥实效。

6.5.1　健全公共图书馆评估组织

现行公共图书馆评估定级制度下，各级文化主管部门一般通过成立评估定级工作领导小组的方式，对全国和各地区评估定级工作进行统筹管理；各级图书馆通常也会成立迎评工作领导小组，统筹开展迎评准备工作。这些领导小组大多为临时性组织，仅对某一次评估定级工作负责。在评估定级工作开始之前和结束之后的更长时间范围内，公共图书馆评估工作总体上还缺乏必要的组织、规划和管理，处于比较无序的状态，亟须建立专门组织，持续关注、支持和推进公共图书馆评估定级制度的改革与发展。

在第六次全国县级以上公共图书馆评估定级工作的组织实施过程中，中国图书馆学会有效承接行业管理职能，在评估标准的研制、解读与培训，评估平台的建设、管理与维护，专业资源的协同与调度等方面充分发挥了政府主管部门所不能企及的优势。在当前政府管理体制改革加速向"小政府，大社会"推进的新形势下，应进一步继承和发展中国图书馆学会承接公共图书馆评估管理职能的成功经验，探索在中国图书馆学会组织架构下常设公共图书馆评估管理机构，推动中国图书馆学会承接政府评估职能逐渐成为一项制度性安排。该评估管理机构可以考虑以现有公共图书馆分会绩效评估工作专业组为基础组建，充分吸纳各级公共图书馆、图书馆专业研究机构、政府文化主管部门，甚至社会公众代表参与，主要致力于建立公共图书馆评估定级工作制度的常规研究、审查与更新机制，推动公共图书馆评估定级工作由长周期一次性评估向持续、动态、按需评估转型。在此基础上，可进一步支持和推动地方图书馆行业组织在本地区组织开展类似工作，鼓励各地区结合实际开展各具特色的制度设计研究和实践，通过开放共享、交流互鉴，推动全国公共图书馆评估制度不断健全与完善。

6.5.2 完善公共图书馆评估方案

评估方案是在评估活动开始前对其组织实施过程进行统筹规划和协调部署的纲领性文件，对于参评机构及其成员准确把握评估工作的目的、内容、方法准则、进度计划、质量要求等具有重要的指导意义。全国县级以上公共图书馆评估定级工作方案集中体现在每次评估定级之前印发的工作通知当中，其形式和内容仍然有待完善。

首先，应进一步凸显评估方案的目的性。"为什么评估"是策划实施一项评估活动必须首先思考和回答的问题。历次评估定级工作均强调"以评促建"，第六次评估定级进一步将其拓展为"以评促建、以评促管、以评促用"。这十二字方针体现了全国县级以上公共图书馆评估定级工作作为一项长期制度的总体目标。要将其落实到每一次具体的评估实践，还需要结合评估期间公共图书馆事业发展的重点，进一步明确其阶段性目标，并以此为依据，对评估的内容、方法、工具等进行有针对性的取舍。与此同时，要引导各地文化主管部门和各级公共图书馆结合自身实际制订有针对性的参评工作方案，主动将其事业发展需求与上级主管部门的评估要求结合起来，在求得更好的评估分数和等级的基础上，积极对事业发展的优势与不足进行深入研究和分析，并在与其他参评图书馆的比较镜鉴中不断进步。正如Ackermann 所指出的那样，"任何评估都是本地的"[1]，若各地文化主管部门和各级公共图书馆仅以被动姿态参与评估，难免落入"为评估而评估"的陷阱，不仅会造成对当前评估资源的浪费，同时也将损害参评人员对评估工作价值和意义的认同，进而阻碍评估制度在公共图书馆规划管理过程中长期可持续地发挥作用。

第二，应补足评估方案中缺失的核心内容。张健将图书馆评价过程概括

---

① ACKERMANN E. LibQUAL+® and the evolution of "Library as Place" at Radford University, 2001－2008 [C] //Proceedings of the 2008 Library Assessment Conference: building effective, sustainable practical assessment. Washington, D. C.: Association of Research Libraries, 2009: 43－49.

为准备、实施和检验三个阶段，每一阶段又包含若干步骤。其中，评价准备阶段包括选择评价对象、确定评价目标和标准、编制指标体系、确定评价方法等；评价实施阶段包括搜集评价对象的信息、处理信息、做出评价结论等；评价检验阶段包括做出决策、对评价的再评价等①。评估方案用于对评估全过程的规范和指导，需要覆盖评估活动的每一个环节，应当在现行公共图书馆评估定级工作方案（通知）对评估目的、对象、内容、方法、程序等作出规范说明的基础上，进一步突出其对评估工作中涉及组织协同、社会合作、资源调配、信息共享等内容的统筹部署。特别是要结合评估工作的目标导向，明确评估结果的内容、形式及其分析利用方式。在此基础上，还应当指导各地文化主管部门和各级公共图书馆因地制宜、因馆制宜，合理规划部署评估工作程序，协调配置评估资源，有效调动各方面力量共同参与评估过程。

第三，要围绕评估方案的制订实施，加强与各方面的沟通和交流。公共图书馆的建设和发展，不只是少数管理者的责任，而是公共图书馆行业全体成员的共同责任；公共图书馆的发展也不只是公共图书馆的内部问题，而是与其所在社区及社区居民息息相关。以促进发展为目的的公共图书馆评估，也需要公共图书馆管理者和各部门工作人员的协同合作，需要各类用户群体的广泛支持。为此，有必要在评估方案设计之初就积极寻求上述各方的共同参与，就评估的内容、方法、程序等进行广泛深入的交流与沟通，确保评估方案符合各方认知水平和参与能力，能够得到充分的理解和支持。评估方案的制订过程，不仅是将评估计划形成文字的过程，同时也是调动各方面力量为评估工作进行必要前期准备的过程。这一过程对内发挥组织协同的作用，可通过有效沟通交流明确评估工作的组织流程，合理调配评估所需的人力物力资源；对外可起到宣传互动的作用，面向社会公众及利益相关群体重申图书馆的功能定位及服务承诺，宣示图书馆通过评估改进工作、更好地满足社会需求的目的，接受各方面对评估工作的监督，同时为评估所需开展的调查、访谈等活动争取公众的支持和参与。

---

① 张健. 图书馆评价的理论与方法［M］. 成都：西南交通大学出版社，2004：18－24.

6.6　促进公共图书馆评估结果的分析与利用

　　评估之所以能够得到公共图书馆及其主管部门的支持和重视，不仅因为它能够为人们提供有关公共图书馆"是什么样"和"为什么会这样"的认知，更重要的原因在于人们期待能够通过它准确识别公共图书馆的需求和当前工作中存在的问题，并为其未来发展提供可资借鉴的分析结论，从而帮助公共图书馆及其主管部门更加科学理性地制定政策、规划及项目计划等。但是，如前所述，历次评估定级工作并未有效发挥其诊断和发展功能，轰轰烈烈的评估过程和皆大欢喜的评估结果，并不能对公共图书馆实践提供实质性指导，不免使人逐渐产生对这项工作的倦怠心理。为此，必须完善有关制度设计，加强对公共图书馆评估结果分析和利用的规范指导，推动评估结果切实成为各地文化主管部门和各级公共图书馆完善事业发展规划与管理的科学依据。

6.6.1　规范评估报告的内容及形式

　　在历次全国县级以上公共图书馆评估定级工作中，各参评图书馆通过评估获得三个方面的评估结果：一是评估分数，二是评定等级，三是评估报告。其中，评估报告是对公共图书馆建设、管理与服务成绩和问题的全面总结，是评估结果中最具指导性的部分，是各地文化主管部门和各级图书馆根据评估结果改进工作、提升效能的基本参照，也是其他利益相关方借以全面认识和了解公共图书馆，并将其与其他图书馆及同类机构进行客观公正比较的重要依据。为充分发挥评估结果对公共图书馆事业发展的指导作用，国外图书馆评估研究和实践都十分强调对评估报告撰写的规范与指导。例如，美国博物馆与图书馆服务署在其《五年评估指南》① 中要求，一份完整的州/领土区

---

① IMLS. Guidelines for Five-Year Evaluation ［EB/OL］. ［2016 - 10 - 10］. https://www. imls. gov/sites/default/files/legacy/assets/1/AssetManager/2008 - 2012_Five-Year_Evaluation_Guidance_SLAA. pdf.

图书馆评估报告必须包含评估内容、评估方法、评估结论及主要建议等部分。其中，评估内容应涵盖州/领土区五年计划中提及的每一个优先事项；评估结论应包含对五年计划目标执行情况的回顾、对计划实施过程中调整变化情况的描述、对经验教训的总结，以及对评估结果如何应用于下一步工作计划的说明；评估建议应与下一个五年计划的目标设定、优先事项选择和重点项目部署紧密联系。

在我国公共图书馆评估定级工作中，对评估报告内容和形式的规范指导还有待加强。报告内容方面，应使其涵盖公共图书馆评估定级工作所要求的主要检查内容，可为各地文化主管部门、各级公共图书馆以及评估专家分别提供适应其评估角色的标准化报告模板，引导其按照评估标准的内容框架逐项报告评估检查结果，包括对公共图书馆服务绩效的考核与评定，以及对与该服务绩效相对应的能力水平的分析和诊断，并在此基础上就公共图书馆进一步提升服务效能提出有针对性的意见建议。在公共图书馆评估工作逐渐向信息化、网络化发展的进程中，也可探索将上述报告功能整合到公共图书馆评估定级信息化管理服务系统中，在对标检查的各主要部分嵌入评估结论及建议的内容，通过系统的流程控制保障评估报告各部分内容的完整、规范。在此过程中，应充分发挥自动化管理系统的技术优势，将评估专家从烦琐的评估资料评阅工作中解放出来，在对各馆提交数据信息资料进行自动挖掘和语义分析的基础上，为评估专家提出评估结论和发展建议提供智能辅助。报告形式方面，可综合应用各类数据图表，提高报告的可读性；同时可借鉴国外同类评估信息系统经验，在前述数据挖掘分析结果和专家评估结论的基础上，根据参评各方的不同需求，整合生成各种不同形式的图文分析报告。

6.6.2 扩大评估结果的交流与共享

评估结果对公共图书馆事业发展的指导和促进作用，不仅体现在面向参评图书馆的评估反馈中，同时也需要通过面向全行业的交流互鉴来实现。因此，在评估定级工作中应进一步加强对先进经验的总结与推广。1997 年，文化部图书馆司对第一次全国县以上公共图书馆评估定级中上等级图书馆的先进经验进行总结，汇编成《全国首批上等级公共图书馆简介》一书（改革出版社，

1997 年）；2009 年，文化部社会文化司对第四次评估定级工作中搜集的部分地区公共图书馆事业发展报告进行整理，编印《全国公共图书馆第四次评估资料汇编》（中华人民共和国文化部社会文化司编印，2009 年）；2015 年，中国图书馆学会面向第五次评估定级工作中上等级的 2000 余家公共图书馆，征集其发展经验总结材料，出版《全国公共图书馆评估上等级图书馆全集（第五次）》（中国文史出版社，2015 年）。这些工作在一定程度上促进了公共图书馆评估定级结果的交流共享，但其交流形式比较保守，影响范围有限，应在此基础上进一步探索改进。可将对评估结果的交流共享要求纳入评估方案，进行总体规划，推动各级图书馆和政府文化主管部门在评估定级工作中积极发掘先进经验，树立典型示范，通过专题网站、专业报刊、主题巡展、现场观摩等多种方式加强交流展示，促进互学互鉴。

在此过程中，还应当引导各级公共图书馆就评估结果积极与其内外部利益相关方进行深入交流与沟通。对此，施托克曼建议，应通过召开"总结研讨会"的方式，与利益相关方代表共同对评估结果进行详细的交流和讨论，使大家都能够充分表达意见，从而"使评估结果和建议得到更大范围的认可，进而具有更多的转化应用机会"①。其中，评估结果面向全体员工的及时分享尤为重要，一方面需鼓励员工根据评估结果参与图书馆工作的改进，另一方面也可以借此机会就员工关心的问题给予积极反馈，支持员工在工作中继续学习和提高。

与此同时，要进一步扩大公共图书馆评估定级结果的社会宣传。面向社会各界公布评估结果，既是公共图书馆依法接受社会监督、积极回应社会关切的要求，也是展示公共图书馆事业发展成就及其在经济社会发展中的独特价值和突出贡献，为公共图书馆争取社会广泛关注与支持的重要途径。为此，应推动公共图书馆以社会公众易于理解、易于获取的方式，及时、全面公开其评估定级结果，并将公共图书馆评估结果纳入《公共图书馆法》第三十八条和第四十二条所要求公开、公告的信息内容范畴，引导各级公共图书馆建立完善评估结果的监督反馈机制；同时建立国家和地区层面的公共图书馆评

---

① 施托克曼，梅耶. 评估学 ［M］. 唐以志，译. 北京：人民出版社，2012：222.

估定级结果公开公告及监督反馈机制，一方面就评估结果的公正性、客观性接受公众监督，另一方面围绕如何更好地应用评估结果规划部署下一阶段事业发展听取公众意见建议。

6.6.3 健全评估整改工作机制

评估结果包括对成绩与经验的总结，同时也必然涉及对问题和不足的分析，后者在很大程度上构成了"以评促建、以评促管、以评促用"的核心内容。为引导各级图书馆对照评估标准要求进行自我建设与完善，历次评估定级工作都在提前印发标准、组织开展培训指导等方面做了卓有成效的努力。但这些努力大多集中在评估前和评估中，还需要建立相应制度，推动各馆在评估后结合评估定级结果进一步整改提高。

首先，应从评估工作程序上推动评估整改工作的制度化建设。应在全国公共图书馆评估定级工作方案中，明确要求各地文化主管部门和各级公共图书馆在评估自查报告中包含下一步整改工作计划，明确规定评估专家有义务对参评馆整改提高提出专业指导意见与建议。针对评估定级工作中发现问题的整改计划，应纳入国家和地方公共图书馆事业发展中长期发展规划和公共图书馆年度工作计划，定期监督、检查，敦促实施。

其次，应根据评估结果建立有针对性的辅导帮扶制度。一方面，要在评估过程中进一步突出评估专家的专业优势，建立专家讲评制度，针对各地文化主管部门和各级公共图书馆在自评估工作中发现的问题，由评估专家提供专业咨询指导意见，帮助其科学制订整改工作计划；另一方面，应在评估结束后，及时总结评估定级工作中发现的共性问题，策划开展有关专题辅导与业务培训。在这方面，我国台湾地区为营运绩效评估中未达合格标准的图书馆提供的系列帮扶措施值得借鉴。例如，2014 年 10 月，由参与台湾公共图书馆营运绩效测评的专家学者和实务工作者组成讲师团，为2013 年度未达标图书馆的工作人员举办"图书馆经营管理精进班"开设"图书馆营运计划与实施要领""馆藏发展政策制定""推广阅读""阅览空间及氛围之营造""自评表之准备及撰写要领""绩优图书馆经验分享"等主题课程，以帮助其更好地掌握图书馆经营管理办法，提升服务效能；2016

年和 2017 年，台湾教育主管部门委托台湾公共资讯图书馆举办"公共图书馆标杆学习实施计划"，明确要求未获 2015 年公共图书馆评鉴优良的图书馆尽量派 1—2 人参加①，突出对绩效欠优图书馆的辅导要求。只有在奖掖先进的同时，坚持不懈地对暂时落后者提供必要支持，才能推动公共图书馆事业不断实现整体提升。

---

① 公共图书馆标竿学习实施计画［EB/OL］.［2019 - 08 - 11］. https://www. nlpi. edu. tw/FileDownLoad/Activities/201604061528501177430. pdf.

7 我国公共图书馆评估的支持和保障策略研究

国内外研究者对评估在图书馆管理中的重要作用抱有广泛共识，Lancaster 教授在其著作《图书馆服务的计量与评估》一书的开篇首句即指出，"评估是管理过程中的重要环节之一"①。Peter Hernon 和 Charles R. McClure 则强调，"对图书馆服务持续而有规律的评估是其有效规划与决策中的关键组成部分"②。但是，作为公共图书馆众多管理工具的一种，评估并不能孤立地实现其价值，而是要融入公共图书馆事业管理体系，与公共图书馆事业规划管理、公共图书馆标准规范建设、公共图书馆调查统计制度实施等有效衔接，与公共图书馆行业在人才培养、科研合作及资源共享等方面的努力密切配合，才能在指导公共图书馆事业规划发展、监督公共图书馆政策贯彻执行、规范公共图书馆管理运行与服务等方面，充分发挥评估工作的积极作用。

7.1 优化公共图书馆规划管理过程

我们的事业处于无时无刻不在变化的环境之中，"面对不可知的未来，规划是唯一的方法"③。各级公共图书馆只有通过科学的规划程序，建立起明确的目标体系，并为之规划、部署系统的实施策略，才能够进一步应用评估工

---

① LANCASTER F W, JONICICH M J. The measurement and evaluation of library services [M]. Washington, D. C.: Information Resources Press, 1977: vii.

② HERNON P, MCCLURE C R. Evaluation and library decision making [M]. Norwood, New Jersey: Ablex Publishing Corporation, 1990: xv.

③ 卢秀菊. 图书馆规划之研究 [M]. 台北: 学生书局, 1988: 12.

具，对这些目标、策略的实施情况进行持续有效的跟踪、监测、检查、分析和评估。可以说，缺少规划指导的评估是盲目的；而缺少评估支撑的规划也是虚无的，必须采取积极举措，将评估活动全面有效地融入公共图书馆的规划管理过程，推动这两项管理工具在公共图书馆事业管理体系当中形成合力。

欧美国家很早就意识到评估对于科学拟定公共图书馆目标任务的重要意义。在1980年出版的第一版《公共图书馆规划程序》中，Palmour 指出，"规划虽然被定义为阐释'如何做'的程序和方法的文件，但它同时也要讨论'为什么做'的问题"①。在很大程度上，规划能否对"为什么做"的问题给出令人信服的回答，关系到公共图书馆内外各利益相关方能否充分理解规划拟定的目标，并有效执行规划部署的各项任务。为此，在形成规划文本的过程中，有必要首先对规划所要解决的问题及其形成原因进行必要的研究和分析，明确未来发展的优先事项。也就是说，必须在公共图书馆规划过程中，前置评估程序，正如 Wanda Dole 等人所强调的那样，"有效的规划必须包含评估数据"②。

在此基础上，还应当进一步将评估嵌入公共图书馆规划执行、监督、调整与更新的全过程。公共图书馆是一个不断生长着的有机体，其规划管理是一个在实践中持续迭代的过程。一方面如台湾大学图书馆学系卢秀菊教授所说，"规划程序要有弹性，所拟出的计划不是一成不变的，是可容许修改的。长期计划要定期检视，把不适用的部分删改"③。评估作为规划执行过程中的动态调节和控制手段，必须贯穿始终。另一方面，规划程序又是周期循环的，每一个规划周期如何结束，都将影响甚至决定下一个规划周期如何开始；而与此同时，每一个规划周期中往往又包含着多个阶段性的计划周期，评估作为规划执行能力和水平的动态校验机制，也需要以一种常态化的方式伴随公

---

① PALMOUR V E. A Planning process for public libraries [M]. Chicago：American Library Association，1980：5.

② DOLE W，ROSE D，JAMES M，et al. Integrating assessment and planning：a path to improved library effectiveness [C] //Proceedings of the 2008 Library Assessment Conference：building effective，sustainable practical assessment. Washington，D. C.：Association of Research Libraries，2009：403 - 407.

③ 卢秀菊. 图书馆规划之研究 [M]. 台北：学生书局，1988：14.

共图书馆建设和发展的全程。Donald Riggs 曾指出，"规划的持续迭代过程，是一个伴随着认知能力发展的学习过程"[1]，而评估正是帮助公共图书馆保持与社会环境的积极互动，以实现持续学习和成长的有效工具。

美国统计学家戴明博士提出的 PDCA 管理循环能够较好地解释评估在组织规划管理中的作用。一个完整的 PDCA 循环中包含计划（plan）、执行（do）、检查（check）和行动（action）四个基本环节。在这一过程中，各种形式的检查和评估活动贯穿始终。每一个完整的规划周期都以对现状和问题的分析和评估为起始，并以对规划目标达成情况及其价值、影响、遗留问题等的研究和反馈为终末，各环节首尾相接、环环相扣，推动规划管理过程不断循环迭代，优化提升。

就我国现行公共图书馆评估定级制度而言，从优化规划管理过程的视角对其进行改进的一个可行方案是：调整全国县级以上公共图书馆评估工作周期，使其契合国家和地方经济社会发展规划周期，更好地实现规划与评估的关联互动，通过评估促进公共图书馆事业更好地服务于国民经济社会发展。与此同时，还需要引导各级公共图书馆应用评估定级结果指导其规划管理实践，一方面根据评估结果确定公共图书馆事业发展中的长期规划目标、任务及优先事项，另一方面灵活应用评估工具，加强对规划目标、任务达成情况的持续跟踪与反馈，并将评估结果进一步应用到公共图书馆下一阶段愿景、目标及计划的制订过程，对其进行持续不间断的重新审视和调整优化，形成完整的闭环决策过程，建立健全基于评估的循证决策机制。

7.2 健全公共图书馆标准规范体系

历次全国县级以上公共图书馆评估标准都对各级公共图书馆建设、管理及服务的工作内容、质量要求、阶段性目标等提出了大量具体而微的细致要求。对照评估标准，可以对各级公共图书馆当前各项业务工作进行比较全面

---

[1] RIGGS D E. Plan or be planned for: the growing significance of strategic planning [J]. College and Research Libraries, 1997, 58 (5): 400－401.

系统的检查和分析，但评估标准并不能在此基础上进一步就公共图书馆如何由"不好"逐步提高到"好"或"更好"的方法和路径提出指导建议。这一过程，还需要通过针对各业务环节、各服务领域制定的专门标准规范来加以指导。

目前已被纳入全国县级以上公共图书馆评估定级工作考评范畴的公共图书馆建设、管理和服务内容，很多还没有业内公认的标准规范可以参考。以服务标准为例，截至 2021 年底，现行有效的公共图书馆服务标准仅 7 项，其中国家标准 5 项，分别是《公共图书馆服务规范》（GB/T 28220—2011）、《公共图书馆少年儿童服务规范）（GB/T 36720—2018）、《图书馆视障人士服务规范》（GB/T 36719—2018）、《公共图书馆读写障碍人士服务规范》（GB/T 39658—2020）和《公共图书馆听障人士服务规范》（GB/T 40952—2021）；文化和旅游行业标准 2 项，分别是《图书馆参考咨询服务规范》（WH/T 71—2015）和《社区图书馆服务规范》（WH/T 73—2016）。从总体上看，现行服务标准重点向特殊群体服务和基层图书馆服务倾斜，以综合性服务标准为主，专门服务标准仅 1 项，对公共图书馆评估标准中要求的讲座、展览、培训、阅读指导、流动服务、网站建设、新媒体服务等，都还没有建立相应的标准规范。另一方面，现行标准规范在内容上主要侧重于对公共图书馆服务的保障和监督提出建议，缺少对服务流程、方法等的操作指南。公共图书馆在工作中很难得到标准规范的指导，评估定级时也很难依据标准规范对公共图书馆的服务内容、服务效率和服务质量等进行客观分析和判断。与之相类似，在公共图书馆业务建设、组织管理及人财物保障等方面，现行标准规范也存在较多空白。

2019 年 9 月，由国家图书馆牵头，国内十余家公共图书馆共同研究起草的《公共图书馆业务规范》（WH/T 87—2019）系列行业标准发布[①]。该系列标准对公共图书馆文献资源建设、读者服务、信息化建设，协作协调、业务管理与研究等方面工作的主要内容和质量要求进行了全面规范，在一定程度上填补了我国公共图书馆建设、管理与服务过程规范指导方面的空白。在此

[①] 全国图书馆标准化技术委员会. 图标委成立以来立项标准一览表［EB/OL］.［2022 - 03 - 17］. http://www.nlc.cn/tbw/bzwyh_bzhxd_1.htm.

基础上，全国图书馆标准化技术委员会等专业技术组织还需要进一步加强标准制修订工作的规划统筹，积极推进与公共图书馆重点业务领域工作流程、方法有关的规范、指南研制，充分发挥标准规范对实践工作的参考指导作用。应积极借鉴国际图联和其他国家图书馆行业组织做法，尝试以"最佳实践""工具包"等形式，及时提炼总结、普及推广行业内的成熟、先进经验，带动各级图书馆工作水平和服务能力整体提升。在此基础上，应积极推动评估要求与现行国家标准和行业标准的衔接，使其与公共图书馆日常工作规范相统一，为公共图书馆有计划地开展工作、循序渐进地实现发展目标提供支持。

历次评估定级工作中，为帮助各参评图书馆准确理解和把握评估标准要求，更好地完成迎评准备工作，通常都会组织面向参评图书馆的培训。这种专门针对评估定级工作开展的迎评培训，往往带有比较浓厚的"应试"意味，其培训内容侧重于对评估指标的解读，如指标定义、评估内容、评分项目、评分时对数据及证明材料的要求等。一些图书馆"临时抱佛脚"，突击式完成指标任务，虽然能够在短期内取得比较明显成效，但往往后劲不足，难以实现可持续发展。从长远来看，还需要建立更加常态化、制度化的公共图书馆评估培训工作机制，将评估培训纳入公共图书馆常规业务培训活动之中，使其从以提高评估定级工作成绩为导向的一次性培训，转变为以提升工作实绩为导向的专业化、体系化培训，支持各级图书馆通过对现行国家标准、行业标准，以及行业最佳实践的学习和应用，实现可持续发展。

7.3 完善公共图书馆调查统计制度

国际图联与联合国教科文组织在 2001 年联合发布的《公共图书馆服务发展指南》中指出，"可靠的业务信息是进行评估和提高效率、效益以及服务质量的必要工具"①。为此，必须建立长期可持续的公共图书馆业务信息采集和调查统计制度，为各种不同形式的公共图书馆评估提供基础保障。

---

① 国际图书馆协会与机构联合会公共图书馆专业委员会. 公共图书馆服务发展指南［M］. 林祖藻，译. 上海：上海科学技术文献出版社，2002：88.

7.3.1 公共图书馆统计管理平台建设

目前，国内各级图书馆主要通过全国文化文物和旅游统计直报系统①向文化主管部门报送统计数据。该系统由文化部于 2009 年委托北京久其软件股份有限公司开发，经历了单机版、网络版和网上直报版等多次版本迭代和更新，目前支持各级图书馆按年度填报统计数据，并由各级文化主管部门对所辖图书馆数据报表进行逐级审核、汇总、过录及上报。系统填报数据内容由文化和旅游部财务司通过《公共图书馆基本情况年报》予以规定，根据实际需要每年进行必要的调整和更新。2021 年度填报的数据主要涵盖馆藏资源、用户服务、建筑设施、基层辅导、人员队伍、经费收支、文创活动等类别共计 86 项。该系统功能完备、操作简单，不仅在数据填报流程上确保各级文化主管部门充分履行监督管理职责，同时利用软件计算优势，设置了多类型的数据关联校验，能够较好地保证各级图书馆填报数据的规范性、准确性和完整性。

但该系统所采集的数据目前尚不能有效应用到公共图书馆评估工作当中。其一，现有统计指标未能覆盖公共图书馆评估定级的数据需求，特别是近年来公共图书馆已普遍开展数字化、网络化服务，而有关指标在《公共图书馆基本情况年报》中还没有反映，应加强对这些指标的研究，及时将它们纳入常规统计。其二，目前《公共图书馆基本情况年报》中的一些常规统计数据已不适应现代公共图书馆事业发展的管理需要，与公共图书馆的发展目标日渐脱节，也应当审慎评估，适当简化，以避免在不必要的数据采集工作中浪费资源。其三，当前公共图书馆业务统计与评估定级工作分属于不同部门管理，所用管理系统之间没有建立有效连接，导致大量已经统计的数据不能在公共图书馆评估定级管理服务平台中直接复用，应当尽快推动全国文化文物和旅游统计直报系统与全国公共图书馆评估定级管理服务平台实现互联互通，在减少重复工作的同时，也能避免不同渠道填报数据带来的不确定性。

---

① 系统网址：https：//whwwtj. mct. gov. cn/#/login.

7.3.2 公共图书馆统计工作的规范化管理

经过较长时间的建设和发展，当前由全国文化文物和旅游统计直报系统支持的公共图书馆统计制度已经相对比较成熟，但其中仍然存在值得改进和提高之处。除前文提到统计指标的内容尚不能有效覆盖公共图书馆评估定级工作的数据需求以外，现有指标的填报规范也有待进一步加强。

一方面，《公共图书馆基本情况年报》随附的"专业指标释义"（见各年度《中国图书馆年鉴》统计数据部分）内容并不完整，仅对表中不到二分之一的指标进行了解释，各图书馆在实际操作过程中可能存在不同的认识和理解，容易导致数据可比性受损。例如，由于系统没有及时反映总分馆体系建设带来的业务变化，有的图书馆将分馆数据作为本馆数据纳入统计，有的则不然，还有的图书馆在不同年度采用了不同的统计口径；又如，在统计图书馆网站访问量时，由于没有规定是否包含移动端访问，不同图书馆（或同一图书馆不同年度）填报的数据也出现统计口径不一致的情况。

针对上述问题，建议文化主管部门尽快参考有关国际标准、国家标准和文化行业标准，完善《公共图书馆基本情况年报》随附"专业指标释义"内容。应集中组织对表中涉及的所有指标进行全面、系统、准确释义，并根据《公共图书馆基本情况年报》的修订调整，及时进行更新和补充。指标释义应当包括指标定义、统计范围（必要时还应注明包含和排除事项）、统计时限、统计方法、计量单位等内容。确保同一指标数据在不同图书馆之间、不同地区之间以及不同时间段之间都是可比的，才能够在应用于评估活动时保证其公平、公正。与此同时，鉴于现行图书馆统计标准《信息与文献 图书馆统计》（GB/T 13191—2009）已超过十年没有更新，全国图书馆标准化技术委员会等专业组织还应当密切关注图书馆统计与评估工作中的数据需求，积极跟踪有关国际标准的发展变化，及时推动国家标准更新，使其能够指导图书馆通过统计工作及时监测和反映图书馆事业的新发展。

另一方面，从近年来文化和旅游部对各地填报数据汇总后的检查核验情况来看，全国文化文物和旅游统计直报系统目前设置的数据校验功能还不够完备，数据质量控制还存在明显盲区。如曾有图书馆填报外借册次为实数，外借人次却为零，数据横向关联校验没有实现；有图书馆填报本年新购藏量为负数，数据有效性设定缺失；有图书馆填报数据小数点位出错，造成年度间数据呈断崖式升降，数据纵向平衡校验不足；……诸如此类的问题，未来都应该通过技术手段更加及时地发现和处理。

7.3.3 统计数据在公共图书馆常态化运行评估中的应用

目前，我国在全国文化文物和旅游统计直报系统采集公共图书馆统计数据基础上开展的研究和分析还比较有限，官方层面的应用主要是每年发布的文化和旅游发展年度统计公报，以及 2011 年以来每年编辑出版的全国文化和旅游发展年度统计分析报告。其中，各年度文化和旅游发展统计公报中，与公共图书馆有关的内容非常简略，虽然涵盖了建筑面积、阅览座席、电子终端、从业人员规模及其职称结构、文献藏量、购书经费等办馆条件指标和发放借书证数、流通人次、书刊外借册次及人次、举办活动场次及参与人次等服务指标，列明了有关数据，并对这些数据与上年度相比的增长趋势做了说明，但尚未涉及长期发展趋势分析和各地区、各图书馆间的横向比较分析，全国文化和旅游发展统计分析报告通常包括背景篇、综合篇、地区篇、专题篇和附录等部分，其中与公共图书馆相关的内容主要分布在综合篇和地区篇当中。其内容和形式与文化和旅游统计公报大体相似，主要是对上述基本数据的简单陈述，很少有基于数据对全国及各地区公共图书馆事业发展特点、趋势等的进一步分析和预测。

事实上，统计数据中蕴含着十分丰富的事业发展信息，不仅可以从单馆、地区和国家等不同层面展示公共图书馆事业发展的现状，还可以通过适当的分组统计和累积分析，实现馆与馆之间、地区与地区之间，以及不同阶段之间的多维对比，从中发现公共图书馆事业发展变化的动态、趋势。为此，在文化和旅游部财务司支持下，国家图书馆研究院自 2012 年起逐年编发《全国公共图书馆事业发展基础数据概览》手册，对通过全国文化文物和旅游统计直报系统采集来的公共图书馆数据进行系统分析，分别按不同级别（省、市、县）、不同省域、不同地区（东、中、西）图书馆统计各类指标的总量、增量、馆均量、人均量等，并对其中部分关键指标进行全国范围排序和近十年发展变化趋势分析，在业界获得一定支持。但该手册仅以数据图表形式对各省（自治区、直辖市）公共图书馆总体数据进行简单的图表呈现，未来还需要结合这些数据图表进行更深入的研究分析和阐释。

近年来，我国不少专家学者提出，应在四年一次的公共图书馆评估定级之外，组织开展常态化的公共图书馆运行评估。笔者认为，对现有统计数据进行必要的分析和研究，可以比较便捷地实现一部分常态化运行评估的目的。如美国每年开展的星级图书馆评估，就是从美国博物馆与图书馆服务署每年公布的公共图书馆调查数据中挑选关键指标进行计算分析所得出的结果。特别是在服务效能、保障条件等方面，通过纵向、横向及分级、分组（按服务人口、地方经济发展水平等）比较，一方面可以帮助各级文化主管部门及时了解公共图书馆事业发展的全局及分布情况，另一方面也可以使各级图书馆比较清楚地认识自身建设和发展水平在全行业中所处的位置。

为支持公共图书馆主动开展常态化的自评估活动，便于相关研究机构、第三方组织经常性地从不同维度对公共图书馆进行评估，应进一步提高统计数据的开放程度。这样不仅便于研究人员基于细粒度数据对我国公共图书馆事业发展状况进行更加精准、细致、全面的测评，同时也能够更好地支持我国公共图书馆评估方法、技术和工具的实证研究与开发。公共图书馆统计数据的公开方式，除传统的印本出版以外，还应当积极借鉴美国、英国、日本等国家做法，尽可能通过网络和新媒体渠道发布，推动数据以更加便捷的方式、在更大范围内实现共享利用，使基于数据的评估分析结果能够更加及时有效地应用于指导公共图书馆事业管理、业务建设及用户服务。

7.4　建立公共图书馆评估的行业协同机制

历次全国县级以上公共图书馆评估定级工作不仅是对各馆建设、管理与服务水平的综合检查，同时也是对全国公共图书馆事业发展水平的全面巡视。评估工作中对各方面专业资源的密集调用，更是对公共图书馆行业合作与资源共享能力的重大考验。在近三十年的评估定级实践中，全行业围绕评估工作开展的交流合作日益深入，特别是在专业研究团队建设方面取得了积极成效，初步建立了一支具有丰富理论知识和实践经验的评估专家队伍。应当在此基础上继续加强行业协同，加快推进全国公共图书馆评估资源的累积与共享，促进评估研究与实践领域的广泛交流与合作，以推动评估工作进一步融入公共图书馆事业的日常动态调控机制，融入各级公共图书馆常态化规划管理过程。

7.4.1　推动公共图书馆评估资源统一服务平台的建设与发展

自 1994 年以来，在各级文化主管部门行政力量的大力推动下，全国范围内数千家公共图书馆参与全国县级以上公共图书馆评估定级工作，对照评估标准要求，采集了有关图书馆业务及服务工作的海量一手数据，整理提交了成千上万卷评估档案。在这一过程中，各级文化主管部门组织召开了各种规模、范围的评估工作会议，发布了系列评估工作文件；各类研究机构对评估定级工作的发展进步给予了高度关注，产生了大量研究成果。应当着力加强对这些数据、档案、文件及研究成果的搜集整理，建立开放共享的公共图书馆评估资源统一服务平台，一方面为公共图书馆基于评估结果的创新发展提供依据，另一方面也为评估理论、方法和技术的进一步发展进步奠定基础。

根据美国图书馆领导与管理协会（Library Leadership and Management Association，LLAMA）就图书馆评估资源存储平台建设需求开展的专题调查[①]，业界对类似平台的功能需求主要集中在以下方面：①搜索可用的评估工具实例（85.1%）；②查看最佳评估实践的结果、报告及案例分析（82.2%）；③与其他机构共享本馆开发的评估工具（77.2%）；④寻找从事相似工作的同行或同事（76.4%）；⑤对同类研究的结果进行分析，并将其与自己的研究结果进行比较（70.3%）；⑥查询常见问题的答案（65.5%）；⑦连接其他包含

---

① KYRILLIDOU M. Library assessment repository proposal：join the discussion ［EB/OL］. (2016 - 06 - 25) ［2020 - 02 - 24］. https：//marthakyrillidou. com/library-assessment-repository-proposal-join-discussion/；TURNER NB，KINSLEY K，BECHER M. Launching the resource repository for assessment librarians：from needs assessment to pilot and beyond ［C］//Proceedings of the 2018 Library Assessment Conference：building effective，sustainable practical assessment. Washington，D. C. ：Association of Research Libraries，2019：578 - 588.

相关领域评估资源的机构库（59.9%）。在实践当中，一些面向公共图书馆自评估的行业服务平台，如美国 Project Outcome 项目的在线调查门户、澳大利亚公共图书馆评估网络计划的 Culture Counts 评估平台等，还为公共图书馆提供标准化的评估工具，同时为评估活动中的数据共享和交流互动搭建沟通桥梁。

我国公共图书馆事业发展有其自身特点，公共图书馆评估实践处在与欧美发达国家不同的发展阶段，在学习借鉴国外先进经验的同时，仍然需要从我国实际出发。目前阶段可以考虑由中国图书馆学会牵头，依托全国县级以上公共图书馆评估定级管理服务平台，首先对历次评估工作所产生的资料及数据进行回溯性采集与保存；在此基础上，逐步拓展平台功能，实现公共图书馆业务统计资料、用户调查数据等动态评估资源的统一采集、聚合分析和共享发布。

7.4.2 扩大公共图书馆评估领域的开放交流

近年来，随着国内公共图书馆评估话题日益活跃，相关主题的学术会议也日益频密。中国图书馆学会年会已多次以评估为主题设立分会场或主题论坛，如 2009 年的"图书馆服务标准与图书馆评估"分会场①、2011 年的"图书馆评估：反思、借鉴与创新"分会场②、2012 年的"图书馆服务与评估标准"分会场③、2014 年的"图书馆绩效与价值评价研究"分会场④，以及2016 年的"公共图书馆评估定级的理论与实践"主题论坛⑤和 2018 年的"公

---

① 中国图书馆学会. 2009 年年会专辑：第十四分会场报道［EB/OL］.（2009 – 11 – 04）［2019 –12 – 08］. http://www. lsc. org. cn/contents/1167/662. html.

② 中国图书馆学会. 2011 年年会专辑：第 3 分会场报道［EB/OL］.（2011 – 10 – 27）［2019 –12 – 08］. http://www. lsc. org. cn/contents/1169/565. html.

③ 中国图书馆学会. 2012 年中国图书馆年会学术会议报道［EB/OL］.（2012 – 11 – 28）［2019 –12 – 08］. http://www. lsc. org. cn/contents/1170/548. html.

④ 中国图书馆学会. 2014 中国图书馆学会年会第 2 分会场：图书馆绩效与价值评价研究［EB/OL］.（2014 – 10 – 06）［2019 –12 – 08］. http://www. lsc. org. cn/contents/1172/427. html.

⑤ 中国图书馆学会. 2016 年中国图书馆年会工作论坛 3：公共图书馆评估定级的理论与实践［EB/OL］.（2016 – 11 – 14）［2019 – 12 – 08］. http://www. lsc. org. cn/contents/1174/318. html.

共图书馆评估定级"主题论坛[①]等，其下设各分支机构也越来越多地组织图书馆评估领域的交流与研讨。仅 2019 年 11 月，公共图书馆分会绩效评估工作委员会和城市图书馆工作委员会便分别在天津和广州组织召开 2019 公共图书馆绩效评估学术研讨会[②]和"提升效能、创新发展与图书馆统计"学术研讨会[③]。这些学术会议的召开，有效激发了全国图书馆研究者和从业人员对公共图书馆评估问题的重视。

但是，上述会议普遍规模比较小，举办比较随机，还没有形成具有持久、广泛影响力的会议品牌，不利于有关研究者和从业人员围绕公共图书馆评估工作的重难点问题进行持续深入的跟踪交流和研讨。建议中国图书馆学会积极整合已有会议资源，借鉴欧美国家图书馆行业组织的成功经验，进一步孵化、培育图书馆评估专题会议品牌，为图书馆评估问题的深入交流和研讨搭建更广阔的平台。与此同时，还应加强国内外公共图书馆评估研究成果和实践经验的交流互鉴。目前国际图书馆界有关评估研究的话题中，鲜少有中国研究者和实践机构的声音，因此，有必要支持、引导、鼓励国内图书馆从业人员更加地积极参与国际图书馆评估会议，主动向国际图书馆界介绍中国公共图书馆评估的制度及经验，与国际图书馆同行共同探讨公共图书馆评估实践中遇到的问题与挑战，同时加快对国际图书馆评估领域成熟方法、技术、工具的本土化研究和应用。

7.4.3 加强公共图书馆评估研究与实践的深入合作

评估一方面是与组织管理和决策密切相关的实践活动，另一方面又要求建立在科学研究的基础之上，因而既是研究性很强的实践活动，也是实践性

---

① 中国图书馆学会. 2018 年中国图书馆年会主题论坛四：公共图书馆评估定级 [EB/OL]. (2018 - 06 - 26) [2019 - 12 - 08]. http://www. lsc. org. cn/contents/1161/12347. html.

② 天津图书馆. 2019 公共图书馆绩效评估学术研讨会在天津举办 [EB/OL]. (2019 - 11 - 06) [2019 - 12 - 08]. http://www. tjl. tj. cn/ArticleContent. aspx?ChannelId = 241&ID = 20447.

③ 中国图书馆学会. "提升效能、创新发展与图书馆统计"学术研讨会在广州图书馆成功举办 [EB/OL]. (2019 - 12 - 02) [2019 - 12 - 08]. http://www. lsc. org. cn/contents/1351/14722. html.

很强的研究行为，需要研究和实践领域的广泛交流与深入合作。评估研究中提出的各类思想方法、技术工具，都需要在实践中反复验证、优化，才能够不断成熟完善，最终得到普及应用。

以目前在全球范围内应用最为广泛的图书馆服务质量评估工具 LibQUAL 为例，该工具最早由美国得州农工大学（TAMU）图书馆馆长 Fred Heath 和执行馆长 Colleen Cook 发起；在该馆 1995、1997 和 1999 年三次应用 ServQUAL 工具进行服务质量测评的基础上，联合贝勒医学院统计学教授 Bruce Thompson，对 ServQUAL 进行适应图书馆特性的改造。该项目在 2000 年 1 月召开的美国图书馆协会冬季会议上获得首批十几家图书馆的支持。这些图书馆为得州农工大学提供了项目启动之初所需的管理运行经费，美国研究型图书馆协会为该项目聘请了专门的开发人员，并为其设计了长期的募款计划，交由美国高等教育促进基金（Fund for the Improvement of Postsecondary Education，FIPSE）执行；美国研究型图书馆协会的多名员工（包括执行主席 Duane Webster 在内）参与了该项目的宣传推广，大多数成员馆参与了项目试点应用①。而 LibQUAL 工具在英国图书馆界的大规模应用，则主要由英国国家图书馆、大学和学院图书馆协会（Society of College，National and University Libraries，SCONUL）组织推动②。随着参与机构日益增多，LibQUAL 工具的功能和服务也不断完善，除完整版以外，还于 2008 年推出了精简版 LibQUAL + Lite。2020 年，全球共有 35 个国家和地区的 1300 多家图书馆使用 LibQUAL 工具进行服务质量评估，收到图书馆用户的调查反馈 290 余万份③，每年，仍有大量关于 LibQUAL 工具在不同地区、不同类型图书馆应用的案例分析和针对其经验、问题等进行的调查研究成果在各种会议、期刊发表，这也是它能够不断得以完善的重要基础。

在我国，有关图书馆评估方法、工具的研究已经引起业界比较广泛的

---

①③ THOMPSON B. History of LibQUAL［EB/OL］.［2022 - 06 - 23］. https：//www. libqual. org/about/history_lq.

② LOCK S. LibQUAL + in the UK：a brief report on the SCONUL Pilot［EB/OL］.［2020 - 02 - 25］. http：//citeseerx. ist. psu. edu/viewdoc/summary?doi = 10. 1. 1. 528. 6781.

重视，但除全国县级以上公共图书馆评估标准以外，其他方法、工具的研究普遍缺乏实践机构的支持和参与，特别是对 LibQUAL 等国际上比较成熟的图书馆评估工具的本土化应用还仅限于个别图书馆的零星尝试。应当学习借鉴国外图书馆行业组织经验，充分发挥中国图书馆学会等行业组织的组织协调能力，调动学科和行业优势力量，围绕图书馆评估方法、技术、工具的开发和应用开展合作研究。应建立更加敏捷高效的成果发现和转化机制，为图书馆评估领域优秀研究成果在实践领域的试点应用提供支持，为各类教学科研机构和图书馆实践单位之间围绕图书馆评估重大问题开展合作架设桥梁。

7.5 加强公共图书馆从业人员的评估能力培养

历次公共图书馆评估定级工作中，图书馆内部自评始终占有十分重要的地位；与此同时，"在图书馆建设和发展进程中，同样需要不断地进行自评估，以此来满足图书馆的发展需求"①。广泛开展的自评估工作需要公共图书馆各部门、各岗位员工共同参与。他们对评估工作目的意义的认识和理解，对评估所需专业技能的学习和应用，对评估活动的成功实施起着十分关键的作用。出于对此项工作的高度重视，国外许多图书馆还专设评估馆员和评估协调员岗位，负责评估项目的规划、设计和统筹实施，并为全馆及各部门应用评估结果改进工作提供指导和支持。

根据美国大学和研究图书馆协会（ACRL）执行委员会 2017 年 1 月发布的《评估馆员与协调员能力标准》②，图书馆工作人员所需评估能力主要包括以下方面：①关于评估的知识，如对评估的目的、价值、理论、方法、标准等的认识和理解；②伦理规范，如对调查对象的尊重，对数据报告的完整性

---

① 刘旭青，柯平，刘文宁. 公共图书馆评估信息化 [J]. 数字图书馆论坛，2017（5）：8 – 17.

② ACRL. ACRL proficiencies for assessment librarians and coordinators [EB/OL]. （2017 – 01）[2020 – 02 – 23]. http://www. ala. org/acrl/standards/assessment_proficiencies.

与真实性的维护等；③评估方法与策略，能够选择适当的工具或解决方案，并使评估活动与机构的任务和优先事项保持一致；④研究设计；⑤数据收集与分析；⑥沟通与报告，通过提供证据和分析来推动更好的决策，从而在图书馆内推动变革；⑦宣传与营销；⑧合作。

　　除以上所列之外，在评估工作中负责统筹协调的专职馆员还应当具备更高级别的技能，包括：⑨领导，能够构思评估行动计划，设计和实施可满足图书馆和机构目标的评估计划，获得组织的支持并为评估计划争取资源，说服管理者和同事接受有关评估的建议并采取行动，利用评估结果来告知决策、解决问题、制订计划和制定政策；⑩管理，能够评估对新计划的需求以及现有计划的有效性、效率和影响，开发、实施和维护用于收集、分析和解释评估数据的系统，定期安排评估任务，使用适当的工具管理评估数据，分析评估工作的人员需求并制定人员配备策略，管理评估项目的经费预算等；⑪指导、培训与辅导，能够对其他人进行评估方面专业知识和技能的培训，倡导评估文化，鼓励各级员工广泛参与评估项目等。

　　为帮助图书馆从业人员习得必要的评估专业技能，国外许多图书馆院校都开设了相关的课程。例如，伊利诺伊大学图书馆学院自 1970 年开始开设图书馆评估专题课程，Lancaster 先后多次再版的两部著作就是该课程的主要教材①。田纳西大学信息科学学院于 2015 年发起一项新的研究生课程计划，用于培训具有评估和用户休验方面专业知识的信息专家。该项目得到美国博物馆与图书馆服务署和劳拉·布什 21 世纪图书馆员项目的资助，首批 12 名研究生已于 2017 年 7 月正式结业②。根据 Scott Walter 和 Megan Oakleaf 的调查，在 2010 年前后，美国至少有 20 家图书馆学院声称其在馆藏资源建设、参考

　　① LANCASTER F W, JONICICH M J. The measurement and evaluation of library services [M]. Washington, D. C.: Information Resources Press, 1977: ix.

　　② FLEMMING-MAY R, MAYS R, FORRESTER A, et al. Experience assessment: designing an innovative curriculum for assessment and UX professionals [C] //Proceedings of the 12th International Conference on Performance Measurement in Libraries, 31st July-2nd August, 2017, Oxford, UK. [2022 - 03 - 17]. https//libraryperformance. files. wordpress. com/2019/02/12th-libpmc-conference-proceedings. pdf.

咨询服务、信息素养教育、图书馆管理等多个领域的课程中包含有评估研究的内容①。在我国，武汉大学图书情报学院（今武汉大学信息管理学院）曾在20世纪80年代以Lancaster《图书馆服务的测量与评价》一书的译本为基础，面向本科高年级学生开设"图书馆评估"课程②。但据笔者最近两年跟踪观察，国内几大主要图情院系目前发布的本科生和研究生培养方案中都未见有这类课程设置，图书馆评估相关专业教材的编撰与出版几近空白。各院系应当密切跟踪图书馆评估工作的现实需求，加强该领域课程及教材的研究和设计，为公共图书馆输送更多具备基本评估知识技能的专业人才。

与此同时，也应当认识到，学校教育提供的评估知识并不全面，评估馆员的评估能力更多地还需要在图书馆实践，特别是真实的评估实践中逐步培养。对此，Michael Quinn Patton曾经指出，"当我们引导人们参与评估过程时，实际上也是在引导他们学习有关评估文化的内容，并且学习如何经常以这些方式思考"③。Yvonne Belanger继承和发展了Patton的这一观点，认为"组织可以通过让工作人员更直接地参与评价进程，来增强有效开展评价和使用评价结果的能力"④。一方面，应积极拓展公共图书馆评估定级工作的参与范围，引导各级图书馆将评估要求细化，落实为每一个部门、每一个岗位的目标任务，发动全馆上下共同参与评估，通过对评估标准的深入学习和对用户调查、数据分析等评估方法的实践应用，加深对评估定级工作的理解；另一方面，需要进一步将评估有关的理论、方法、技术、工具等纳入公共图书馆管理者及从业人员日常岗位教育与培训体系，将其与公共图书馆组织管理、业务建设、服务推广等领域的培训课程紧密结合起来，与公共图书馆领域各

① WALTER S, OAKLEAF M. Recruiting for results: assessment skillls and the academic library job market [C] //Proceedings of the 2010 Library Assessment Conference: building effective, sustainable practical assessment . Washington, D. C.: Association of Research Libraries, 2011: 677 – 681.

② 初景利. 西方图书馆评价理论评介 [J]. 中国图书馆学报, 1999 (3): 53 – 60.

③ PATTON M Q. Discovering process use [J]. Evaluation. 1998, 4 (2): 225 – 233.

④ BELANGER Y. Assessment-based strategies for building connections with academic departments [C] // Proceedings of the 2008 Library Assessment Conference: building effective, sustainable practical assessment. Washington, D. C.: Association of Research Libraries, 2009: 141 – 146.

类国家标准、行业标准的推广应用紧密结合起来，帮助各岗位人员充分认识和理解评估工作在公共图书馆建设、管理与服务中的重要作用和意义，自觉应用评估工具随时检视、调整和改进其岗位实践。特别要重视培养公共图书馆从业人员对日常业务和服务数据及档案资料的敏感性，以及根据有关数据资料及时发现和解决问题的能力。

主要参考文献

图书

[1] HERNON P, ALTMAN E. Assessing service quality: satisfying the expectation of library customers [M]. Chicago and London: American Library Association, 1998.

[2] HERNON P, DUGAN R E. An action plan for outcomes assessment in your library [M]. Chicago and London: American Library Association, 2002.

[3] HERNON P, DUGAN R E, Mathews J R. Getting started with evaluation [M]. Chicago: American Library Association, 2014.

[4] HERNON P, MCCLURE C R. Evaluation and library decision making [M]. New Jersey, Norwood: Ablex Publishing Corporation, 1990.

[5] HIMMEL E E, WILSON W J. Planning for results: a public library transformation process, the guidebook [M]. American Library Association, 1998.

[6] King Research Limited, Office of Arts and Libraries. Keys to success: performance indicators for public libraries. A manual of performance measures and indicator [M]. London: HMSO, 1990.

[7] LANCASTER F W, JONCICH M J. The measurement and evaluation of library services [M]. 1977.

[8] LANCASTER F W. If you want to evaluate your library··· [M]. 2nd ed. London: Library Association Publishing Ltd., 1993.

[9] MCCLURE C R. Planning and role setting for public libraries: a manual of options and procedures [M]. Chicago: American Library Assocication, 1987.

[10] Ministry of Education. Standards of Public Library Service in England and Wales [M]. London: Her Majesty's Stationery Office, 1962.

[11] NELSON S. Strategic planning for results [M]. Chicago: American Library

Association，2008.

［12］ NELSON S. Implementing for results ［M］. Chicago：American Library Association，2009.

［13］Palmour V E，BELLASSAI M C，DEWATH N V. A planning process for public libraries ［M］. Chicago：American Library Association，1980.

［14］褚树青. 公共图书馆绩效与价值评估研究 ［M］. 北京：国家图书馆出版社，2016.

［15］施托克曼，梅耶. 评估学 ［M］. 唐以志，译. 北京：人民出版社，2012.

［16］卢秀菊. 图书馆规划之研究 ［M］. 台北：学生书局，1988.

［17］熊伟. 图书馆社会价值评估研究 ［M］. 北京：中国社会科学出版社，2012.

［18］杨永恒. 公共文化服务效能评估：理论与方法 ［M］. 北京：科学出版社，2018.

论文

［19］ BERTOT J C，MCCLURE C R. Outcomes assessment in the networked environment：research questions，issues，considerations，and moving forward ［J］. Library Trends，2003，51（4）：590 – 613.

［20］ BROAD G，ORTIZ J，Meades S. Public libraries：measuring their value ［J］. Public Library Quarterly，2019，38（3）：309 – 319.

［21］ CLOSTER M. Public library evaluation：a retrospective on the evolution of measurement systems ［J］. Public Library Quarterly，2015，34（2）：107 – 123.

［22］ CREASER C，SPEZI V. Quality frameworks for public libraries ［J］. CILIP Update，2013，12（10）：32 – 35.

［23］ CRONIN B. Taking the measure of service ［J］. Aslib Proceedings，1982，34（6）：p. 273 – 294.

［24］ DAVIS D M，HIRSH M，MATTHEWS J. Performance indicators for public libraries—developing a national model ［EB/OL］.（2014 – 07 – 22）［2017 – 05 – 22］. http://libraryassessment. org/bm ~ doc/23davispanel. pdf.

［25］ DAVIS P. The English Audit Commission and its Comprehensive Performance Assessment Framework for Local Government，2002 – 2008 ［J］. Public Performance & Management Review，2011，34（4）：489 – 514.

［26］ DE LA MANO M，CREASER C. The impact of the Balanced Scorecard in libraries：

from performance measurement to strategic management [J]. Journal of Librarianship and Information Science. 2016, 48 (2): 191 – 208.

[27] DOLE W, ROSE D, JAMES M, et al. Integratingassessment and planning: a path to improved library effectiveness [C] //Proceedings of the 2008 Library assessment conference: building effective, sustainable practical assessment . Washington, D. C. : Association of Research Libraries, 2009: 403 – 407.

[28] FARKAS M G, HINCHLIFFE L J, HOUK A H. Bridges and barriers: factors influencing a culture of assessment in academic libraries [J]. College & Research Libraries, 2015, 76 (2): 150 – 169.

[29] GIAPPICONI T. Library evaluation and pulic policy: a French view [J]. Journal of Librarianship and Information Science, 2016, 27 (2): 99 – 108.

[30] HAMBURG M. Library objectives and performance measures and their use in decision making [J]. The Library Quarterly, 1972, 42 (1): 107 – 128.

[31] HILLER S, KYRILLIDOU M, SELF J. When the evidence is not enough: organizational factors that influence effective and successful library assessment [J]. Performance Measurement and Metrics, 2008, 9 (3): 223 – 230.

[32] HILLER S, WRIGHT S. Turning results into action: using assessment information to improve library performance [C] //Proceedings of the 2008 Library Assessment Conference: Building effective, sustainable practical assessment. Washington, D. C. : Association of Research Libraries, 2009: 245 – 252.

[33] KYRILLIDOU M, HEATH F M. Measuring library service quality [J]. Library Trends, 2001, 49 (4): 541 – 799.

[34] LAKOS A, PHIPPS S. Creating a culture of assessment: a catalyst for organizational change [J/OL]. Libraries and the Academy, 2004, 4 (3): 345 – 361 [2019 – 10 – 21]. https://doi. org/10. 1353/pla. 2004. 0052.

[35] MATTHEWS J. Assessing outcomes and value: it's all a matter of perspective [J]. Performance Measurement and Metrics, 2015, 16 (3): 211 – 233.

[36] MOORE M T. Constructing a sentiment analysis model for LibQUAL + comments [J]. Performance Measurement and Metrics, 2017, 18 (1): 78 – 87.

[37] MOORE N. Measuring the performance of public libraries [J]. IFLA Journal, 2016. 15 (1): 18 – 22.

[38] NICHOLSON S. A conceptual framework for the holistic measurement and cumulative

evaluation of library services [J]. Journal of Documentation, 2004, 60 (2): 164 – 182.

[39] ORR R H. Measuring the goodness of library services: a general framework for considering quantitative measures [J]. Journal of Documentation, 29 (3): 315 – 332.

[40] POLL R. Managing service quality with the Balanced Scorecard [C/OL]. 67th IFLA Council and General Conference, August 16 – 25, 2001. [2020 – 01 – 24]. http://citeseerx. ist. psu. edu/viewdoc/download?doi = 10. 1. 1. 21. 2263&rep = rep1&type = pdf.

[41] FLEMMING-MAY R, MAYS R, FORRESTER A, et al. Experience assessment: designing an innovative curriculum for assessment and UX professionals [C] //Proceedings of the 12th International Conference on Performance Measurement in Libraries, 31st July – 2nd August, 2017, Oxford, UK. [2022 – 03 – 17]. https//libraryperformance. files. wordpress. com/2019/02/12th-libpmc-conference-proceedings. pdf.

[42] URQUHART C, TURNER J. Reflections on the value and impact of library and information services part 2: impact assessment [J]. Performance Measurement and Metrics, 2016, 17 (1): 5 – 28.

[43] WALTER S, OAKLEAF M. Recruiting for results: assessment skillls and the academic library job market [C] //Proceedings of the 2010 Library Assessment Conference: building effective, sustainable practical assessment. Washington, D. C. : Association of Research Libraries, 2011: 677 – 681.

[44] WILSON B. Keynote panel: the most important challenge for library assessment [C] //Proceedings of the 2008 Library Assessment Conference: building effective, sustainable practical assessment. Washington, D. C. : Association of Research Libraries, 2009: 13 – 15.

[45] 蔡豪源. 公共图书馆开展第三方评估的必要性及其意义——以广州市公共图书馆为例 [J]. 图书馆研究与工作, 2018 (6): 9 – 12.

[46] 初景利. 西方图书馆评价理论评介 [J]. 中国图书馆学报, 1999 (3): 53 – 60.

[47] 邓广宇. 图书馆评价的意义、方法、内容和标准 [J]. 图书馆工作与研究, 1987 (4): 48 – 54.

[48] 董建华. 图书馆评价的文化特性及其认识意义 [J]. 图书情报知识, 1988 (1): 8 – 11.

[49] 黄俊贵. 有亮点 有瑕疵 有企盼——图书馆评估定级工作管见 [J]. 图书馆论坛, 2004 (6): 40 – 43.

[50] 黄如花, 苗淼. 中美公共图书馆评估异同研究 [J]. 图书馆建设, 2017 (5): 73 – 78, 86.

[51] 黄宗忠. 认真搞好图书馆工作的重点转移 [J]. 黑龙江图书馆, 1979 (Z1): 28 – 38.

[52] 贾东琴, 金胜勇. 我国公共图书馆评估主体研究 [J]. 图书与情报, 2011 (2): 35 – 39, 52.

[53] 金武刚. 应然 VS 实然: 论公共图书馆评估的定位、错位与占位 [J]. 图书馆论坛, 2019 (7): 13 – 22.

[54] 柯平, 宫平. 公共图书馆服务绩效评估模型探索 [J]. 国家图书馆学刊, 2016 (6): 3 – 8.

[55] 李丹, 申晓娟. 从评估定级看我国公共图书馆事业发展 20 年 [J]. 图书馆杂志, 2014 (7): 4 – 12, 23.

[56] 李丹. 美国两类主要公共图书馆等级评价活动研究 [J]. 中国图书馆学报, 2018 (2): 97 – 112.

[57] 李丹. 日本国立国会图书馆评价制度 [J]. 国家图书馆学刊, 2017 (1): 86 – 93.

[58] 李东来, 奚惠娟. 卓越绩效管理模式——公共图书馆发展的现实选择 [J]. 图书馆论坛, 2015 (8): 37 – 43.

[59] 李东来. 30 年前图书馆评估忆旧 [J]. 图书馆建设, 2018 (4): 104 – 105, 111.

[60] 李东来. 统计与评价——图书馆管理的两种基本方法 [J]. 黑龙江图书馆, 1987 (6): 54 – 57.

[61] 李海英, 蒋永福. 我国公共图书馆治理评价制度的弊端及其改进建议——以我国现行公共图书馆评估制度为背景 [J]. 情报资料工作, 2010 (5): 15 – 19.

[62] 卢秀菊. 美国公共图书馆规划: 发展与演变 [J]. 台北市立图书馆馆讯, 19 (3): 1 – 11.

[63] 罗曼. 20 世纪图书馆效用评估方法回顾 [J]. 大学图书馆学报, 2000 (2): 39 – 41, 55.

[64] 吕明珠. 我国公共图书馆评鉴之发展与建议 [J]. 图书与资讯学刊, 2014, 85 (2): 22 – 38.

[65] 潘寅生. 图书馆绩效评估简论 [J]. 图书馆论坛, 2006 (6): 31 – 36.

[66] 申晓娟, 李丹. 公共图书馆服务评价研究——兼论文化部全国县以上公共图书馆评估工作 [J]. 图书馆杂志, 2013 (9): 51 – 56, 61.

[67] 田倩, 高波. 我国公共图书馆绩效评估研究综述 [J]. 图书情报工作, 2011 (7): 40 – 44, 146.

［68］王超湘.公共图书馆评估与宏观管理体制改革悖论刍议［J］.图书馆建设，2011（7）：57－59.

［69］王荣国，王筱雯.对开展公共图书馆评估工作的认识［J］.中国图书馆学报，2003（4）：78－80.

［70］王学贤，杨曰建.公共图书馆第三方评估机制研究［J］.图书馆，2014（4）：45－47.

［71］吴正荆，孙颀，吕少妮.美国公共图书馆评价方法在我国区域图书馆评价中的应用［J］.中国图书馆学报，2013（4）：74－82.

［72］谢燕洁.我国开展公共图书馆第三方评估的必要性和可行性研究［J］.图书馆研究，2018（4）：21－24.

［73］杨晓伟，李东来.图书馆影响力及其评估初探［J］.山东图书馆学刊，2017（2）：61－65.

［74］叶斌.基于成本效益分析的公共图书馆经济价值评估研究［D］.杭州：浙江大学，2010.

［75］于良芝.公共图书馆服务的意义建构与认识盲点——对公共图书馆评估总结材料的话语分析［J］.中国图书馆学报，2009（4）：4－13.

［76］于良芝，谷松，赵峥.SERVQUAL与图书馆服务质量评估：十年研究述评［J］.大学图书馆学报，2005（1）：51－57.

［77］张广钦.图书馆评估概念与模型、发展史及方法研究述评［J］.大学图书馆学报，2011（3）：5－10.

［78］张红霞.国际图书馆服务质量评价：绩效评估与成效评估两大体系的形成与发展［J］.中国图书馆学报，2009（1）：78－85.

［79］郑一仙.我国公共图书馆评估刍议［J］.中国图书馆学报，1999（4）：49－53.

［80］周吉.公共图书馆社会影响评价研究［D］.上海：华东师范大学，2010.

［81］周文超.用户评估的公共图书馆评估指标体系构建［D］.保定：河北大学，2010.

附录 A　各级图书馆从业人员关于评估定级工作的评价及反馈

　　笔者于 2019 年 9 月就公共图书馆评估工作的有关问题进行问卷调查。问卷调查对象为各级公共图书馆从业人员，主要通过各地区馆长群、公共图书馆评估工作群发放，问卷反馈信息通过问卷星平台在线采集。自 2019 年 9 月 14 日 16：30 发出，截至 9 月 22 日 12：00，共收到来自 23 个省、自治区、直辖市图书馆的 579 份反馈问卷，排除发放渠道不合规问卷 60 份（包括非公共图书馆问卷 8 份和某馆馆员集中填写的大批量问卷 52 份），以及填答时间少于平均用时 30% 的无效问卷 43 份[①]，得到有效问卷 476 份，其中来自评估定级工作实际参与者的 358 份（75.21%），部分问题仅面向这类受访者进行调查。

　　上述有效问卷中，各级公共图书馆填答有效问卷分别为：省级 75 份（15.76%），副省级 19 份（3.99%），地市级 141 份（29.62%），区县级及以下 241 份（50.6%）；东、中、西部[②]公共图书馆填答有效问卷分别为：东部 200 份（42.02%），中部 187 份（39.29%），西部 89 份（18.70%）。样本较为均衡地覆盖到了东、中、西部地区的各级公共图书馆，特别是区县级及以

---

　　① 完整填答所有问题的问卷，平均用时为 1828 秒，用时少于 540 秒视为无效；根据设定跳转规则跳过其中部分问题的问卷，平均用时为 406 秒，用时少于 120 秒视为无效。

　　② 本书附录 A 中，东、中、西部按文化和旅游部年度统计公报所用分区标准划分。其中，东部地区包括：北京、天津、辽宁、上海、江苏、浙江、福建、山东、广东；中部地区包括：河北、山西、吉林、黑龙江、安徽、江西、河南、湖北、湖南、海南；西部地区包括：内蒙古、广西、重庆、四川、贵州、云南、西藏、陕西、甘肃、青海、宁夏、新疆。参见：中华人民共和国文化和旅游部．中华人民共和国文化和旅游部 2020 年文化和旅游发展统计公报［M］．北京：中国统计出版社，2021：14。

下公共图书馆参与较为广泛，具有较好的基层代表性。476 份有效问卷中，由各级公共图书馆中承担一定管理职责的受访者填答 307 份，占比达 64.50%（馆级领导填答 186 份，占 39.08%；部门主任和科室负责人填答 121 份，占 25.42%），这部分人群对图书馆业务工作的评估和考核要求相对更为熟悉，其意见更具代表性。

笔者对调查问卷中与论文当前内容关系比较密切问题的受访者反馈信息做了摘录、分析。

A.1　关于公共图书馆评估定级工作意义的认识和反馈

问卷面向各级公共图书馆从业人员征集有关全国县级以上公共图书馆评估定级工作意义的认识和反馈，其中对客观选择题所列出的 16 项正向评价表示"完全同意"或"基本同意"的受访者比例均值达到 90.95%（详见表 A-1），受访者普遍对历次公共图书馆评估定级工作的意义持肯定态度。

表 A-1　公共图书馆从业人员对评估定级工作意义的认同意见选择

选项	完全同意		基本同意		不太确定		基本不同意		完全不同意	
	数量	比例	数量	比例	数量	比例	数量	比例	数量	比例
推动落实国家有关图书馆事业发展的政策要求	241	59.36%	101	24.88%	46	11.33%	16	3.94%	2	0.49%
促使各级党政领导加大对图书馆工作的重视和支持力度	278	68.47%	115	28.33%	11	2.71%	2	0.49%	0	0%
敦促地方政府改善图书馆事业发展的政策环境	250	61.58%	114	28.08%	36	8.87%	6	1.48%	0	0%
改善图书馆人员、经费、建筑设施等办馆条件	239	58.87%	104	25.62%	51	12.56%	9	2.22%	3	0.74%
推动图书馆事业发展理念更新	288	70.94%	104	25.62%	13	3.2%	1	0.25%	0	0%

续表

选项	完全同意		基本同意		不太确定		基本不同意		完全不同意	
	数量	比例	数量	比例	数量	比例	数量	比例	数量	比例
推动先进技术方法在图书馆的普及应用	270	66.5%	111	27.34%	20	4.93%	5	1.23%	0	0%
推进图书馆业务工作的标准化、规范化发展	267	65.76%	97	23.89%	32	7.88%	7	1.72%	3	0.74%
指导图书馆丰富服务内容、改进服务方式	260	64.04%	113	27.83%	30	7.39%	3	0.74%	0	0%
敦促图书馆提高服务质量、提升服务效能	257	63.3%	97	23.89%	43	10.59%	8	1.97%	1	0.25%
促使图书馆馆提升业务统计分析、档案管理等工作水平	292	71.92%	94	23.15%	16	3.94%	4	0.99%	0	0%
提升图书馆工作人员的业务水平和专业技术能力	279	68.72%	121	29.8%	5	1.23%	1	0.25%	0	0%
为图书馆有针对性改进工作提供依据	267	65.76%	107	26.35%	24	5.91%	8	1.97%	0	0%
为文化主管部门加强对图书馆事业的统筹规划和科学管理提供依据	264	65.02%	125	30.79%	16	3.94%	1	0.25%	0	0%
营造争先创优、定标比超的竞争氛围，激发事业发展活力	233	57.39%	114	28.08%	51	12.56%	7	1.72%	1	0.25%
激发图书馆工作人员的荣誉感和责任心，增强队伍凝聚力	244	60.1%	111	27.34%	47	11.58%	4	0.99%	0	0%
扩大图书馆的社会宣传	235	57.88%	116	28.57%	48	11.82%	6	1.48%	1	0.25%
均值	260	64.10%	109	26.85%	31	7.53%	6	1.36%	1	0.17%

注：样本量为406。

除此之外，多位受访者在开放性问题中表达了对评估定级工作意义的认识（详见表 A-2），主要包括以下几个方面：一是敦促政府加大对公共图书馆的重视与投入，为各级公共图书馆争取资金、项目及人员编制等方面支持和保障提供依据；二是以公共图书馆标准指导公共图书馆查漏补缺，提高业务工作及服务活动的专业化、规范化水平，达到"以评促建"、提升服务效能的目的；三是促进公共图书馆之间的交流与学习，推动优秀经验的宣传与推广；四是促进公共图书馆组织管理和人才队伍建设。

表 A-2　公共图书馆从业人员对评估定级工作意义的认识和反馈

问卷序号	反馈意见	所在馆级别	职务
2	是对单位工作的一个查漏补缺	地市级（西部）	馆级领导
26	加强了总分馆之间的沟通和统一	区县级（东部）	馆级领导
36	对图书馆业务发展有引领作用	地市级（中部）	普通员工
61	推动图书馆不断改进完善	地市级（东部）	部门主任
72	推动少数民族地区图书馆提高民族文献馆藏量	地市级（西部）	普通员工
117	能真正影响到地方对文化发展的重视程度	地市级（东部）	馆级领导
129	学习借鉴兄弟图书馆的先进经验	省级（东部）	部门主任
136	为申请财政预算提供重要依据	区县级（东部）	部门主任
160	有助于图书馆从业者的职业理念和价值认同得到提升，敬业精神进一步增强，服务效果更加明显，图书馆美誉度得到提升。例如，本人从事基层图书馆工作长达 32 年，参与和见证了六次评估定级，经历了无数艰难与挫折，没有放弃初心，与同事们一道，为读者坚守心灵憩园，抓住县城迁建机会，修了一座面积为 4868.78 平方米、设备先进、功能齐全的漂亮新馆。2016 年开馆后活动纷呈，人气火旺，成为新县城一道靓丽的人文景观，受到市民群众、社会各界和政府部门好评	区县级（中部）	馆级领导

续表

问卷序号	反馈意见	所在馆级别	职务
173	促进东、中、西部图书馆相互借鉴成功经验，有利于事业平衡发展；促进评估指标体系的改善；等等	省级（中部）	部门主任
177	进一步提升和加强图书馆服务	地市级（东部）	普通员工
179	推动图书馆业务更加扎实	区县级（中部）	馆级领导
203	推动图书馆工作的规范化、常规化、制度化，提升图书馆的服务效能等	地市级（东部）	普通员工
215	改善图书馆的服务	街镇级（东部）	馆级领导
227	增加和全国公共图书馆沟通和交流的具体方向和内容，进行纵向和横向的对比，找差距，抓落实	地市级（中部）	馆级领导
229	为争取项目、资金提供直接依据	地市级（西部）	馆级领导
247	对博物馆、文化馆、档案馆、纪念馆等机构的业务和服务规范化工作有参考借鉴作用	省级（东部）	馆级领导
249	评估工作能敦促地方政府和宣传部门重视图书馆建设、扩大资金支持力度和配备高素质人才，从而使图书馆具备引领全民阅读、润泽民族心灵、培养文化自信的能力	省级（西部）	部门主任
250	推动地方政府对公共图书馆建设的重视	地市级（东部）	部门主任
251	以评促建	省级（西部）	部门主任
274	促进公共图书馆服务效能提升	区县级（西部）	科室负责
297	促进图书馆自己的软件和硬件建设	省级（东部）	普通员工
323	促进工作标准化	省级（东部）	普通员工
335	促进图书馆事业可持续发展，引起地方政府重视	区县级（西部）	部门主任
353	加大地方对县级图书馆的重视	区县级（西部）	馆级领导

问卷序号	反馈意见	所在馆级别	职务
377	对新馆的建立有帮助	省级（东部）	普通员工
384	促进图书馆全面工作的发展	区县级（东部）	普通员工
390	增加拨款和促进技术升级	省级（东部）	普通员工
416	使主管部门及时了解公共文化服务有关政策，掌握窗口单位人员结构等方面的问题	区县级（西部）	馆级领导
418	评估是好事，以评促建，推动发展	地市级（东部）	馆级领导
429	也是一种交流	区县级（西部）	普通员工
443	以评促建，督促地方政府重视，加大财政支持力度，大力倡导全民阅读	区县级（西部）	馆级领导
445	以创建为契机，以创促建	区县级（中部）	馆级领导
447	促进各馆自身自查自纠，发现问题及时改正问题及不足，使本馆的发展建设跟上国家对公共馆的要求，完善本馆服务项目，提升服务水平	区县级（东部）	普通员工
455	政府主导，社会参与，找问题，寻差距，强整改，推进图书馆事业高质量发展	地市级（中部）	馆级领导
479	评估定级，既提高集体荣誉感，也体现个人成就感	区县级（中部）	部门主任
483	让图书馆职工认识到自身所做的工作与评估标准之间的差距	地市级（中部）	馆级领导
487	促进图书馆全面发展	区县级（中部）	科室负责
488	健全和完善图书馆的建设	区县级（中部）	普通员工
492	促进图书馆基础设施建设，改善办馆条件，提升服务效能	区县级（西部）	馆级领导
494	文明创建，规范图书馆在公共文化服务中的作用	地市级（中部）	馆级领导
495	促进地方图书馆效能提升	区县级（中部）	馆级领导

续表

问卷序号	反馈意见	所在馆级别	职务
498	评估定级工作不仅有政府，还有第三方参与评估，是多主体综合性评估，实现了公共图书馆评估主体多元化，发挥第三方评估的积极作用，发挥行业协会对图书馆事业的推动与指导作用	区县级（中部）	部门主任
510	评估定级是对各级图书馆整体工作的一次检验，可以提升和促进图书馆均衡发展，促使图书馆更好地服务社会及读者	区县级（中部）	馆级领导
512	更好地服务读者	区县级（中部）	普通员工
515	根据评估定级结果来给予基层图书馆资金支持，并以此推动工作	地市级（西部）	馆级领导
534	发现好的工作方法经验，可以借鉴推广	省级（中部）	部门主任
541	保障公共图书馆建设	地市级（东部）	普通员工
563	促进公共图书馆事业体系化发展	省级（西部）	部门主任
573	扩大了图书馆在领导面前的影响	区县级（东部）	馆级领导
574	以评促建	区县级（中部）	部门主任
578	从历届评估中学到了很多兄弟馆先进的经验和好的工作方式方法，促进了馆际之间创优争先的动力	区县级（中部）	普通员工

A.2 关于评估定级工作中存在问题的意见建议

问卷征集了各级公共图书馆从业人员关于全国县级以上公共图书馆评估定级工作中存在问题的意见建议。在客观选择题给出的 16 个选项中，受访者认同度较高的观点包括：①缺乏与评估结果挂钩的奖惩激励机制；②全国统一标准，无法适应不同地区事业发展的不同水平；③评估标准内容复杂，指标数量过多，评估工作量过大；④评估定级工作时间过于紧张，难以深入细致听、看、访、评；⑤某些定量指标不在常规业务统计范围内，数据采集困难（详见表 A-3）。

表 A-3 公共图书馆从业人员对评估定级工作存在问题的认同意见选择

选项	完全同意		基本同意		不太确定		基本不同意		完全不同意	
	数量	比例	数量	比例	数量	比例	数量	比例	数量	比例
人、财、物等保障条件属于政府责任，不应作为对图书馆的要求	129	36.03%	79	22.07%	35	9.78%	49	13.69%	66	18.44%
评估标准内容复杂，指标数量过多，评估工作量过大	130	36.31%	137	38.27%	39	10.89%	39	10.89%	13	3.63%
评估指标体系未能完整体现公共图书馆的功能、目的及主要任务	56	15.64%	99	27.65%	72	20.11%	97	27.09%	34	9.50%
评估标准量化程度偏低	30	8.38%	68	18.99%	95	26.54%	115	32.12%	50	13.97%
某些定量指标不在常规业务统计范围内，数据采集困难	91	25.42%	165	46.09%	52	14.53%	39	10.89%	11	3.07%
某些定性指标检查方法不明晰，主观随意性较大	76	21.23%	153	42.74%	73	20.39%	42	11.73%	14	3.91%
某些指标的量化目标、评分方法未经科学论证，说服力不够	63	17.60%	148	41.34%	83	23.18%	48	13.41%	16	4.47%
不同地区、不同评估组对评估标准的把握尺度宽严不一，可比性较差	88	24.58%	150	41.90%	69	19.27%	36	10.06%	15	4.19%
全国统一标准，无法适应不同地区事业发展的不同水平	151	42.18%	140	39.11%	35	9.78%	22	6.15%	10	2.79%

续表

选项	完全同意		基本同意		不太确定		基本不同意		完全不同意	
	数量	比例	数量	比例	数量	比例	数量	比例	数量	比例
标准要求偏低，无法充分体现先进图书馆的引领示范作用	32	8.94%	66	18.44%	111	31.01%	97	27.09%	52	14.53%
标准要求过高，难以发挥激励促进作用	58	16.20%	94	26.26%	104	29.05%	84	23.46%	18	5.03%
偏重工作完成数量，缺乏对其质量、效益、价值和影响的评估	81	22.63%	150	41.90%	63	17.60%	47	13.13%	17	4.75%
评估定级工作时间过于紧张，难以深入细致听、看、访、评	80	22.35%	178	49.72%	41	11.45%	48	13.41%	11	3.07%
评估过程缺乏读者和社会公众的监督和参与	65	18.16%	151	42.18%	61	17.04%	54	15.08%	27	7.54%
评估结果仅反映分数和等级，缺乏针对问题的诊断分析，指导性不足	87	24.30%	152	42.46%	67	18.72%	41	11.45%	11	3.07%
缺乏与评估结果挂钩的奖惩激励机制	172	48.04%	122	34.08%	33	9.22%	19	5.31%	12	3.35%
均值	87	24.25%	128	35.83%	65	18.04%	55	15.31%	24	6.58%

注：样本量为358。

除此外，多位受访者在问卷开放性问题中表达了对全国公共图书馆评估定级工作中存在问题的看法（详见表 A – 4）。

表 A-4 公共图书馆从业人员对评估定级工作中存在问题的意见建议

问卷序号	反馈意见	所在馆级别	职务
1	（希望）评估结果对实际工作发挥作用	省级（中部）	部门主任
2	基层图书馆人少经费少，相应配套服务及设施不到位，在这种情况下按照标准开展评估，有不科学性	地市级（西部）	馆级领导
11	需结合考评结果对政府部门进行相应奖惩	区县级（中部）	馆级领导
15	评估标准超前，发布较晚，可以起到引导作用，但与预算申报期不匹配，缺少目标效应	地市级（中部）	馆级领导
94	①评估标准应充分征求意见，尤其是基层图书馆长的意见；②评估标准及细则应提前公布，以让图书馆准备工作有的放矢	地市级（中部）	馆级领导
102	东莞很多镇街馆已经远超县的水平，但是依然在图书馆法保障的范围外	街镇级（东部）	馆级领导
157	只是加重了从业者的工作强度，通过评估对事业发展带来的正面利好非常少。政府层面根本不清楚评估的真实意义，以为是普通的工作考核和检查。至于各个层面公共图书馆的发展，大多数都是地方政府有文化意识的领导者的个人兴趣促进的，在经济欠发达区域，这一点尤其明显	省级（西部）	部门主任
157	数据造假	省级（西部）	部门主任
164	建立等级奖励机制，促进图书馆事业发展	地市级（中部）	部门主任
171	（应注意）评估标准对基层图书馆适用度	街镇级（东部）	馆级领导
174	临急抱佛脚；有水分	省级（东部）	普通员工
203	为了评估而评估，对于图书馆的激励作用不大；评估有些形式化，不能深入了解图书馆工作实质和实际情况	地市级（东部）	普通员工

续表

问卷序号	反馈意见	所在馆级别	职务
212	读者的感受占比应该提高。图书馆履行自身职能为的是更好地服务于读者，读者的感受意见以及读者认同才是图书馆建设的导向。一味标新立异做面子工程，便是纸上谈兵，不切实际	地市级（中部）	普通员工
222	西部省市还应该分强弱，对新疆特殊现状应特殊对待	地市级（西部）	馆级领导
224	应该引起政府对图书馆的重视	地市级（西部）	馆级领导
228	可根据评估等次在免费开放经费上适当区别	地市级（西部）	馆级领导
258	应该有社会力量和读者代表参与	省级（中部）	部门主任
258	评估应该实行"三三制"	省级（中部）	部门主任
268	没能得到当地政府部门的高度重视，评估是对近四年工作的考核，涉及财政拨款等资金项目，图书馆向财政申请资金力度不够，应该将对图书馆发展建设的资金投入列入对当地政府的考核	地市级（东部）	馆级领导
273	实事求是，因地制宜，不搞一刀切，更看重服务效果，而不是评估材料。不能本末倒置，把精力都花在做评估的材料上面	区县级（东部）	馆级领导
285	按评估定级后的结果核定增加免开经费	区县级（西部）	馆级领导
335	虚假成分多	区县级（西部）	部门主任
365	重形式轻实质	地市级（东部）	馆级领导
407	定级标准只看表面不看内容	区县级（中部）	馆级领导
409	评估定级工作应该与馆建设经费投入及馆员个人收入挂钩，增加激励机制	区县级（东部）	部门主任
416	人才建设及资金投入应指标量化	区县级（西部）	馆级领导
418	有的指标僵化，单纯以数字做评判，缺乏科学性。应该在服务区域面积、人口上综合评定	地市级（东部）	馆级领导

问卷 序号	反馈意见	所在馆级别	职务
435	评估内容太多，贫困地区图书馆根本难达标准。编制严重不足，没钱建合乎要求的图书馆	区县级（西部）	馆级领导
435	四年一次，评估频率太高	区县级（西部）	馆级领导
443	还应考评地方政府和主管部门的业绩	区县级（西部）	馆级领导
445	分数差别不分伯仲，工作开展实际情况差别很大	街镇级（东部）	馆级领导
447	不能全靠纸上数字来评估，还要根据不同地区的实际情况考虑实际增加或删减一些评估标准	区县级（东部）	普通员工
461	评估对我们意义不大，没有引起政府的重视，从而没有起到促进作用	区县级（中部）	馆级领导
464	应加大经济投入	地市级（中部）	部门主任
468	历次评估定级后，得了1、2、3级好像没区别，没引起领导重视	区县级（中部）	馆级领导
474	评估后激励和评价，不能评估完了不闻不问，怎么解决存在的问题？	区县级（中部）	科室负责
484	对图书馆要有明确资金支持	区县级（中部）	馆级领导
498	应根据地方实际情况进行评估	区县级（中部）	部门主任
529	评估结果应该与奖励挂钩	区县级（中部）	馆级领导
553	缺乏激励机制，尤其是具体到人的激励。缺乏评估带来的对具体工作人员的激励	省级（东部）	普通员工
566	不能全国一刀切，因区域经济发展不平衡，人口数量密度不尽相同，应根据区域差别分别制定标准	区县级（西部）	馆级领导

A.3　关于评估标准中应增补或加强的内容及指标建议

问卷征集了各级公共图书馆从业人员关于第六次全国县级以上公共图书馆评估定级标准内容的意见建议（详见表 A-5）。

一是关于评分项目的意见建议，主要包括：

（1）建议增补政府财政投入的评分项目，如"（图书馆工作）是否纳入政府考核？所占总分比例""图书馆行业在地区文化年终考核中的分数占比""行政部门对图书馆的重视""上级政府投入""地方政府财力投入""财政保障与人才建设""地方财政对资源建设经费及基本服务运行经费的投入""政府经费保障和足额投入到位程度""法制保障的监督"等。

（2）建议增补人才队伍建设的评分项目，包括面向领导干部能力素质的项目如"领导的业务眼光和能力、执行力""副职馆领导的专业要求""管理人员的职责"，面向员工队伍的项目如"工作人员职数""技术人员（数量）""馆员的研究能力、业务素质""馆员发表在核心期刊上的论文、学术专著、其他学术成果包括文化、文献研究，甚至各种类型的文学作品等的数量""馆员每年的业务交流培训次数及参加培训人员占全馆人员的百分比""馆员参与国内国际交流合作的方式和成效"等。

（3）建议增补业务建设及服务的评分项目，如"信息化管理""古籍文献藏量""文献结构优化""文献开发与研究情况""地市对所辖县市的培训、指导""服务项目落实到位情况""社会效益实例"等，还有受访者提出增加"组织对图书馆服务工作的社会评价的次数""实际为读者服务的效果""馆藏资源""自动化服务设施"等指标的建议。

以上提及需要增补的项目和指标，有些在评估标准中实际已经包含，受访者重新提及，一方面体现其关切，另一方面也显示目前评估标准在应用过程中面向图书馆实际工作人员的宣传和解读还不够充分。

二是关于文化行业标准《公共图书馆评估指标》的修订建议，主要包括：

（1）希望在评估标准中加强对政府承担主体责任的监督和考评，如："依法增加对地方政府主体责任履行的评估，并依法追究未履行法律要求的责任""加强政府部门对图书馆事业的政策、财政、经费、人员编制支持的硬性评估监督"，"（将）本级财政对图书馆的资金投入（纳入评估）"等，也有受访者明确提出"经费保障应该去考核政府，而不是图书馆"。

（2）希望根据各级图书馆的功能定位不同，在评估标准中对其予以区别对待，如："对于省级图书馆，应加强全省图书馆服务体系协同发展的评估"；"省市县差别很大，合并需要体现区别，不能统一要求"；等等。

（3）希望提高评估指标的指导性和可操作性，如："部分评估指标制定要提高科学性"；"纸质文献与数字文献的相关指标分别考核，提高准确度"；"最好有强制性的规定，模棱两可的规定别写"；"（希望）评估结果对实际工作发挥作用"；"通过考评，能分析引导区域性图书馆下阶段发展方向"；等等。

此外还有一些针对具体指标的意见与建议，如："加强对图书馆书目数据的评估"；"减少关于媒体宣传的次数，基层图书馆很难达到指标要求"；等等。

表 A-5　公共图书馆从业人员对评分项目及指标的意见建议

问卷序号	反馈意见	所在馆级别	职务
15	（增加）是否列入政府考核？所占总分比例？	地市级（中部）	馆级领导
66	（增加）领导的业务眼光和能力，执行力，服务项目落实到位情况	地市级（西部）	部门主任
94	部分评估指标制定要提高科学性	地市级（中部）	馆级领导
117	（增加）图书馆行业在地区文化年终考核中的分数占比	地市级（东部）	馆级领导
117	（希望能够）通过考评，分析引导区域性图书馆下阶段发展方向	地市级（东部）	馆级领导
135	减少关于媒体宣传的次数，基层图书馆很难达到指标要求	地市级（中部）	馆级领导
136	（增加）财政拨款占比	区县级（东部）	部门主任
157	（增加）学术研究水平。通过馆员发表在核心期刊上的论文、学术专著、其他学术成果包括文化、文献研究，甚至各种类型的文学作品等的数量量化进行评价	省级（西部）	部门主任
157	依法增加对地方政府主体责任履行的评估，并依法追究未履行法律要求的责任	省级（西部）	部门主任
164	（增加）行政部门对图书馆的重视	地市级（中部）	部门主任
174	（增加）学术研究	省级（东部）	普通员工
197	经费保障应该去考核政府，而不是图书馆	地市级（东部）	部门主任

续表

问卷序号	反馈意见	所在馆级别	职务
199	（增加）法制保障的监督	地市级（中部）	馆级领导
203	（增加）馆员的研究能力、业务素质；文献开发与研究情况；古籍文献藏量；文献结构优化等	地市级（东部）	普通员工
215	地方文献出版应加分	街镇级（东部）	馆级领导
222	（增加）岗位职能考核标准	区县级（中部）	普通员工
224	（增加）地市对所辖县市的培训、指导	地市级（西部）	馆级领导
229	加大地方财政经费资源建设及基本服务运行经费投入的分值	地市级（西部）	馆级领导
235	希望不仅是对各图书馆的工作进行考评，把工作人员职数也作为一个考核指标，现在工作任务越来越多，但工作人员职数已经30多年没有增加	区县级（中部）	馆级领导
247	对政府经费保障和足额投入到位程度应予专项考核	省级（东部）	馆级领导
258	（增加）副职馆领导的专业要求	省级（中部）	部门主任
258	增加组织对图书馆服务工作的社会评价的次数	省级（中部）	部门主任
271	对于省级图书馆，应加强全省图书馆服务体系协同发展的评估	省级（东部）	前馆长
273	（增加）社会效益实例	区县级（东部）	馆级领导
285	（增加）上级政府投入	区县级（西部）	馆级领导
285	（增加）政府实际投入定额	区县级（西部）	馆级领导
312	纸质文献与数字文献的相关指标分别考核，提高准确度	地市级（中部）	馆级领导
324	省市县差别很大，合并需要体现区别，不能统一要求	省级（东部）	部门主任
335	（增加）服务效能	区县级（西部）	部门主任
335	（增加）馆藏资源	区县级（西部）	部门主任

问卷序号	反馈意见	所在馆级别	职务
361	（增加）馆员参与国内国际交流合作的方式和成效	省级（东部）	普通员工
365	（增加）实际工作情况	地市级（东部）	馆级领导
365	增加实际为读者服务的效果	地市级（东部）	馆级领导
392	加强政府部门对图书馆事业的政策、财政、经费、人员编制支持的硬性评估监督	区县级（西部）	馆级领导
398	（增加）技术人员	区县级（西部）	馆级领导
398	（增加）购书经费保障	区县级（西部）	馆级领导
416	（增加）财政保障与人才建设	区县级（西部）	馆级领导
416	（增加）政策性指标及领导重视程度	区县级（西部）	馆级领导
430	加强对图书馆书目数据的评估	地市级（中部）	普通员工
433	最好有强制性的规定，模棱两可的规定别写	区县级（东部）	部门主任
443	应加大地方政府财力投入的占分值	区县级（西部）	馆级领导
447	（增加）馆员每年的业务交流培训次数及参加培训人员占全馆人员的百分比	区县级（东部）	普通员工
479	图书购买，要一些经典的、名贵的、（有）学识性、实用的、读者喜闻乐见的书，尽量不买粗制滥造的、误人子弟低级趣味的书	区县级（中部）	部门主任
484	应该按照不同地方进行评估，发达地区和贫困地区要有所区别	区县级（中部）	馆级领导
498	加大地方政府的支持与重视	区县级（中部）	部门主任
512	（增加）信息化管理	区县级（中部）	普通员工
512	（增加）自动化服务设施	区县级（中部）	普通员工
515	加大政府层面的责任义务	地市级（西部）	馆级领导
557	（增加）人员经费问题	区县级（中部）	科室负责
572	本级财政对图书馆的资金投入	区县级（中部）	普通员工
573	服务绩效细化	区县级（东部）	馆级领导
578	管理人员的职责要加强	区县级（中部）	普通员工

A.4 关于公共图书馆定级必备条件的增补意见

问卷征集了受访者关于评估定级必备条件项目的增补意见（详见表 A–6），主要包括以下两方面：

一是建议增补"政府投入""人员岗位编制增加""人均购书经费拨付"等政府保障责任类项目为定级必备条件，特别有部分受访者提出应通过设置定级必备条件"保障图书馆机构有设置且独立"，"（保障）县级图书馆的编制及行政级别"，"在增加各种经费的同时也要保证工作人员人数"等。

二是建议增补数字化建设及服务相关项目为定级必备条件，如"数字资源建设及资金投入""年电子资源的增加数量及阅读推广程度""自动化服务设施""数字化建设""数字图书馆建设"等。

此外，也有受访者提出应将馆藏总量纳入定级必备条件。

表 A–6　公共图书馆从业人员对评估定级必备条件的增补意见

问卷序号	反馈意见	所在馆级别	职务
337	自习室座席数	省级（东部）	普通员工
512	自动化服务设施	区县级（中部）	普通员工
285	政府投入	区县级（西部）	馆级领导
557	在增加各种经费的同时也要保证工作人员人数，有人才能正常开展各种活动和业务	区县级（中部）	科室负责
507	应增加网点建设	地市级（东部）	馆级领导
435	县级图书馆的编制及行政级别	区县级（西部）	馆级领导
60	为（当地）社会、经济、科技、文化等发展做出贡献的实例	省级（东部）	馆级领导
416	数字资源建设及资金投入	区县级（西部）	馆级领导
479	数字资源基础设备	区县级（中部）	部门主任
566	数字图书馆建设	区县级（西部）	馆级领导
474	数字化建设	区县级（中部）	科室负责
418	社会效能	地市级（东部）	馆级领导

续表

问卷 序号	反馈意见	所在馆级别	职务
382	人员岗位编制增加	地市级（西部）	馆级领导
428	人均购书经费拨付	区县级（西部）	馆级领导
96	人均购书费	省级（西部）	馆级领导
553	人才评价机制	省级（东部）	普通员工
447	年电子资源的增加数量及阅读推广程度	区县级（东部）	普通员工
88	能反映图书馆服务质量、效益或效果的项目	地市级（东部）	普通员工
442	建筑面积	地市级（中部）	普通员工
445	管理人员职称等级受到岗位编制数量的严重影响，职工求上进的心理得不到充分发挥	区县级（中部）	馆级领导
398	馆藏量（万册）	区县级（西部）	馆级领导
291	公共环境，服务质量	省级（东部）	普通员工
199	服务读者对应工作人员数量比例明确	地市级（中部）	馆级领导
258	地方主要领导到馆次数不得少于六次	省级（中部）	部门主任
113	保障图书馆机构有设置且独立	区县级（中部）	馆级领导
563	①建议将"年财政拨款总项"项目换成"年人均文献购置费"； ②在三级图书馆认定中不能只看总分，应将"建筑面积""年人均文献购置费"作为必备条件	省级（西部）	部门主任

A.5 对公共图书馆评估定级信息化管理服务系统的评价

在第六次公共图书馆评估定级中，首次使用了在线评估管理服务系统，问卷征集了受访者对该系统的评价与反馈意见。对问卷给出的9项正向评价，受访整体持肯定意见，对各项目持"完全同意"或"基本同意"意见的受访者比例平均达到84.83%（见表A-7），整体上获支持率最高的项目分别对应评估系统的自动提交、自动校验、自动控制、在线评阅和长期保存与共享功能，而获支持率较低的项目主要涉及信息系统以外的线下作业流程调整，可见信息化系统在评估定级工作中的应用尚处于探索阶段，还有待进一步完成与传统手工作业之间的新旧交替。

表 A-7　公共图书馆从业人员对在线评估管理服务系统的认同意见选择

选项	完全同意		基本同意		不太确定		基本不同意		完全不同意	
	数量	比例	数量	比例	数量	比例	数量	比例	数量	比例
在线填报资料替代纸质评估档案，能够有效节约各馆评估工作成本	147	41.06%	140	39.11%	36	10.06%	22	6.15%	13	3.63%
信息化系统能够代替人工完成简单重复工作，提高评估效率	137	38.27%	158	44.13%	39	10.89%	15	4.19%	9	2.51%
信息化系统能够自动生成计算结果，保障数据准确性	156	43.58%	155	43.30%	37	10.34%	9	2.51%	1	0.28%
信息化系统能够支持复杂运算，便于在评估工作中引入成熟的数理统计方法，提高其科学性	142	39.66%	153	42.74%	53	14.80%	10	2.79%	0	0%
信息化系统能够对各馆提交数据进行初步校验，避免误填、漏填信息	146	40.78%	169	47.21%	39	10.89%	4	1.12%	0	0%
信息化系统支持评估专家提前评阅材料，评估更细致、充分	144	40.22%	162	45.25%	44	12.29%	6	1.68%	2	0.56%
信息化系统能够自动控制评估工作流程，减少漏评、漏阅材料情况	148	41.34%	158	44.13%	42	11.73%	9	2.51%	1	0.28%

选项	完全同意		基本同意		不太确定		基本不同意		完全不同意	
	数量	比例	数量	比例	数量	比例	数量	比例	数量	比例
信息化系统能够支持对评估数据的多维度比较与整合分析	146	40.78%	154	43.02%	50	13.97%	7	1.96%	1	0.28%
信息化系统支持评估数据的长期保存与共享利用	162	45.25%	156	43.58%	34	9.50%	4	1.12%	2	0.56%
均值	148	41.22%	156	43.61%	42	11.61%	10	2.67%	3	0.90%

注：样本量为358。

此外，一些受访者还在开放性问题中表达了对在线评估管理服务系统的意见建议（详见表 A－8）主要包括：

一是肯定信息化系统给评估定级工作带来的便利，包括："可以大数据分析，方便查漏补缺"；"方便工作组共享工作进度，合理安排上报计划的时间"；"方便同一地区或不同地区的图书馆之间的横向与纵向的比较研究，查找问题及不足，根据自身情况及时修正问题及不足之处"；"避免人为数据造假"；"减少浪费"；"促进馆员学习"；等等。

二是对信息化系统在评估定级工作中应用仍不成熟不完善之处的意见建议，包括："系统过于复杂，对很多县级公共馆而言非常复杂"；"虽然信息化了，但是后期还是要把各种纸质材料准备好，有重复劳动之嫌"；"没看出怎样才能共享利用数据"；等等。还有受访者明确提出"希望统一信息化上报的格式要求，更加细化、简洁，最后更多地提供量化的模板"。

表 A－8　公共图书馆从业人员对在线评估定级管理服务系统的意见建议

问卷序号	反馈意见	所在馆级别	职务
28	可以大数据分析，方便查漏补缺，挺好的	副省级（东部）	科室负责
36	方便工作组共享工作进度，合理安排上报计划的时间	地市级（中部）	普通员工

续表

问卷序号	反馈意见	所在馆级别	职务
157	系统过于复杂，对很多县级公共馆而言非常复杂	省级（西部）	部门主任
224	促进馆员学习	地市级（西部）	馆级领导
258	减少浪费	省级（中部）	部门主任
361	①虽然信息化了，但是后期还是要把各种纸质材料准备好，有重复劳动之嫌 ②完全没看出怎样才能共享利用数据	省级（东部）	普通员工
409	希望统一信息化上报的格式要求，更加细化、简洁，最好更多地提供量化的模板	区县级（东部）	部门主任
416	应对地方政府对这项工作的重视程度进行考核	区县级（西部）	馆级领导
447	方便同一地区或不同地区的图书馆之间的横向与纵向的比较研究，查找问题及不足，根据自身情况及时修正问题及不足之处	区县级（东部）	普通员工
578	能够避免人为数据造假，如流通人次册次等	区县级（中部）	普通员工

附录 B 第七次全国县级以上公共图书馆评估定级标准修订概要

2022 年 5 月 26 日，文化和旅游部印发《关于开展第七次全国县级以上公共图书馆评估定级工作的通知》，随附各级图书馆定级必备条件和评估标准①。与第六次评估定级相比，本次评估定级工作的变化主要体现在以下几个方面：

一是系列标准的适用范围调整。①对副省级公共图书馆的评估，由适用省级公共图书馆标准调整为适用地市级公共图书馆评估标准；②整合省级、副省级、地市级和县级少年儿童图书馆评估标准。

二是指标内容的增删修改。笔者以省级公共图书馆评估标准为例，对第六次、第七次全国县级以上公共图书馆评估标准中的指标及计分项作了比较，详见表 B-1。其中，新增指标主要包括：①与"人"相关的效能指标，如"年总流通人次""年讲座、展览、培训参与人次""年（阅读推广）活动参与人次"等；②反映创新、协同、开放等新发展理念的指标，如"数字化平台""云服务""智慧应用场景""新型阅读空间""文旅融合"等；③反映专业化发展要求的指标，如"专业技术人员占比"等。

删除指标主要包括：①考核目标已普遍达成的指标，如"文献编目标准化""编目文献占比"等；②与其他指标考查内容存在重复交叉的指标，如"重点文化工程"系列指标，删除后，其必要的考查要求分别在数字化服务、文献保护等指标中体现；③考查内容比较笼统，难以体现各馆差异性的指标，如"阅读指导""服务创新推广""外文文献入藏""地方文献工作组织"等；④与公众需求和公共图书馆绩效目标不一致的指标，如"年数字阅读量占比"

① 文化和旅游部办公厅. 关于开展第七次全国县级以上公共图书馆评估定级工作的通知（办公共发〔2022〕90 号）［EB/OL］.（2022-05-26）.［2022-06-27］. http://zwgk. mct. gov. cn/zfxxgkml/ggfw/202206/t20220602_933319. html.

"年馆际互借与文献传递占年外借册次总量（比例）"等；⑤评分依据存在争议的指标，如"复本量控制""数字资源本地存储量"等；⑥部分内部管理工作指标，如"档案管理""业务统计分析""财务、资产和档案管理"等。

指标修改主要包括：①整合部分内容、性质相近的指标，如将原服务效能部分的"图书馆服务宣传推广"与业务建设部分的"图书馆宣传"整合为"服务宣传"等；②修改指标定义，调整或细化指标考查范围，如"馆藏发展政策"指标明确馆藏发展政策内容应包括建设目标、文献资源采选原则、工作机制、区域性文献信息资源保障体系建设等内容，"建筑面积"指标将租借房屋面积纳入统计等；③根据国家有关政策制度要求对指标进行调整，如原"剔旧工作"指标修改为"文献处置"指标，"年度计划和年度报告"指标修改为"年报制度"指标等；④结合事业发展现实水平，调整指标考查要求，如"文献编目时效"指标缩短对报纸、期刊的上架服务时限要求等。

总体而言，调整后的评估指标体系规模大幅精简，基本分项和加分项数量明显减少。与第六次评估标准相比，省级、地市级、县级公共图书馆的基本分项数量分别减少了 44.1%、41.4%、34.9%，详见表 B-2；有加分项的指标数量分别减少了 82.8%、84.4%、75.9%，加分项总分值由第六次评估时的 500 分调减为 100 分，减少了 80%，详见表 B-3。

三是指标评分方法调整。与以往评估标准事先划定各指标评分方法和得分档次的做法不同，本次评估的评分标准和细则将在依托"全国公共图书馆评估定级管理与服务平台"采集各馆数据之后，基于对这些数据的系统分析研究制定。通过这种方式，一方面可以立足于公共图书馆的现实发展水平，在对各级图书馆进行全面、系统的横向比较的基础上，更加科学合理地划定各指标的得分档次；另一方面也有利于充分发挥信息化评估管理系统优势，通过对系统数据的自动分析和比对，得到更加客观、公正的评分结果。

四是定级必备条件的增删调整。新增必备条件包括将"编制发布年度报告""建立法人治理结构"添加到省级、地市级图书馆定级必备条件中，以及对各级图书馆普遍提出"专业技术人员占比"的达标要求，体现对公共图书馆现代化治理和专业化发展的要求。被删除的必备条件包括"年每万人参加读者活动人次""年阅读推广活动次数"等单向度指标，以及"本区域服务体系规划与共建共享""业务统计分析"等主观性较强的指标，总体上更加突出了对指标综合性和可比性的要求，详见表 B-4。

表 B-1　第六次、第七次全国县级以上公共图书馆评估标准指标及指标计分分项比较（以省级图书馆为例）

服务效能部分						
第六次评估标准指标①			第七次评估标准指标②			比较
一级指标	二级指标	计分项	一级指标	二级指标	计分项	
基本服务	周开馆时间	基本分项 1：本馆一周整体开馆的小时数	基本服务	周开馆时间	基本分项 1：本馆每周为读者提供主要服务的时长（小时）	由"整体开馆"改为"为读者提供主要服务"
		基本分项 2：周六、日必须开放			基本分项 2：周六、周日均开放	—
		加分项 1：节假日开放			基本分项 3：国家法定节假日有开放时间	加分项改为基本分项
		加分项 2：夜间开放			基本分项 4：每周错时或延时开放总时长不少于 10 小时	加分项改为基本分项，并拓展有关要求
—	—	—	基本服务	年总流通人次	基本分项：每年到本馆、直属分馆（人财物均隶属本馆或社会力量合作建设，下同），馆外服务点接受服务的读者数量（万人次）	新增指标

① 根据文化部办公厅 2017 年 1 月 5 日印发《关于开展第六次全国县级以上公共图书馆评估定级工作的通知》（办公共函〔2017〕5 号）中随附《省级（副省级）图书馆评估定级必备条件及评估标准》和文化部公共文化司 2017 年 6 月 20 日印发《关于开展第六次全国县级以上公共图书馆评估定级工作的补充通知》中随附《第六次全国县级以上公共图书馆评估标准细则》（https://www.mct.gov.cn/whzx/bnsj/ggwhs/201708/W020170818369371453375.doc）整理。

② 中随附《省级公共图书馆等级必备条件和评估标准》（http://zwgk.mct.gov.cn/zfxxgkml/ggfw/202012/W020170123559080936652.doc）。根据文化和旅游部办公厅 2022 年 5 月 26 日印发《关于开展第七次全国县级以上公共图书馆评估定级工作的通知》（办公共发〔2022〕90 号）中随附《省级公共图书馆等级必备条件和评估标准》（http://zwgk.mct.gov.cn/zfxxgkml/ggfw/202206/t20220602_933319.html）整理。

服务效能部分

第六次评估标准指标			第七次评估标准指标			比较
一级指标	二级指标	计分项	一级指标	二级指标	计分项	
基本服务	年文献外借量	基本分项：年文献外借量 注：包括电子文献年外借，不含本级以下辖区图书馆年外借册次，含本级总分馆中各分馆的年外借册次	基本服务	年文献外借量	基本分项：年文献外借量 注：指每年读者通过本馆、直属分馆、馆外服务点借出文献人统计（不含电子图书）	电子文献外借由"包括"改为"不包括" 明确馆外服务点借出文献纳入统计
		加分项：年文献外借量超过基本分项的满分值，分档加分			—	取消加分项
阅读推广与社会教育	年讲座、培训次数	基本分项：图书馆实地开展的讲座、培训次数 注：非实地的视频讲座不计入，与实地同步的视频讲座不增加次数；实地的巡讲计入讲座总次数	基本服务	年讲座、展览、培训活动	基本分项1：每年面向读者开展的讲座、展览、培训数量（场）注：不包括阅读推广活动；线上线下同时举办的只计1次；常设的展览、讲座等，如内容每年更新或调整的可每年计1次，否则评估周期内只计1次	整合"年讲座、培训次数"和"年展览次数"指标 调整统计范围，由仅统计实地开展活动次数，拓展为线上线下合并统计
		加分项1：图书馆实地开展的讲座、培训次数超过基本分项的满分值，分档加分 加分项2：有网上讲座、培训			基本分项2：年讲座、展览、培训参与人次（万人次）	新增基本分项

续表

服务效能部分

第六次评估标准指标			第七次评估标准指标			比较
一级指标	二级指标	计分项	一级指标	二级指标	计分项	
阅读推广与社会教育	年展览次数	基本分项：图书馆实地开展的展览次数 注：实地的巡展计入总次数 加分项1：图书馆实地开展的展览次数超过基本分项的满分值，分档加分 加分项2：有网上展览	基本服务	年讲座、展览、培训活动	—	取消加分项
基本服务	馆际互借与文献传递	（略）	—	—	—	调整至"业务能力"部分修改
基本服务	年馆外流动服务点文献借阅量	基本分项：馆外流动服务借阅册次 加分项：馆外流动服务点文献借阅册次超过基本分项的满分值，分档加分	—	—	—	纳入"年文献外借量"指标合并计算

续表

服务效能部分

第六次评估标准指标			第七次评估标准指标			比较
一级指标	二级指标	计分项	一级指标	二级指标	计分项	
基本服务	政府公开信息服务	基本分项1：在馆内设查询专区，有政府信息查阅标识和相关设施设备；提供纸质政府文件及政府可公开的各种材料并达到良好效果 基本分项2：在馆内有设施设备提供电子版政府文件及政府可公开的各种材料查询，通过图书馆开放网站或移动图书馆等形式提供网上查询	基本服务	政府公开信息服务	基本分项1：设服务专区，有政府信息查阅标识和相关设施设备，提供可公开的政府纸质文件及相关信息查询 基本分项2：有数字阅读设施设备，提供可公开的数字化政府文件及相关信息查询	—
未成年人及其他特殊群体服务	未成年人服务	基本分项1：服务保障，包括服务制度保障、服务经费保障、服务设施保障、服务人员保障等 基本分项2：服务效果和馆外服务，包括馆内服务和馆外服务情况，开展活动的场数、人次，以及活动产生的影响	特殊群体服务	未成年人服务	基本分项1：未成年人服务总体情况 基本分项2：相关服务制度与服务保障情况	—

续表

服务效能部分

第六次评估标准指标			第七次评估标准指标			比较
一级指标	二级指标	计分项	一级指标	二级指标	计分项	
未成年人及其他特殊群体服务	其他特殊群体服务	基本分项1：残疾人服务 基本分项2：老年人服务 基本分项3：农民工服务	特殊群体服务	其他特殊群体服务	基本分项1：其他特殊群体服务总体情况 基本分项2：相关服务制度与服务保障情况	拓展考查内容，明确特殊群体不限于残疾人服务、老年人服务和农民工服务
网络资源服务	图书馆网站	基本分项1：图书馆网站必须是有独立域名的信息门户网站	数字化服务	网站服务	基本分项1：有网站且为独立域名	—
		基本分项2：（1）网站结构；（2）网站内容；（3）网站美化；（4）网站维护；（5）管理与更新等方面			基本分项2：功能的完备性	取消对网站结构、网站内容、网站美化、网站维护、管理与更新等的考查要求
		加分项：图书馆网站主要功能如主页、主要服务介绍、检索界面有英文版（或者有与图书馆服务宗旨相匹配的其他外文或少数民族文字版）			—	取消加分项

续表

服务效能部分

第六次评估标准指标			第七次评估标准指标			比较
一级指标	二级指标	计分项	一级指标	二级指标	计分项	
网络资源服务	年人均网站访问量	基本分项：指图书馆网站中所有网页（含文件及动态网页）被访客浏览的总数次/服务人口	数字化服务	网站服务	基本分项2：网站年访问量（万页次）	由统计人均值改为统计总量
	数字资源发布占比	加分项：网站提供实时访问统计数据，含访客数据、访问页面等			—	取消加分项
	微信公众平台、微博服务	（略）	—	—	—	调整至"业务能力"部分
新媒体服务		基本分项1：有正式注册微信或微博平台	数字化服务	新媒体服务	基本分项1：在微博、微信等新媒体平台上有官方账号，并为用户提供信息推送服务	修改
		基本分项2：微信平台关注者数量或微博粉丝数量二者之和占注册读者的比			—	删除基本分项
		基本分项3：能定期推送（每月至少2次）服务信息			基本分项2：年信息推送数量（条）	改定性为定量

续表

服务效能部分

第六次评估标准指标			第七次评估标准指标			比较
一级指标	二级指标	计分项	一级指标	二级指标	计分项	
新媒体服务	移动图书馆	基本分项1：实现移动图书馆服务且效果良好	数字化服务	新媒体服务	基本分项3：年推送信息浏览量（万次）	新增基本分项
					基本分项4：通过 APP，小程序、微信公众号等新媒体平台提供预约、检索、借阅等移动图书馆服务	—
新媒体服务	触摸媒体服务	基本分项2：提供相应版本软件			—	删除基本分项
		加分项1：触摸媒体数量 加分项2：有读者体验区，并组织活动	数字化服务		加分项：具备多种新媒体服务渠道，并取得良好服务效果	调整加分项
—	—	—		年数字资源服务量	基本分项1：年馆藏数字资源浏览量（万次） 基本分项2：年馆藏数字资源下载量（篇次/册次）	新增指标

服务效能部分

第六次评估标准指标			第七次评估标准指标			比较
一级指标	二级指标	计分项	一级指标	二级指标		
信息咨询服务	普通参考咨询	基本分项1：咨询台服务 基本分项2：文献提供 基本分项3：二、三次文献 基本分项4：提供网上咨询和回复服务 基本分项5：设立专职人员进行实时咨询回复	参考咨询服务	普通参考咨询	基本分项1：年普通参考咨询数量（次）	改定性为定量
		—			基本分项2：服务制度与服务规范	新增基本分项
		加分项1：实现智能数字参考咨询			加分项：利用人工智能技术提供参考咨询服务	—
		加分项2：实现移动数字参考咨询			—	取消加分项
信息咨询服务	专题咨询	基本分项1：科技知识服务与企业情报服务 基本分项2：其他知识服务（包括为本地区重点教育和其他部门提供专题知识服务等）	参考咨询服务	专题咨询	基本分项1：年专题咨询数量（次）	改定性为定量

续表

服务效能部分

第六次评估标准指标			第七次评估标准指标			比较
一级指标	二级指标	计分项	一级指标	二级指标	计分项	
信息咨询服务	专题咨询	—	参考咨询服务	专题咨询	基本分项 2：服务制度与服务规范	新增考查项
		加分项 1：提供智库服务 加分项 2：提供大数据分析服务			—	取消加分项
	立法决策	基本分项 1：立法服务，考查服务的数量、质量以及效果	参考咨询服务	立法与决策咨询	基本分项 1：立法服务，统计年服务数量（次）	改定性为定量
		基本分项 2：决策服务，考查服务的数量、质量以及效果			基本分项 2：决策服务，统计年服务数量（次）	改定性为定量
		—			基本分项 3：服务制度与服务规范	新增基本分项
信息咨询服务	信息服务	加分项 1：立法决策服务效果突出，获得领导批示或立法决策部门表扬 加分项 2：获得省级以上表彰			—	取消加分项

续表

服务效能部分

第六次评估标准指标			第七次评估标准指标			比较
一级指标	二级指标	计分项	一级指标	二级指标	计分项	
阅读推广与社会教育	图书馆服务宣传推广	基本分项1：服务宣传推广工作 基本分项2：全民读书月媒体宣传推广工作 基本分项3：世界图书与版权日的媒体宣传推广工作 基本分项4：对其他相关活动的媒体宣传推广工作 基本分项5：馆内、馆外利用各种方式开展的书刊宣传推广活动	服务宣传与阅读推广	服务宣传	基本分项1：宣传材料，如图书馆介绍、读者手册、图书馆宣传片等 基本分项2：重要时间节点的宣传活动，如世界读书日、图书馆服务宣传周，全民阅读月等 基本分项3：年媒体宣传报道总数（次），包括报纸、电台、电视台、网络等（同一宣传内容不同媒体报道可累计计算）	一
业务管理（"业务建设"部分）	图书馆宣传	基本分项1：有宣传材料 基本分项2：媒体（包括报纸、电台、电视台、网络等）宣传数量 加分项：媒体宣传数量超过基本分项的满分值要求，且其中有若干篇次全国性媒体报道			一	取消加分项

续表

服务效能部分

第六次评估标准指标			第七次评估标准指标			比较
一级指标	二级指标	计分项	一级指标	二级指标	计分项	
阅读推广与社会教育	年阅读推广活动次数	基本分项：指图书馆为促进阅读、提高读者阅读素养而开展的各项活动，不包括专门的讲座、培训活动和展览活动	服务宣传与阅读推广	阅读推广活动	基本分项 1：指为促进全民阅读、提高读者阅读素养而开展的读者活动（含主办、承办或协办），线上线下同时举办的只计 1 次，不包括讲座、展览、培训活动	新增基本分项
					基本分项 2：年活动参与人次（万人次）	取消加分项
		加分项：年阅读推广活动次数超过基本分项的满分值，分档加分		—	—	
阅读推广与社会教育	年数字阅读量占比	计算方法：年数字资源借阅总次数/年各类文献借阅总次数×100%	—	—	—	删除指标
阅读推广与社会教育	阅读指导	基本分项 1：阅读指导的组织和策划	—	—	—	删除指标
		基本分项 2：设立导读岗				
		加分项：阅读指导的效果				

续表

服务效能部分

第六次评估标准指标			第七次评估标准指标			比较
一级指标	二级指标	计分项	一级指标	二级指标	计分项	
服务管理与创新	服务品牌建设	基本分项：图书馆服务品牌数量。注：可以是已经注册的服务商标，也可以未予注册，一般有较为完整的服务模式，有3年以上持续使用的事实	服务宣传与阅读推广	阅读推广品牌	基本分项：按阅读推广品牌数量（个，2021年底数据）。注：在本评估期内持续开展并取得显著成效的阅读推广品牌，仍可统计在内；本评估期内新增品牌须持续2年以上（含2年）	认定形成品牌的持续培育时间由3年缩短为2年
		加分项：服务品牌数量超过基本分项的满分值，分档加分			—	取消加分项
服务管理与创新	服务数据显示度	基本分项1：定期宣传发布图书馆服务数据。基本分项2：利用图书馆网站定期发布服务数据。加分项1：图书馆馆舍入口处服务数据实时显示。加分项2：手机移动客户端实时发布服务数据	—	—	—	删除指标

续表

服务效能部分

第六次评估标准指标			第七次评估标准指标			比较
一级指标	二级指标	计分项	一级指标	二级指标	计分项	
服务管理与创新	服务创新推广	基本分项 1：服务推广手段与方法创新 基本分项 2：服务创新在本区域内的推广 加分项：服务创新获得表彰，并在上级区域内推广	—	—		删除指标
读者评价	读者意见处理与日常评价	基本分项 1：读者意见处理反馈机制与制度保障	读者评价	日常评价	基本分项 1：读者日常评价渠道，如读者意见箱、意见簿、电子邮箱、电话等	—
		基本分项 2：读者对反馈意见处理结果的满意度			基本分项 2：读者意见处理制度及执行情况（如处理的及时性、处理结果反馈情况等）	—
		基本分项 3：读者日常评价的机制与管理			—	删除基本分项
		基本分项 4：读者好评率				
		加分项：读者日常评价（好评率）超过 90%			—	取消加分项

245

服务效能部分

第六次评估标准指标			第七次评估标准指标			比较
一级指标	二级指标	计分项	一级指标	二级指标	计分项	
读者评价	读者满意率	基本分项：读者满意率 加分项：读者满意率达到95%以上	读者评价	读者满意率	基本分项：读者满意率 加分项：满意率超过95%	— —

业务建设/业务能力部分

第六次评估标准指标			第七次评估标准指标			比较
一级指标	二级指标	计分项	一级指标	二级指标	计分项	
馆藏发展与馆藏结构	馆藏发展政策	基本分项1：有对各类文献资源的采集依据和工作要求的规定 基本分项2：有各类文献资源结构占比的规定 基本分项3：有对文献资源建设特点和本区域文献资源共建共享合理布局的要求	基础业务	馆藏发展政策	基本分项1：馆藏发展政策内容，包括建设目标、工作机制、原则、区域性文献信息资源保障体系建设等	完善馆藏发展政策内容要求，更加系统化；取消对馆藏政策中应包含各类文献资源结构占比规定的要求

续表

业务建设/业务能力部分

第六次评估标准指标			第七次评估标准指标			比较
一级指标	二级指标	计分项	一级指标	二级指标	计分项	
馆藏发展政策与馆藏结构	馆藏发展政策执行情况	基本分项1：图书、报纸、期刊工作等各类型文献无重大缺藏，程序规范，严格 基本分项2：文献采购及时，无集中突击性采购，评估期内政府支持追加经费采购的，视为采购及时			基本分项2：馆藏发展政策执行情况	—
		加分项1：评估期内形成新的特色馆藏 加分项2：评估期内对馆藏发展政策进行修订并通过专家论证			—	取消加分项
馆藏发展政策与馆藏结构	馆藏专项规划	含有关数字资源、地方文献等方面的专项规划	—	—	—	删除指标

247

业务建设/业务能力部分

	第六次评估标准指标			第七次评估标准指标			比较
一级指标	二级指标	计分项	一级指标	二级指标	计分项		
馆藏发展政策与馆藏结构	外文文献入藏	基本分项1：重点性 基本分项2：连续性	—	—	—		删除指标
馆藏发展政策与馆藏结构	复本量控制	按复本量计分，复本量越高，得分越低	—	—	—		删除指标
编目与馆藏组织管理	文献编目标准化	基本分项1：普通图书编目符合标准，本馆有相关编目细则，保证编目数据规范一致 基本分项2：古籍文献编目符合标准，本馆有相关编目细则，保证编目数据规范一致 基本分项3：期刊、报纸、视听资料、电子文献编目符合标准，本馆有相关编目细则，保证编目数据规范一致	—	—	—		删除指标

续表

业务建设/业务能力部分

第六次评估标准指标			第七次评估标准指标			比较
一级指标	二级指标	计分项	一级指标	二级指标	计分项	
编目与馆藏组织管理	文献编目标准化	基本分项 4：参加全国性联合编目工作，上传馆藏目录并及时更新 基本分项 5：下载全国图书馆联合编目中心数据 基本分项 6：是全国图书馆联合编目分中心 加分项：对各类非书资料进行编目				
编目与馆藏组织管理	文献编目时效	基本分项 1：图书在到馆 20 个工作日内完成编目 基本分项 2：期刊到馆 5 个工作日内完成记到 基本分项 3：报纸在到馆 2 个工作日内完成记到	基础业务	文献编目时效	基本分项：报纸到馆 1 个工作日内上架服务；期刊到馆 2 个工作日内上架服务；图书到馆 20 个工作日内上架服务	缩短报纸、期刊上架时限
		基本分项 4：其他各类文献及时编目			—	删除基本分项

业务建设/业务能力部分

	第六次评估标准指标		第七次评估标准指标			比较
一级指标	二级指标	计分项	一级指标	二级指标	计分项	
编目与馆藏组织管理	编目文献占比	基本分项：已编制目录的馆藏文献总数（种）/馆藏各类型文献总数（种）×100%	—	—	—	删除指标
编目与馆藏组织管理	采用规范控制数据	基本分项：采用规范控制数据 加分项：提供主题控制软件系统版本号或网页链接	—	—	—	删除指标
编目与馆藏组织管理	数字资源与传统文献的关联揭示	基本分项：数字资源与传统文献的关联揭示 加分项1：建立纸本资源与数字资源的关联信息 加分项2：数字资源的 MARC 数据可访问	—	—	—	删除指标

250

续表

业务建设/业务能力部分

第六次评估标准指标			第七次评估标准指标			比较
一级指标	二级指标	计分项	一级指标	二级指标	计分项	
编目与馆藏组织管理	加工整理与排架	基本分项 1：书标、加工给号（含登录号、条码号）和馆藏章规范、统一、整齐、美观；基本分项 2：架位维护管理：有专门制度和有效措施；基本分项 3：依据《中国图书馆分类法》第五版分类号顺序排架落实到第三级，排架达到 80%	基础业务	图书加工整理与排架	基本分项 1：书标、加工给号（如登录号、条码号）和馆藏章是否规范、统一、整齐、美观；基本分项 2：架位维护管理规范和措施；基本分项 3：排架正确率（%），按《中国图书馆分类法》（第 5 版），落实到第三级，智能书架、新书专架、主题书架除外	—
地方文献工作	地方文献工作组织	基本分项 1：有专门组织机构和人员；基本分项 2：有专门工作计划并实施；基本分项 3：有图书馆自行采集的地方图片、地方音视频和地方档案；基本分项 4：有地方文献专藏并管理	基础业务	地方文献工作	—	删除指标

251

业务建设/业务能力部分

第六次评估标准指标			第七次评估标准指标			比较
一级指标	二级指标	计分项	一级指标	二级指标	计分项	
	地方文献工作组织	基本分项5：地方文献编目加工整理 基本分项6：开展地方文献对外服务 基本分项7：有地方文献研究				
地方文献工作	地方文献入藏	基本分项1：方志、谱牒类入藏 基本分项2：地方出版物类（本地出版的书、刊、报、不含中、小学教科书和辅导资料）入藏 基本分项3：本地生成的内部资料入藏			基本分项1：年地方文献采集数量（册件） 注：地方文献包括方志、谱牒类，地方出版物类（本地出版的书、刊、报、不含中、小学教科书和辅导资料），本地生成的内部资料等	定性改定量
地方文献工作	地方文献数据库建设	基本分项1：建设内容，考查其选题规划情况 基本分项2：建设规模，考查其可用数据数量及其容量			基本分项2：地方文献的研究开发利用情况，如整理出版、数据库建设等	增加整理出版的要求

续表

业务建设/业务能力部分

第六次评估标准指标			第七次评估标准指标			比较
一级指标	二级指标	计分项	一级指标	二级指标	计分项	
编目与馆藏组织管理	文献保护	基本分项 1：普通文献保护重点考查文献保护规章制度	基础业务	文献保护	基本分项 1：普通文献保护制度建设及相关设施设备配备情况	—
		基本分项 2：书库防火、防盗、防虫、防潮、防尘等措施、设备及效果			基本分项 2：省古籍保护中心建设及运行管理情况	新增基本分项
		基本分项 3：书库卫生情况等方面			基本分项 3：古籍保护制度、相关标准执行情况，如《图书馆古籍特藏书库基本要求》（各种标准均以最新版为准，下同），《古籍修复技术规范与质量要求》等	—
		基本分项 4：古籍与特藏保护（含古籍与特藏书库达标）			基本分项 4：年古籍修复数量（叶）	新增基本分项
		—			基本分项 5：列入《国家珍贵古籍名录》的古籍总数（部，2021 年底数据）	新增基本分项
		—				

续表

业务建设/业务能力部分

第六次评估标准指标			第七次评估标准指标			比较
一级指标	二级指标	计分项	一级指标	二级指标	计分项	
编目与馆藏组织管理	文献保护	加分项：被列为全国古籍重点保护单位			加分项：获得全国古籍重点保护单位、国家级古籍修复技艺传习所、国家级古籍修复中心等荣誉称号	新增加分条件：国家级古籍修复技艺传习所、国家级古籍修复中心等
编目与馆藏组织管理	剔旧工作	基本分项1：剔旧工作制度 基本分项2：馆藏剔旧标准 基本分项3：剔旧工作执行情况	基础业务	文献处置	基本分项：文献处置工作制度、操作流程及工作情况	—
编目与馆藏组织管理	新技术应用	加分项1：馆藏统一数字化揭示平台 加分项2：采用图书防盗检测新技术 加分项3：利用RFID等数字化技术实现智能图书上架 加分项4：自助借还，24小时自助图书馆 加分项5：馆内图书流通动态数据分析能力	—	—		删除指标

续表

业务建设/业务能力部分

第六次评估标准指标			第七次评估标准指标			比较
一级指标	二级指标	计分项	一级指标	二级指标	计分项	
网络资源服务	数字资源发布占比	基本分项：数字资源发布占比＝已发布的数字资源总量（TB）/数字资源总量（TB）×100%			基本分项 1：对外服务的数字资源总量（TB, 2021 年底数据）	由统计发布比例改为统计发布服务总量
	—				基本分项 2：年新增对外服务的数字资源量（TB）	新增基本分项
		加分项：数字资源发布占比超过基本分项的满分值，分档加分		数字资源建设	—	取消加分项
数字资源建设	数字资源本地存储量	基本分项：数字资源本地存储量（TB）注：含有关数字文化工程资源量，含自建和外购并储存在本地的数字资源量	数字化建设		—	删除基本分项
数字资源建设	自建数字资源总量	基本分项：自建数字资源总量（TB）			基本分项 3：评估周期内自建数据库数量（种）基本分项 4：评估周期内自建数字资源量（条）	由以 TB 计量改为以数据库种数和资源条数计量

续表

业务建设/业务能力部分							
第六次评估标准指标			第七次评估标准指标			比较
一级指标	二级指标	计分项	一级指标	二级指标	计分项	
数字资源建设	自建数字资源总量	加分项1：有自建数字资源出版 加分项2：达到80TB以上且数字资源质量较高			—	取消加分项
—	—	—	数字化建设	数字化服务平台	基本分项1：平台功能（如资源导航、个性化推荐、统计分析等） 基本分项2：平台服务内容（如资源承载量、资源类型、更新频率、满足读者多样化需求情况等）	新增指标
—	—	—	数字化建设	云服务	基本分项1：通过自建或使（租）用当地政府云存储空间、第三方云服务等方式构建图书馆云服务 基本分项2：与本省文化云平台、智慧城市云平台等对接	新增指标

续表

业务建设/业务能力部分

第六次评估标准指标			第七次评估标准指标			比较
一级指标	二级指标	计分项	一级指标	二级指标	计分项	
本区域公共图书馆服务体系建设	本区域服务体系规划与共建共享	基本分项 1：本区域服务网络建设的规划 基本分项 2：管理及取得的成就等方面 基本分项 3：有文献资源共享措施 基本分项 4：有馆际互借或通借通还 基本分项 5：有数字资源共享 基本分项 6：文献资源共享的规模及效益等 加分项：区域内实现一卡通通借通还	—	—	—	删除指标
本区域公共图书馆服务体系建设	公共图书馆服务网点建设	基本分项：公共图书馆服务网点数量（个） 注：包括街道或社区馆、汽车图书馆现场服务网点和街区自助设备，不包括地市和县级图书馆的服务网点。	—	—	—	删除指标

业务建设/业务能力部分

第六次评估标准指标			第七次评估标准指标			比较
一级指标	二级指标	计分项	一级指标	二级指标	计分项	
本区域公共图书馆服务体系建设	组织本区域联合编目工作	基本分项 1：有联合编目专门机构 基本分项 2：有详细的工作章程 基本分项 3：有联合编目系统 基本分项 4：参与全省联合编目工作的公共图书馆占全省公共图书馆总量的比	—	—	—	删除指标
图书馆行业协作协调与社会合作	主持联盟或主持跨地方、跨系统的图书馆协作协调工作	基本分项 1：主持跨市或跨系统联盟 基本分项 2：主持跨市或跨系统的业务和学术协作协调活动	—	—	—	删除指标

续表

业务建设/业务能力部分

第六次评估标准指标			第七次评估标准指标			比较
一级指标	二级指标	计分项	一级指标	二级指标	计分项	
图书馆行业协作协调与社会合作	参与联盟或参与跨地区、跨系统的图书馆协作协调工作	基本分项：参与全国范围内的联盟或跨地区，跨系统协调工作 加分项：参与国际协作协调工作数量	—	—	—	删除指标
图书馆行业协作协调与社会合作	社会合作	（略）	—	—		调整为"社会力量参与"的二级指标
重点文化工程	统筹本区域文化信息资源共享工程与公共电子阅览室建设计划	基本分项1：机构人员条件 基本分项2：经费设备、制度与计划 基本分项3：资源建设 基本分项4：指导支中心与基层点建设 基本分项5：实际运行效果	—	—	—	删除指标

业务建设/业务能力部分

第六次评估标准指标			第七次评估标准指标			比较
一级指标	二级指标	计分项	一级指标	二级指标	计分项	
重点文化工程	统筹本区域数字图书馆推广工程	基本分项 1：基本条件 基本分项 2：资源建设 基本分项 3：基础平台建设 基本分项 4：宣传推广及效果	—	—	—	删除指标
重点文化工程	统筹本区域中华古籍保护计划与民国时期文献保护计划工程	基本分项 1：本区域古籍普查工作 基本分项 2：本区域机构人员条件 基本分项 3：本馆经费设备，本区域制度计划与条件 基本分项 4：实际运行效果	—	—	—	删除指标
图书馆行业协作协调与社会合作	主持联盟或主持跨地方、跨系统的图书馆协作协调工作	基本分项 1：主持跨省或跨系统联盟 基本分项 2：主持跨省或跨系统系统的业务和学术协作协调活动 加分项：主持国际协作协调活动数量	—	—	—	删除指标

续表

业务建设/业务能力部分

第六次评估标准指标			第七次评估标准指标			比较
一级指标	二级指标	计分项	一级指标	二级指标	计分项	
图书馆行业协作协调与社会合作	参与联盟或参与跨地区、跨系统的图书馆协作协调工作	基本分项：参与全国范围内的联盟或跨地区、跨系统协调工作	—			删除指标
		加分项：参与国际协作协调工作数量				
—	—	—	业务创新	创新项目	基本分项 1：评估周期内创新项目数量（个） 基本分项 2：实施效果、行业影响力及示范作用发挥情况	新增指标
—	—	—	业务创新	新型阅读空间	基本分项：新型阅读空间的数量（个，2021 年底数据）	新增指标
—	—	—	业务创新	智慧应用场景	基本分项：智慧应用场景的数量（个，2021 年底数据）	新增指标

续表

<table>
<tr><th colspan="3">业务建设／业务能力部分</th><th rowspan="2">比较</th></tr>
<tr><th colspan="3"></th></tr>
<tr><th colspan="3">第六次评估标准指标</th><th colspan="3">第七次评估标准指标</th><th></th></tr>
<tr><th>一级
指标</th><th>二级
指标</th><th>计分项</th><th>一级
指标</th><th>二级
指标</th><th>计分项</th><th></th></tr>
<tr><td>—</td><td>—</td><td>—</td><td>业务创新</td><td>文旅
融合</td><td>基本分项：图书馆服务与旅游服务相互融合的项目数量（个，2021年底数据）</td><td>新增指标</td></tr>
<tr><td>社会化和
管理创新</td><td>文创产品
开发</td><td>加分项1：文创工作组织与创意策划
加分项2：有文创产品，并取得实效</td><td>业务创新</td><td>馆藏开发
与文创产品</td><td>基本分项：评估周期内利用馆藏资源开发的具有原创性、独特性的产品（含数字创意产品）数量（个）</td><td>加分项改为基本分项
定性改定量</td></tr>
<tr><td>—</td><td>—</td><td>—</td><td>业务辅导
与协作</td><td>业务交流</td><td>基本分项1：每年以图书馆或图书馆学（协）会名义主办、协办或承办的省级及以上学术会议、业务培训、专业研讨会等业务交流活动的数量（场）
基本分项2：每年参加全国性图书馆学术会议、业务培训、专业研讨会等业务交流活动的总人次（人次）</td><td>新增指标</td></tr>
</table>

续表

	第六次评估标准指标			业务建设/业务能力部分 第七次评估标准指标			比较
一级指标	二级指标	计分项		一级指标	二级指标	计分项	
基层辅导与学会工作	基层业务辅导与培训	基本分项 1：基层业务辅导与培训的计划、经费、人员、总结		业务辅导与协作	辅导与培训	—	删除基本分项
		基本分项 2：基层业务辅导与培训的内容、次数（评估期内总量不少于 12 次）、效果及反馈				每年对本省地市级、县级公共图书馆进行业务辅导、培训的数量（场）、参与人次（人次）	定性改定量
		—				基本分项：对本省县级公共图书馆总分馆制建设给予专题辅导	新增基本分项
		—				加分项：对本省地市级、县级公共图书馆进行业务辅导、培训的数量以及参与人次均位居全国前列	新增加分项
—	—	—		业务辅导与协作	业务协作	基本分项 1：与本省各类型图书馆协作情况	新增指标
						基本分项 2：与本省以外各类型图书馆的跨region协地协作情况	
						基本分项 3：与文化馆、博物馆、美术馆等公共文化机构或其他社会机构的协作情况	

续表

业务建设/业务能力部分

第六次评估标准指标			第七次评估标准指标			比较
一级指标	二级指标	计分项	一级指标	二级指标	计分项	
基本服务（"服务效能"部分）	馆际互借与文献传递	基本分项1：与本馆建立馆际互借与文献传递关系的图书馆数量 基本分项2：开展跨系统的馆际互借、文献传递	业务辅导与协作	馆际互借与文献传递	基本分项1：年馆际互借量（册） 基本分项2：年文献传递量（篇）	调整基本分项
		加分项：年馆际互借与文献传递占年外借册次总量的比例			—	取消加分项
基层辅导与学会工作	图书馆学会（协会）工作	基本分项1：会员发展	业务辅导与协作	图书馆学（协）会工作	基本分项1：发展中国图书馆学会、本省图书馆学（协）会会员情况	—
		基本分项2：学术活动			基本分项2：省学（协）会工作开展情况	—
		基本分项3：计划与总结			基本分项3：承担中国图书馆学会会重要工作情况	—
		—			基本分项4：获得中国图书馆学会或省级以上组织的表彰奖励	—
		基本分项4：获奖情况			—	
		基本分项5：学会会刊（工作通讯，纸质版与电子版均可）			—	删除基本分项

续表

业务建设/业务能力部分

第六次评估标准指标			第七次评估标准指标			比较
一级指标	二级指标	计分项	一级指标	二级指标	计分项	
基层辅导与学会工作	图书馆学会（协会）工作	加分项 1：承担全国图书馆学会重要工作次数			—	加分项改为基本分项
		加分项 2：有全国发行的正式 CN 号的刊物/核心期刊			—	调整为"业务研究"的组织管理"指标的加分项
行政与人力资源管理	年度计划和年报	（略）	—	—	—	调整为"业务统计与研究"的二级指标并修改
行政与人力资源管理	岗位管理	基本分项 1：按需设岗 基本分项 2：按岗聘用 基本分项 3：竞争上岗 基本分项 4：岗位责任制 基本分项 5：考核与分配激励制度	—	—	—	删除指标
行政与人力资源管理	年员工人均教育培训	（略）	—	—	—	调整到"保障条件"部分修改

续表

业务建设／业务能力部分

第六次评估标准指标			第七次评估标准指标				比较
一级指标	二级指标	计分项	一级指标	二级指标	计分项		
行政与人力资源管理	员工能力评估	基本分项 1：员工获得全国性权威（指专业学会，政府组织）专业机构的专业培训及资质证明 5 个以上 基本分项 2：有培训资质证明的员工占全馆员工的比达 5%	—	—	—		删除指标
财务、资产与档案管理	财务管理	基本分项 1：制度建设、监督机制及执行情况 基本分项 2：报告经费使用情况 基本分项 3：专项经费专款专用	—	—	—		删除指标
财务、资产与档案管理	国有资产管理	基本分项 1：制度建设 基本分项 2：制度执行情况 基本分项 3：国有资产管理	—	—	—		删除指标
财务、资产与档案管理	档案管理	基本分项 1：行政档案 基本分项 2：业务档案	—	—	—		删除指标

续表

业务建设/业务能力部分

第六次评估标准指标			第七次评估标准指标			比较
一级指标	二级指标	计分项	一级指标	二级指标	计分项	
安全与环境管理	安全管理	（略）				调整到"保障条件"部分修改
安全与环境管理	环境管理	基本分项 1：环境整洁、美观、安静 基本分项 2：标牌规范、标准 基本分项 3：设施维护良好 基本分项 4：节能减排措施	—	—	—	删除指标
业务管理	业务统计分析	基本分项 1：馆藏统计与分析 基本分项 2：图书馆服务统计与分析 基本分项 3：用户（读者）统计与分析 基本分项 4：建筑设施设备统计与分析 基本分项 5：经费统计与分析 基本分项 6：图书馆工作人员统计与分析	—	—	—	删除指标

续表

业务建设/业务能力部分

第六次评估标准指标			第七次评估标准指标			比较
一级指标	二级指标	计分项	一级指标	二级指标	计分项	
业务管理	图书馆宣传	（略）	—	—	—	调整到"服务效能"部分修改
业务管理	用户管理	基本分项1：证卡管理 基本分项2：用户研究	—	—	—	删除指标
行政与人力资源管理	年度计划与年报	基本分项1：年度计划 基本分项2：年度概况、业务统计数据、大事记 基本分项3：年度计划和年报在图书馆网站发布	业务统计与研究	年报制度	基本分项1：按照相关要求及时完成年报编制工作 基本分项2：年报在图书馆网站或以其他方式公开发布	取消对年度计划的要求 接受通过网站以外的其他渠道发布
业务研究	图书馆业务研究的组织管理	基本分项1：图书馆学术委员会正式成立，并在评估期内发挥作用，每年至少开展一次活动 基本分项2：业务研究会研究通过、实施并取得效果	业务统计与研究	业务研究的组织管理	基本分项1：设置学术委员会、研究部（室）、研究辅导部等组织机构 基本分项2：业务研究激励和保障措施	—

续表

业务建设/业务能力部分

第六次评估标准指标			第七次评估标准指标			比较
一级指标	二级指标	计分项	一级指标	二级指标	计分项	
业务研究	图书馆业务研究的组织管理	加分项：馆立科研项目并管理	业务统计与研究	业务研究的组织管理	加分项：编辑、发行学术期刊，有全国发行的国内统一刊号（CN）的刊物/核心期刊	调整加分项
业务研究	馆内学术活动	基本分项 1：学术活动经常化 基本分项 2：学术研讨会 基本分项 3：研究报告	—	—	—	删除指标
业务研究	参加馆外学术和业务活动	基本分项：单位年组织参加全国性学术活动和业务活动数量 加分项：年参加国际学术和业务活动数量	—	—	—	删除指标
业务研究	年员工人均发表论文数量	加分项：年员工人均发表论文数量＝论文总数/员工人数（篇）	业务统计与研究	发表论文与专著	基本分项 1：本馆员工以个人或集体名义在刊物上发表的与业务工作相关的论文数量（篇）	加分项改为分项，由统计人均量改为统计总量
业务研究	年均出版著作总数	加分项：评估期内本馆员工以个人或集体名义撰写或主编的著作总数/评估期年数（种）	业务统计与研究	发表论文与专著	基本分项 2：本馆员工以个人或集体名义主编的专著数量（部）	加分项改为基本分项

业务建设/业务能力部分

第六次评估标准指标			第七次评估标准指标			比较
一级指标	二级指标	计分项	一级指标	二级指标	计分项	
业务研究	科研项目	基本分项1：根据科研项目获资助级别（省部级及以下）加权求和计算得分。 基本分项2：获国家级或国际科研项目	业务统计与研究	科研项目	基本分项1：国家级和国际专业组织科研项目数量（个） 基本分项2：省部级科研项目数量（个） 基本分项3：全国性专业学（协）会（不含二级分支机构）和全国性行业组织科研项目数量（个）	调整计分方式，由按项目级别加权求和改为按项目级别分项计分 省部级以下科研项目不再参与计分
业务研究	科研成果奖励	加分项：基本分达到后，剩余分数作为加分				取消加分项
		加分项：根据科研成果获奖级别加权求和计算得分	—	—	—	删除指标
组织文化和表彰奖励	使命、愿景团队建设	基本分项1：有使命、愿景 基本分项2：党、团活动 基本分项3：工会活动	—	—	—	删除指标
组织文化和表彰奖励	荣誉体系建设	（略）	—	—	—	调整到"保障条件"部分修改

续表

业务建设/业务能力部分						
第六次评估标准指标			第七次评估标准指标			比较
一级指标	二级指标	计分项	一级指标	二级指标	计分项	
组织文化和表彰奖励	表彰奖励	（略）	—	—	—	调整到"保障条件"部分修改
社会化和管理创新	法人治理	加分项1：建立理事会　加分项2：理事会制度运行良好	社会力量参与	法人治理结构改革	基本分项1：建立法人治理结构　基本分项2：制度建设及运行情况	加分项改为基本分项，并纳入定级必备条件
图书馆行业协作协调与社会合作	社会合作	基本分项1：资源合作　基本分项2：合作平台	社会力量参与	社会合作	基本分项1：评估周期内社会合作项目数（个）　基本分项2：评估周期内社会合作项目的资金额度（含社会捐赠）（万元）	定性改定量
					加分项：探索出一套成熟的社会力量参与机制，形成典型经验，发挥示范作用	新增加分项

271

续表

业务建设/业务能力部分

第六次评估标准指标			第七次评估标准指标			比较
一级指标	二级指标	计分项	一级指标	二级指标	计分项	
社会化和管理创新	图书馆获得社会捐赠	加分项1：建立有接受社会捐赠机制，向图书馆捐赠的公民和各类社会组织数量达到500个 加分项2：图书馆获得社会捐赠的总额达到100万	—	—		删除指标
社会化和管理创新	社会购买服务	加分项1：购买机制与管理制度 加分项2：资金管理与绩效管理	—	—	—	删除指标
社会化和管理创新	第三方评价机制	加分项：采用第三方评价机制，根据评价结果加分	—	—	—	删除指标
社会化和管理创新	志愿者管理	基本分项1：志愿者管理制度规范化	社会力量参与	志愿服务	基本分项1：志愿者招募、注册、培训、管理等制度建设情况	—
					基本分项2：登记注册的志愿者人数（人，2021年底数据）	新增基本分项

续表

业务建设/业务能力部分

第六次评估标准指标			第七次评估标准指标			比较
一级指标	二级指标	计分项	一级指标	二级指标	计分项	
社会化和管理创新	志愿者管理	基本分项 2：志愿活动经常化及成效			基本分性 3：志愿服务活动开展情况 基本分项 4：志愿服务工作获得的表彰奖励	细化基本分项
社会化和管理创新	文创产品开发	（略）	—	—	—	调整为"业务创新"的二级指标
社会化和管理创新	组织管理和运营创新	加分项 1：依据第三方数据分析按需采购 加分项 2：采取服务外包管理并具有完善的绩效考评的 加分项 3：通过信息化方式（进行）资源采访			—	删除指标

273

保障条件部分

一级指标	二级指标	第六次评估标准指标		一级指标	二级指标	第七次评估标准指标	比较
		计分项				计分项	
政策与法制保障	法制保障	—		法律政策保障	法律保障	基本分项1：贯彻执行《中华人民共和国公共图书馆法》情况	新增基本分项
		基本分项1：有地方图书馆相关法规或条例				基本分项2：省级人大、政府及相关部门颁布的与公共图书馆法相配套的地方性法规、行政规章或规范性文件	增加行政规章和规范性文件，强调与公共图书馆法配套
		基本分项2：相关法规实施					
		加分项：评估期内对已有相关法规或条例进行修订并实施				基本分项3：开展法律宣传培训情况，配合相关部门开展执法检查情况	新增基本分项
						—	取消加分项
政策与法制保障	呈缴制度与执行情况	（略）		—	—		调整为"文献信息资源保障"的二级指标

续表

保障条件部分

一级指标	第六次评估标准指标		第七次评估标准指标			比较
	二级指标	计分项	一级指标	二级指标	计分项	
政策与法制保障	政策保障	基本分项 1：图书馆建设纳入政府主管部门议事日程 基本分项 2：图书馆建设纳入地方政府公共服务考核指标体系 基本分项 3：图书馆建设纳入政府文化事业目标管理责任制 基本分项 4：人员、资源、运行等经费保障纳入政府财政预算，政府有图书馆专项计划和财政单列预算如图书馆新馆建设或数字图书馆建设项目等 基本分项 5：政府管理公共图书馆事业，有文化、财政、人事等多部门协同保障支持机制	法律政策保障	政策与规划	基本分项 1：省级人民政府，文化和旅游行政部门等为公共图书馆事业发展提供政策保障情况	整合基本分项
		加分项：公共文化整体政策保障成效突出，且公共文化示范区建设取得突出成绩				加分项内容纳入基本分项

续表

续表

保障条件部分

第六次评估标准指标			第七次评估标准指标			比较
一级指标	二级指标	计分项	一级指标	二级指标	计分项	
章程与规划	地方发展规划中的图书馆条款	加分项1：纳入当地国民经济和社会发展"十三五"规划、地方发展规划 加分项2：其他规划（含地方文化事业、信息化发展规划、智慧城市发展规划）				加分项内容纳入基本分项
章程与规划	图书馆"十三五"规划制订与实施	基本分项1：制定图书馆"十三五"规划，提供规划文本，有规划制定过程并附制定说明（含制定人员名单），规划经上级主管部门或理事会通过，以文件形式下发，并在图书馆网站上发布 基本分项2：实施图书馆"十三五"规划，提供实施方案，包括实施方案、实施方案（细则）或者年度实施计划，实施方案或年度实施计划中已经开始实施的部分不少于2项	法律政策保障	政策与规划	基本分项2：本馆"十三五"发展规划或实施方案执行情况，"十四五"发展规划或实施方案制定情况	—

续表

保障条件部分

第六次评估标准指标			第七次评估标准指标			比较
一级指标	二级指标	计分分项	一级指标	二级指标	计分分项	
章程与规划	图书馆章程	基本分项 1：制定章程 基本分项 2：实施及效果	—	—	—	删除指标
经费保障	年财政拨款总额	基本分项：年财政拨款总额 注：指本级财政拨款，包括本级财政所拨的文献购置费、运行费、人员经费、专项经费等全部拨款，不含上级配套补助和专项经费、下级财政经费额度及人员经费，以实际到位的经费计算 加分项：年财政拨款总额超出基本分项满分值，分档加分	经费保障	年财政拨款总额	基本分项：年财政拨款所拨用于本馆的文献购置费、运行费、人员经费、专项经费等全部款项，以实际到位的经费计算	—
经费保障	财政拨款年增长率与当地财政收入年增长率的比率	基本分项：财政拨款年增长率/当地财政收入年增长率×100% 加分项：财政拨款年增长率与当地财政收入年增长率超出基本分项满分值，分档加分	—	—	—	取消加分项
						删除指标

277

续表

保障条件部分

一级指标	二级指标	第六次评估标准指标 计分项	一级指标	二级指标	第七次评估标准指标 计分项	比较
经费保障	年文献购置费	基本分项：指每年本馆用于购置各类型文献（含电子资源）的经费总额	—	—	—	删除指标
		加分项：年文献购置费超出基本分项满分值，分档加分				
经费保障	免费开放本地经费到位情况	基本分项1：已下拨的免费开放经费是否到位	—	—	—	删除指标
		基本分项2：提供财政补助收入的免费开放专项入账凭单				
经费保障	经费结构	基本分项1：图书馆经费包括文献购置费、服务经费、运行费，细目清晰，结构合理	—	—	—	删除指标
		基本分项2：有信息化建设、人员培训等专项经费				

续表

		第六次评估标准指标				第七次评估标准指标		比较
一级指标	二级指标	计分项		一级指标	二级指标	计分项		比较
文献资源保障	普通文献馆藏量	基本分项：本馆已入藏的图书（含古籍）、期刊和报纸的合订本、小册子、手稿、录像带、录音带、光盘等视听资料数量之和		文献信息资源保障	普通文献馆藏量	基本分项：入藏图书（含古籍）、期刊和报纸的合订本、小册子、录像带、以及缩微制品、录音带、光盘等视听资料数量之和		—
		加分项：普通文献馆藏量超出基本分项满分值，分档加分				加分项：普通文献馆藏量超出基本分项满分值，分档加分		—
政策与法制保障	呈缴制度与执行情况	基本分项 1：呈缴制度，主要考查所在地是否制定本地出版物的行政法规或政策，省级图书呈缴馆向出版社提供相关政策规或政策文本		文献信息资源保障	文献资源交存率			删除基本分项
		基本分项 2：执行情况，按《公共图书馆服务规范》中"呈缴本"征集的品种、数量应达到地方正式出版物的 70% 以上"的要求执行				基本分项：评估周期内文献资源交存率，交存的正式出版物的种数总计/本地区出版单位产生的正式出版物的种数总计×100%		定性改定量

续表

保障条件部分

第六次评估标准指标			第七次评估标准指标			比较
一级指标	二级指标	计分项	一级指标	二级指标	计分项	
—	—	—	文献信息资源保障	馆藏古籍及民国时期文献普查登记占比	基本分项1：馆藏古籍普查登记占比，完成古籍普查登记总数/馆藏古籍总数×100%（2021年底数据） 基本分项2：馆藏民国时期文献普查登记占比，完成民国时期文献普查登记总数/馆藏民国时期文献总数×100%（2021年底数据）	新增指标
					加分项：已出版本省古籍普查目录，或正在实施出版目录计划	
文献资源保障	年图书入藏量	基本分项：年图书入藏量（万种） 加分项：年图书入藏量超出基本分项满分值，分档加分	—	—	—	删除指标
文献资源保障	年报刊入藏量	基本分项：年报刊入藏量（种） 加分项：年报刊入藏量超出基本分项满分值，分档加分	—	—	—	删除指标

续表

一级指标	二级指标	第六次评估标准指标	第七次评估标准指标			比较
		计分项	一级指标	二级指标	计分项	
保障条件部分						
文献资源保障	年视听资料入藏量	基本分项：年视听资料入藏量（种） 加分项：年视听资料入藏量超出基本分项满分值，分档加分	—	—	—	删除指标
文献资源保障	电子文献馆藏量	基本分项：评估期间可供读者使用的电子图书、期刊和报纸等电子文献数量（万册） 加分项1：馆藏量中评估期内出版的新电子文献占比达到10% 加分项2：评估期内新购电子文献占比达10%	—	—	—	删除指标

续表

保障条件部分

第六次评估标准指标			第七次评估标准指标			比较
一级指标	二级指标	计分项	一级指标	二级指标	计分项	
图书馆建筑设施保障	建筑面积	基本分项：建筑面积（万平方米） 注：不含职工宿舍及临时建筑，包括总馆和分馆面积，但不含流动服务点的馆舍面积，分馆不包括地市级图书馆和县级图书馆，含图书馆外储存图书馆或储存图书库 加分项1：单体馆（指图书馆建筑为独立馆舍）每增加一个加2分 加分项2：建筑面积超出基本分项满分值，每增加1万平方米加1分	建筑与设施保障	建筑面积	基本分项：本馆实际使用面积（万平方米，2021年底数据） 注：包括本馆产权和租借用房面积，符合上述条件的其他馆舍、直属分馆和馆外书库等一并计算，已开工建设的图书馆（含正在扩建设的图书馆面积（含正在建的建筑面积）按50%计算（不含超过现有建筑面积）未被作为图书馆功能使用的面积，不计算在内 —	将租借用房纳入图书馆实际使用面积计算 将正在新建、改扩建的图书馆面积折半纳入计算 取消加分项

续表

	保障条件部分				
第六次评估标准指标			第七次评估标准指标		比较
一级指标	二级指标	计分项	一级指标	二级指标	计分项	
图书馆建筑设施保障	功能适用性	基本分项 1：符合图书馆建筑设计规范，对照《图书馆建筑设计规范》（JGJ 38—2015）自查，并提供相关佐证材料	建筑与设施保障	设施及功能	基本分项 1：执行国家、行业颁布的公共图书馆建设标准、图书馆建筑设计规范情况	增加符合公共图书馆建设标准的要求
		基本分项 2：图书馆分区与空间合理性，应有读者分区、有休闲空间、读者体验空间等		适用性	基本分项 2：空间布局情况，如布局是否合理、功能是否齐全等	删除基本分项
		基本分项 3：读者服务配套设施齐全			基本分项 3：为未成年人、老年人、残疾人等特殊群体提供服务的设施设备配备情况	基本分项考查内容拓展
		基本分项 4：无障碍设施条件健全			基本分项 4：设置少年儿童阅览区域	新增基本分项
		一				

续表

保障条件部分							
第六次评标准指标			第七次评标准指标			比较
一级指标	二级指标	计分项	一级指标	二级指标	计分项	
信息基础设施保障	读者用计算机终端数量	基本分项：可供读者正常使用的计算机数量（台） 注：含移动终端数量，不含自助打印和复印设备	—	—		删除指标
信息基础设施保障	信息化管理系统	基本分项1：业务集成管理系统 基本分项2：有专门的办公自动化系统 基本分项3：具备全业务流程实现数字化一体化管理，并能够实现数据接口开放能力	建筑与设施保障	信息基础设施保障	基本分项1：信息化管理系统，包括业务集成管理系统及办公自动化系统、全业务流程实现数字化一体化管理，并具备数据接口开放能力	—
信息基础设施保障	网络带宽	基本分项：接入的因特网带宽（Mbps）			基本分项2：网络带宽（Mbps）	—
信息基础设施保障	读者服务区无线网覆盖率	基本分项：提供无线网络连接服务的读者服务区的面积（平方米）/读者服务区的总面积（平方米）×100%			基本分项3：读者服务区无线网覆盖率、提供无线网络连接服务的读者服务区面积/读者服务区总面积×100%（2021年底数据）	—

续表

保障条件部分

一级指标	第六次评估标准指标		第七次评估标准指标			比较
	二级指标	计分项	一级指标	二级指标	计分项	
信息基础设施保障	存储容量	基本分项：专用存储设备容量（TB） 注：不含普通服务器、计算机的硬盘容量 加分项 1：存储容量超出基本分项满分值，分档加分 加分项 2：采用租用云存储空间方式	—	—	—	删除指标
信息基础设施保障	智能化管理	基本分项 1：综合布线系统 基本分项 2：计算机网络系统 基本分项 3：电话系统 基本分项 4：广播告示系统 基本分项 5：楼宇自控系统 基本分项 6：智能楼宇管理系统	—	—	—	删除指标

保障条件部分

一级指标	二级指标	第六次评估标准指标	一级指标	二级指标	第七次评估标准指标	比较
		计分项			计分项	
人员保障	员工数量	基本分项：员工数量 注：指本级图书馆拥有的员工，不含本级以下辖区员工，含本级总分馆中各分馆员工，保卫、保洁、会购买服务的物业人员，不含一年以下的短期聘用人员和临时工	人员保障	工作人员数量	基本分项：工作人员数量（人，2021年底数据） 注：含长期用制、合同制、人事代理、劳务派遣、社会购买服务的工作人员	将各种社会用工方式工作人员纳入计算
—	—	加分项：员工数量超出基本分项满分值后，每增加50人，加1分	人员保障	专业技术人员占比	—	取消加分项
—	—	—			基本分项：馆内从事业务工作并具有专业技术职称的在编工作人员数量／全馆在编人员数量×100%（2021年底数据）	新增指标，并纳入定级必备条件
人员保障	大学本科及以上学历员工占比	基本分项：馆内大学本科及以上学历的员工的数量／全馆员工总人数×100%	人员保障	大学本科及以上学历工作人员占比	基本分项：馆内大学本科及以上学历工作人员数量／全馆工作人员数量×100%（2021年底数据）	—
		加分项：有博士学历员工			—	取消加分项

续表

一级指标	二级指标	第六次评估标准指标 计分项			第七次评估标准指标		比较
			一级指标	二级指标	计分项		
人员保障	高级职称员工占比	基本分项：馆内获得高级职称的员工数量/全馆在编员工人数×100%	人员保障	高级职称工作人员占比	基本分项：馆内获得高级职称的在编工作人员/全馆在编人员数量×100%（2021年底数据）		
		加分项：具有正高职称员工比例达到5%			—		取消加分项
人员保障	领导班子配备	基本分项1：考查领导班子选拔任用程序	人员保障	领导班子	—		删除基本分项
		基本分项2：具有本科学历或副高职称以上占比达到75%			基本分项1：领导班子成员具有图书馆学及相关专业（信息管理与信息系统专业、信息资源管理专业、情报学专业、档案学专业）学历或副高职称以上者的占比（2021年底数据）		学历方面，增加对"相关专业"的限定
		基本分项3：接受过图书馆专业系统培训			基本分项2：接受过图书馆专业系统培训		—

续表

保障条件部分

第六次评估标准指标			第七次评估标准指标			比较
一级指标	二级指标	计分项	一级指标	二级指标	计分项	
		—			基本分项 3：每年上级主管部门对本馆年度工作考核情况（合格/优秀）	新增基本分项
		—		领导班子	基本分项 4：每年上级主管部门对本馆领导班子年度考核情况（合格/优秀）	新增基本分项
人员保障	领导班子配备	加分项 1：领导班子成员中具有图书馆学及相关专业（信息管理与信息系统专业、信息资源管理专业、情报学专业、档案学专业）学历占比达到 75% 加分项 2：领导班子年龄结构合理	人员保障		—	取消加分项

续表

一级指标	二级指标	第六次评估标准指标 计分项	保障条件部分 一级指标	第七次评估标准指标 二级指标	计分项	比较
行政与人力资源管理（原"业务建设"部分）	年员工人均教育培训	基本分项：全馆员工年度接受岗位培训、继续教育的总学时/全馆员工总人数	人员保障	人员培训与激励	基本分项1：本馆工作人员接受培训总时长/全馆工作人员数量	—
					基本分项2：人才培养措施及荣誉奖励制度	增加对人才培养措施的要求
组织文化和表彰奖励（原"业务建设"部分）	荣誉体系建设	基本分项1：有荣誉体系设计和制度保障，包括图书馆业务表彰如馆级先进集体、先进个人表彰以及部门设立的各种表彰；党团、工会等组织的其他表彰 基本分项2：荣誉体系实施情况	安全保障	意识形态工作情况	基本分项1：落实意识形态工作责任制的具体措施 基本分项2：意识形态工作总体情况	新增指标
—	—	—				

续表

289

续表

保障条件部分

第六次评估标准指标			第七次评估标准指标			比较
一级指标	二级指标	计分项	一级指标	二级指标	计分项	
安全与环境管理（原"业务建设"部分）	安全管理	基本分项1：消防 基本分项2：保卫 基本分项3：数据及网络安全 基本分项4：应急预案 基本分项5：安全监控系统	安全保障	安全生产	基本分项1：落实安全生产的相关措施，包括消防、安保、数据及网络安全等安全保障措施及应急预案，新冠肺炎疫情发生事件常态化防控措施等	增加对疫情常态化防控措施的要求
					基本分项2：安全生产总体情况	新增基本分项
组织文化和表彰奖励（原"业务建设"部分）	表彰奖励	加分项：根据表彰级别加权求和计算得分		国家级和国际专业组织表彰奖奖励数	基本分项：评估周期内图书馆集体和工作人员个人所获国家级表彰奖励数量（个） 加分项：获得国际专业组织的表彰奖励	加分项改为基本分项和加权求和改为按获奖级别加权求和 按获奖级别加权计算获奖数量
				省部级表彰奖奖励数	基本分项：评估周期内图书馆集体和工作人员个人所获省部级表彰奖励数量（个）	增加对获得国际奖励的加分

表 B−2 第六次、第七次全国县级以上公共图书馆评估标准基本分项数量比较

	省级图书馆		地市级图书馆		县级图书馆	
	第六次	第七次	第六次	第七次	第六次	第七次
服务效能	58	38	63	40	57	43
业务建设	131	60	115	58	96	49
保障条件	49	35	48	35	39	33
总计	238	133	227	133	192	125

表 B−3 第六次、第七次全国县级以上公共图书馆评估标准加分指标数量比较

	省级图书馆		地市级图书馆		县级图书馆	
	第六次	第七次	第六次	第七次	第六次	第七次
服务效能	21	3	26	3	26	3
业务建设	25	4	21	4	19	6
保障条件	18	3	17	3	17	4
总计	64	10	64	10	62	13

表 B−4 第七次全国县级以上公共图书馆评估定级必备条件调整一览

	新增必备条件	删除必备条件	沿用必备条件
省级、副省级图书馆	法人治理结构改革 年报制度 专业技术人员占比	年阅读推广活动次数 本区域服务体系规划 与共建共享 业务统计分析	年文献外借量 读者满意率 年财政拨款总额 普通文献馆藏量 建筑面积
地市级图书馆	法人治理结构改革 年报制度 专业技术人员占比	年每万人参加读者活动人次 本区域服务体系规划 与共建共享 业务统计分析	年文献外借量 读者满意率 年财政拨款总额 普通文献馆藏量 年人均新增文献入藏量 建筑面积

续表

	新增必备条件	删除必备条件	沿用必备条件
县级图书馆	专业技术人员占比	年每万人参加读者活动人次 本区域服务体系规划与共建共享 业务统计分析	年文献外借量 读者满意率 年财政拨款总额 年人均新增文献入藏量 建筑面积
少年儿童图书馆	周开馆时间 普通文献馆藏量	年文献外借量 年万人开展读者活动场次 纸质图书馆藏质量 业务统计分析 纸质文献馆藏量	读者满意率 年财政拨款总额 建筑面积

后 记

　　回首新中国七十余年，从 20 世纪 50 年代末的图书馆跃进评比，到改革开放之初的创建文明图书馆竞赛和图书馆"科学评估"，及至 1994 年以后持续开展数十年的全国县级以上公共图书馆评估定级，评估作为我国公共图书馆事业管理的一项重要的制度工具，其应用时间之长、范围之广，无出其右。这项制度在长期、持续的运行过程中，既积淀了丰富的实践经验，同时也积累了巨大的历史惯性。在当前文化体制改革持续深入和公共图书馆事业进一步向高质量发展转型之际，对这一制度进行改革创新的需求日益迫切。笔者曾亲身参与第五次全国县级以上公共图书馆评估标准研制及相关文化行业标准制修订工作，因而特别选择这一主题进行研究，希望对此过程中的所思所悟进行比较系统的归纳总结，同时力图突破亲历者的思维和视野局限，进一步结合国内外图书馆评估研究和实践成果，重新审视其理论、方法、技术及制度建设等方面问题，获得新的认知和启发。

　　本书也是我在北京大学信息管理系攻读博士学位的研究成果，其顺利完成，需要特别感谢我的博士生导师刘兹恒教授和国家图书馆研究院院长申晓娟女士给予的悉心指导。除此外，本研究还得到全国图书馆界众多师友、同人的热情帮助：倪晓建馆长、李国新教授、王子舟教授以及段明莲、张广钦、张鹏翼等老师多次就文章的思路、结构、语言及写作规范等提出恳切批评；柯平教授在本研究的选题方向及研究方案等方面给予了详细建议；李东来馆长为我整理提供了大量珍贵历史档案，并多次就公共图书馆评估的有关问题与我深谈，对我屡有启发；上海图书馆虞定龙老师（"图林老姜"）和上海文化旅游局公共事业服务处金荣彪处长指引我找到许多有关基层图书馆评估的宝贵线索；西藏图书馆副馆长旦增卓玛、武汉图书馆馆长李静霞、北京市西城区青少年儿童图书馆副馆长孟兰、陕西省图书馆万行明老师、辽宁师范大学张文亮老师、新疆图书馆丛冬梅老师、海南省图书馆王冬梅老师、广州图书馆赵晋芝老师、中国图书馆学会秘书处郭万里老师、文化和旅游部公共服务司张剑处长等专家，以及杨雁（武汉图书馆）、洪慧平（东莞市莞城图书馆）、孙慧明（首都图书馆）、白兴勇（山东省图书馆）等同学对本研究的资料搜集和问卷调查等工作也给予了大力支持，在此一并致谢。同时要感谢北京大学图书馆、北京大学计算机信息中心和国家图书馆在此期间，特别是2020年新冠肺炎疫情暴发以来，为我及时获取所需研究资料所给予的专业保障。

2020年7月，笔者通过北京大学博士论文答辩，并获博士学位。在导师和同学们的鼓励下，决定将博士论文修改后交付出版。国家图书馆出版社编审邓咏秋老师为这本书的出版倾注了巨大心血，不仅从编辑视角对笔者的语言风格、语法规范、引文标注格式等提出许多诚恳的意见建议，同时也以一位图书馆领域资深专业人士的理性思维，就书中一些观点偏颇之处提出不同意见，启发笔者在表达方面更加谨慎、客观。邓老师无论对待图书馆学研究，还是对待编辑出版工作，都十分严谨，甚至堪称严苛，令笔者一度心生敬畏，有些批评意见一时难以接受。但在对书稿进行反复修改的过程中，笔者一遍遍揣摩邓老师在书稿中留下的笔迹，对她的真诚和用心逐渐有了更深的体会，越来越深刻地认识到，自己在作文过程中的确有很多不好的习惯。经邓老师点拨，书中文字已经尽可能作了修改，但多年积弊，不是一夕之间可以彻底摒除，目前呈现给读者的内容，仍然难免存在这样那样的问题，对因此而感到阅读体验不佳的读者，在此谨致以诚挚的歉意，笔者也将在今后的工作中时刻提醒自己，努力改善文风。

本书力图比较全面地展现国内外公共图书馆评估研究和实践的主要成果，并在此基础上对我国公共图书馆评估制度的创新发展进行了较为系统的研究和思考。但由于个人的认识水平和研究能力所限，其中一些重要问题还未及深入。其一，书中尝试构建了一个以效能为导向的公共图书馆评估模型，并对其评估指标取舍原则和定量、定性方法的应用进行了分析和阐述，同时根据论述的需要，以部分关键指标为例作了说明。但本书主要侧重于对有关概念及其逻辑关系的解析与描述，尚未在此基础上选择或假设一个合适的评估环境，对上述评估模型进行更深入的实证研究与分析，因而没有根据上述评估模型和指标取舍原则构建出一个完整的指标体系，评估模型中有关"绩效"与"能力"、"投入"与"产出"、"过程"与"结果"等概念之间关系的阐述，在实践应用中可能需要根据实际情况进行必要的优化调整。其二，笔者在就我国公共图书馆评估定级工作制度及其支持和保障策略提出创新发展建议时，力求系统地覆盖评估工作及其相关管理过程的主要内容。但书中提出的建议，都与公共图书馆事业管理体制和运行机制的深化改革息息相关，并非一夕之间可以同步实现。研究当中不免带有一些理想主义的设计，也希望能够在今后与主管部门及公共图书馆界同人的交流合作过程中，共同对其进行面向现实的修正与完善。其三，笔者对国外公共图书馆实践的调查梳理，主要着眼于其宏观制度框架的形成及发展，尚未对这些制度的实践应用进行个案调研，缺少关于制度实施成效的实证分析。在应用国外同行经验指导我国公共图书馆评估制度的创新实践时，对其制度优势的把握可能并不十分精准，特别是其实施过程中也许曾被证明存在某些方面缺陷，而笔者未能有效获取这类信息。在以后的研究和实践中，仍需坚持批判思维，对这些制度经验在国内公共图书馆评估实践中的适用性进行小心求证。其四，公共图书馆评估技术方法和实用工具的研发对我国公共图书馆评估实践的科学化、现代化发展来说非常重要，但由于其中涉及许多现代技术和数理理论的应用，以笔者当前的学识水平尚不足以驾驭，所以未能对有关问题作深入探讨。希望今后我国图书馆界能在中国图书馆学会等专业组织的协调推动下，积极借鉴国际图书馆界合作推进 LibQUAL 等评估工具大规模应用研发的经验，在这一领域尽快取得新的突破。

本书编校修改过程中，文化和旅游部也于 2021 年下半年开始组织筹备第七次全国县级以上公共图书馆评估定级工作。笔者很荣幸曾有机会向负责本次评估定级标准起草的柯平教授、李东来馆长等专家学习请教，并就我国公共图书馆评估工作面临的主要问题进行过比较深入的交流探讨。2022 年 5 月，在本书即将付梓之际，文化和旅游部《关于开展第七次全国县级以上公共图书馆评估定级工作的通知》正式印发，本次评估定级继承了历次评估定级工作所取得的成功经验，并在此基础上对评估标准、定级必备条件及评估定级工作的组织实施程序等作了进一步优化调整。特别值得高兴的是，本书对我国公共图书馆评估制度提出的批评建议，有一些已经在这一次评估定级中得到一定程度落实。为使本书内容更加完整，笔者在书后增补了对第七次全国县级以上公共图书馆评估定级标准修订情况的概要分析（见附录 B），供各位读者进一步参考。

当前，围绕现代公共文化服务体系建设各领域的制度创新与机制改革日益深入，政府和社会对公共图书馆事业高质量发展、高效能服务的要求日益突出，围绕公共图书馆评估的研究和交流也必将持续走向深入。为此，在深知本书还存在诸多不足的情况下，笔者仍以此浅陋初成之作求教于业界同人，期待能以书中资料或观点为政府主管部门和各级图书馆同人提供些微参考，恳请各位读者批评指正。

李丹

2022 年 6 月